JN222821

大学生からみる
ライフコースの社会学

中西啓喜/萩原久美子/村上あかね
[編著]

ミネルヴァ書房

はじめに

　皆さんはどんな人生を歩むのでしょうか。大学を卒業し，就職し，いつかは結婚し，家をもち，子どもと暮らす……。でも，そんな当たり前と思われた人生が遠ざかっているのかもしれないと不安に思うことはありませんか。数年後に迫る就活に失敗したら，もし就職できなかったら，結婚できなかったら。今より10年後，20年後はよくなるというイメージをもてない人の方が多いのは，どうしようもないことなのでしょうか。あるいは就職，結婚，家をもつ，子どもを産む，介護というライフイベントはただ煩わしいものでしかなくなっているのでしょうか。本書は個人の人生の選択と言われる出来事が社会の構造と密接に関わっており，今を生きるみんなで克服していく課題であることを考えたいと思い，まとめました。

1．ライフコース論とは何か

　日本では，大学生の大部分が学費と生活費を親に払ってもらっています。奨学金をもらっている人もいますが，日本は，大学生が「大学生でいる」ための費用を親が負担することを前提としている社会です。しかし，大学卒業後も生活費のすべてを親に負担してもらおうと考えている人は少ないでしょう。では，大学を卒業した後，皆さんはどのようなライフコースを歩むのでしょうか。私たちの周りを見回しても，ひとつのライフパターンに当てはまるということはなくなっています。

　2022年度に高校を卒業した人の進路を調べると，四年制大学進学が57.7%，短期大学進学が3.4%，専門学校進学が21.9%，就職が14.2%です（学校基本調査より）。ここからも明らかなように，高卒後に大学進学するかどうかというのはその人のライフコースにおける選択だということになります。では，同年代で大学生にならなかった人はどういった理由だったのかは想像できるでしょうか。その人は，専門学校で技術を身につけて社会に出たかったのかもしれま

せんし，経済的な理由で早く働く必要があったのかもしれません。

　結婚，子どもの誕生，子どもの巣立ち・結婚，夫の退職。それらにともなう移行を経験するかどうか，経験するタイミングはいつか。それらは個人によって異なります。結婚しても離婚して親元に戻ることも珍しくなくなりました。とはいえ，個人の選択は完全に自由ではなく，遺伝や社会経済的状況，時代や空間，コーホート（おおむね世代と考えても差し支えありません）によって異なります。これら個人の様々な経験が社会とどう関わるのか。ライフコース論には，こうした関心が含まれます。

2．不平等という視点から見えること

　本書では格差ではなく，不平等という言葉を選びました。「格差」にはこういう議論がつきものです。悪い格差は是正すべきだが，よい格差もある。その議論は「悪平等」という発想につながります。一方，「不平等」はそれ自体が問題とされるものなのです。

　例えば「教育格差」という言葉があります。ただ，「格差」という言葉はただの「差」を表しているだけで個人の選択のような印象も与えかねません。それに対して，「不平等」は社会構造に埋め込まれた理不尽なものです。なので，本書を読まれる時には，ライフコースのいろいろなテーマを「不平等」という視点から読んでみてください。「格差」ではなく「不平等」という言葉を使うことで，皆さんのライフコースで直面する理不尽さが社会構造的に発生しているという側面がある事を意識してもらいたいのです。

　"社会人"として働き始めると，職場でいろいろな問題にぶつかります。労働環境が自分に合わず，結果的に仕事を辞めることになればすぐに生活費の問題に突き当たります。それは個人の問題なのでしょうか。順調に働き続けても住宅の問題にぶちあたります。親元にとどまるか，賃貸で暮らすのか，家を購入して地域に根ざすのか。人生で一番高価な買い物「家」によって，人生の見通しが大きく変わります。

　結婚するか否か，子どもを産むか産まないか。それは価値観の多様化やライフスタイルの問題だとは言いがたいところもあります。さまざまな社会調査の

結果は，日本社会が「結婚したいが，経済的な理由でできない人が多い国」だということを示していますし，「子どもの教育費」は人生で2番目に大きな買い物ともいわれています。生活費（食費，衣料品，光熱費など）や子どもの教育費など，これまでに大学生の皆さんが親に払ってきてもらっていた費用を今度は自分の子どもに払うことになります。さらに自分自身の奨学金の返済が残っている場合のことを考えてみてください。高齢者の貧困が社会問題となっていますが，教育，就職，結婚，育児など人生のその時々で直面した社会構造のさまざまな矛盾が集約されたものだと見ることもできます。その意味で，自殺や介護という大問題も個人の問題ではなく，私たちが乗り越えるべき社会の在り方の問題としてあることがわかるでしょう。

3．本書構成と使い方

　この本は，大学生の皆さんに入学以前を振り返ってもらいつつ，卒業後のライフコースを社会学の観点から考えてもらうことを目的としています。この本は3部構成です。第Ⅰ部は「学ぶ」，第Ⅱ部は「働く」，第Ⅲ部は「暮らす」です。それぞれを専門的にいえば，教育社会学，労働社会学，家族社会学という学問領域になります。

　大学生からライフコースを考えるうえで，当面の大きな悩みのひとつが就職活動になります。就活では，「業界研究」（社会にある業界の種類や特徴を知り，興味をもち，自分が行きたいと思う業界を見つけること）をしますが，上手く興味をもてる仕事が見つからないかもしれません。興味のある仕事があっても，そこで働くことが叶わないこともあります。

　この本でどうか意識してもらいたいのは，こうしたライフコースの問題を「自分事として考える」ということです。就活時の学歴フィルター，早期の離退職率，結婚・子育て格差など，多くの大学生にとって学校から社会へ移行することへの不安は抱えきれないほど多いでしょう。

　ライフコースは「○○すれば××になる」といった単純かつ確定的なものでは決してありません。確かに「○○すれば××になりやすい」という確率的な話はできます。しかしどのようなライフコースを歩むかは，運やタイミングな

ど偶然的な要素も圧倒的に多いのです。この本を通じて，こうした現代の日本社会のさまざまなリスクを理解するとともに，生き抜くための条件づくりを学んでくれることを期待します。

　なお，本書の責任編集は，第Ⅰ部「学ぶ」を中西啓喜，第Ⅱ部「働く」を萩原久美子，第Ⅲ部「暮らす」を村上あかねが担当している。

　本書の企画にあたっては，中川勇士様にご助言いただきました。出版事情の厳しき折，出版をお引き受けくださったミネルヴァ書房とご担当者の浅井久仁人様に厚く御礼申し上げます。

目　次

はじめに

I　「学　ぶ」

I 「学 ぶ」

ライフコースにおいては，何歳になっても勉強し続けることが必要です。しかし，学校での勉強となると少し異なります。何歳まで学校で勉強をするか。勉強するなら，どこで，どのような内容を学びたいか。

　日本では，小学校と中学校は義務教育です。高校は義務教育ではありませんが，中学卒業後にほとんどの人が進学します。高校を卒業するとさらに進路は分かれます。文部科学省が毎年実施している学校基本調査を見ると，2022年度の高卒者に占める進路の内訳は，四年制大学が57.7%，短期大学が3.4%，専門学校が21.9%，就職が14.2%です。つまり，高卒者の8割以上は20歳くらいまでどこかしらの学校で勉強していることになります。そして，このような「何歳まで学校で勉強をするか」や「勉強するなら，どこで，どのような内容を学びたいか」といった差異は，その後のライフコースの不平等を作り上げることになります。

　「教育格差」という言葉を聞くことがあります。こうした問題群は，確かに教育格差の議論に連なります。しかし（「はじめに」でも述べましたが），第Ⅰ部では「格差」ではなく「不平等」という表現をなるべく使います。

　「格差」は英語では，“gap”や“disparity”です。これらの言葉にも「不公平な差」という意味は含まれています。しかし，この表現では「良い格差と悪い格差がある！」や「人は格差があるから努力する！」といったような主張がまかり通ってしまいかねません。

　その一方で，「不平等」は“inequality”です。この用語であれば，もっと大きな社会構造に埋め込まれた，個人の努力だけでは克服が難しいような「差」を含んだ表現となります。このように用語を使い分けることで，「良い不平等もある！」といった乱暴な議論を避けやすくなると考えます。

　第Ⅰ部「学ぶ」では，生まれてから学校を出るまでのライフコースで経験する不平等やリスクについて考察します。社会的な不平等は，主にどのような家庭で生まれ育つかによってスタートします。第1章では，日本の小学校から高校までの教育制度を概観しつつ，教育的不平等がどのように生成されるかを考えます。第2章では，生まれ育つ家庭で作られる不平等がどのように世代間（親子間）で伝達されるのかを学びます。第3章では，大学進学と奨学金制度について考えます。大学進学は非常に高額な費用を要します。なので，奨学金は大学進学の不平等を軽減する役割をもっています。ところが，奨学金は諸外国では給付が前提ですが，日本ではほとんどが貸与前提で実際には“教育ローン”でしかありません。2020年より給付型奨学金制度が一部で開始され，良い方向に進んではいますが，まだまだ課題も多いのです。第4章では，就職活動です。大学生は3年生や4年生になると，多くが一斉に就職活動を始めます。これは世界的には特異な現象です。しかし，ここに学校から職業への移行における日本的な特徴が凝縮されています。

第1章

人生は学校で決まるか？

はじめに——教育的不平等のターミナル・ノード

　この章では，教育的不平等の生まれるのに，学校教育がどのようにかかわっているのかを学びます。

　教育における不平等は，学力と学歴の2つの側面を含みます。ただし，学力はある一時期の"能力的なもの"でしかないのですが，学歴は"能力"を制度的に保障する資格です。例えば，「大卒」や「高卒」といった学歴差が就職活動や職場での待遇で考慮されることはありますが，在学中の学力そのものが重視されることはほとんどありません（近年では，大学での成績や GPA なども重視されますが）。

　とはいえ，高い学歴を獲得するためには，ある程度は高い学力であることが必要です。そして，学力の獲得には生まれ育った家庭環境の影響があります。親の収入，職業，学歴の状況を社会学的には，社会経済的地位（socio economic status : SES）と呼びます。つまり，学歴の不平等が生まれる経路には，「SES→学力→学歴」という関係が想定できます。そこでこの章では，人びとが学歴という教育的不平等のターミナル・ノード（最終地点）がいかにしてたどり着くのかを学びます。

1．学校は平等な場か？

　学校に通うことをスクーリング（schooling）と呼びます。スクーリングは，子どもたちがある特定量の学校教育を受けることになります。たとえその効果

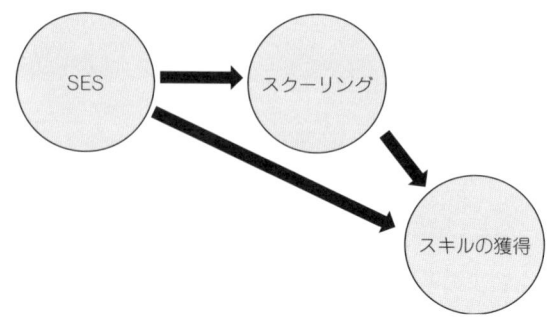

図1-1 学校教育の修正地位達成モデル
出所：Raudenbush and Eschmann（2015：451）より作成。

が人びとに自覚的でなかったとしても，スクーリングによりあらゆる学習機会が提供され，広義な「スキル」を子どもに身につけさせているのです。

　ここで教育社会学が注目するのは，子どもの出身家庭の SES によるスクーリングの影響の違いです。親の SES の高い子どもは，家庭の文化と学校文化が親和的です。なので，そういう子ほど学校での教育活動を有利に遂行し，高いスキル（学力など）を獲得します。そうであれば，学校教育は子ども達の家庭背景の不平等を拡大していることになります。

　それでは，人びとは学校に行かない方が平等なのでしょうか。図1-1を見ながら考えてみましょう。

　高い SES の家庭で生まれ育つ子どもは，直接的に高いスキルの獲得ができます。そして家庭の資源と学校の資源も併せて利用し，さらに多くのスキルを獲得します。その一方で，低い SES の家庭で生まれ育つ子どもは，家庭で高いスキルを獲得すること難しいとされます。しかし，仮に家庭の資源が欠乏していてもスクーリングすれば学校の資源を利用することでスキルの獲得が補償されます。このように考えれば学校教育がないよりも，学校教育はあったほうがスキルの獲得の不平等が緩和されているということになります（Raudenbush and Eschmann 2015）。

　スクーリングしてさえいれば受けられたであろう学習が損失することをラーニング・ロス（learning losses）と呼びます。夏休みなどの長期休暇，悪天候や災害，新型コロナウイルス感染症による臨時休業など，子どもたちが長期間通

学しない/できない状況によるラーニング・ロスはこれまでにも検証されています。日本でも，新型コロナウイルス感染症による長期的に学校が休みになったことによってラーニング・ロスがあったことが報告されています（中西2023a）。

　人びとが生まれ育った家庭の経済的・文化的環境によって不平等です。それでは，日本の学校教育が，学力や学歴の獲得に向けた不平等の緩和に貢献しているのかを検討してみましょう。

2．学校のあり方と教育機会

　教育学では，小学校を初等教育，中学校と高校を中等教育，四年制大学と短期大学を高等教育と呼びます。高等教育には，高等専門学校の4年生と5年生も含み，専門学校を含むこともあります。そして，進学か就職か，といった生徒の希望進路に応じて学校やカリキュラムが別れたりするような教育制度を「学校体系」と呼びます。

　学校体系は国によってそれぞれの形をとります。しかし，およそ15歳までを義務教育として，中等教育段階で進学用と職業用の学校が分かれる，という形式は多くの国で共通しています。日本ではそれが高校進学時に該当します。

　学校体系は大まかに，単線型，分岐型，段階型，複線型に類型化されます。図1-2のようなイメージです。

　複線型は，初等教育から教育内容が分化して，そのまま継続します。つまり，教育機会は一貫して不平等です。古くは，ヨーロッパのほとんどの国は複線型

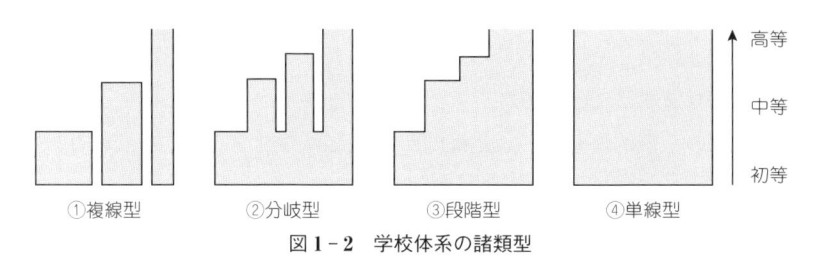

図1-2　学校体系の諸類型
出所：岩永（2011：115）。

5

の学校体系でしたが，現在の先進国のではほとんど複線型を廃止しています。

　分岐型の学校体系では，みんな同じ初等教育を受け，中等教育段階でいくつかのタイプの学校に別れます。ヨーロッパの一部の国では，今でも分岐型を採用しています。段階型は，どの時点でも横方向への移動が可能な制度です。

　そして，単線型の学校体系では，初等教育から高等教育まで行き止まりがなく，全ての国民が自分の能力に応じてどの学校にも進めるように教育機会が開放されています。先進国のほとんどは単線型の学校体系です。

　日本の学校体系も単線型です。しかし，学校体系はそれぞれの国の歴史によって形作られてきているので，国によって少しずつ違っています。日本の学校体系の特徴はどのようなものなのか学びましょう。

3．どこで差ができるのか？

（1）義務教育での教育内容は同じなのに……

　日本では小学校6年と中学校3年の計9年間を義務教育としています。義務教育が達成されるためには，人びとがどこに生まれ生活していても，すべての国民に等しく同じレベルの学校教育を提供する必要があります。これを教育における機会均等と水準保障といいます。そのためには，法律的・制度的な仕掛けが必要になります。このような義務教育において，国が果たすべき水準保障をナショナル・ミニマムと呼びます。

　国民への教育の機会均等と水準保障のナショナル・ミニマムを達成するためには，全国的な基準に基づいた「等量等質」の教育環境が提供されなければなりません。そして，それは機械的な悪平等であってはならず，教職員，施設，設備，教材，教具，その他の量と質のナショナル・ミニマムを国が保証することが求められます（苅谷 2009）。

　学校教育の全国的な基準の設定は国が担う重要な役割です。それには以下の5つが設定されています。

　一つ目は，小中高等学校等の設置基準です。例えば，編成（一学級の児童数，学級の編成，教諭の数等），施設及び設備（一般的基準，校舎及び運動場の面

積等，校舎に備えるべき施設）等が制定されています。

　二つ目は，学習指導要領等の教育課程の基準の設定です。学習指導要領とは，全国どの地域で教育を受けても，一定の水準の教育を受けられるようにするため，学校教育法等に基づいて各学校で教育課程（カリキュラム）を編成する際の基準です。学習指導要領は，小学校，中学校，高等学校等でそれぞれの教科等の目標や大まかな教育内容を定めています。

　三つ目は，教科書検定制度です。日本では，小中学校，高等学校等で利用する教科書は，学校教育法第34条に基づき教科書検定制度が採用されています。教科書検定とは，民間で著作・編集された図書について，文部科学大臣が教科書として適切か否かを審査し，これに合格したものを教科書として使用することを認めるという制度です。

　四つ目は，教員免許制度です。教員免許制度は，公教育を担う教員の資質の保持・向上とその証明を目的とする制度です。

　五つ目は，学級編制と教職員定数の標準の設定です。日本の学級編成の基準は１学級の上限児童生徒数で，小学校では全学年で１学級35人編成，中学校単式普通学級では１学級40人編成と設定されています。そして，各学校には学級数に応じて教師を配置します。つまり，教師という教育的資源を学級を基準として配分することで，日本の教育的な機会均等と水準保障を保障しているということになります。

　しかし，ニュースや新聞等では，例えば「秋田県の学力は高い」や「A小学校は学力の高い」のようなデータを見ることがあります。ということは，先に見た法規にもかかわらず，学力を上げることができている都道府県や学校と，それができない都道府県や学校があるということでしょうか。

　その一方で，学力は子どもが生まれ育った家庭環境の影響を大きく受けます（詳細は第２章）。ということは，学力には，地域・学校・個人（SES）という３つの次元で構成要素があることになります。であれば，学力の構成要素として，地域・学校・個人の割合がどうであるのか，についてみてみましょう。

　図１−３は，令和３年度文部科学省全国学力・学習状況調査の小６算数正答率を詳細に分析した結果です。小６算数正答率を都道府県・学校・児童ごとに

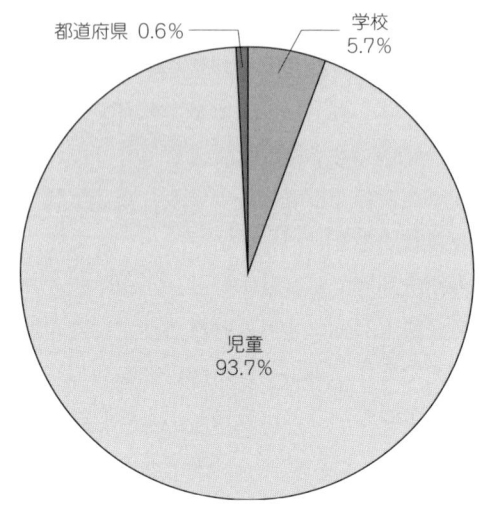

図 1 − 3　小 6 算数正答率を都道府県・学校・児童
ごとに分解した分析結果

出所：中西（2023b：76）を図化した。

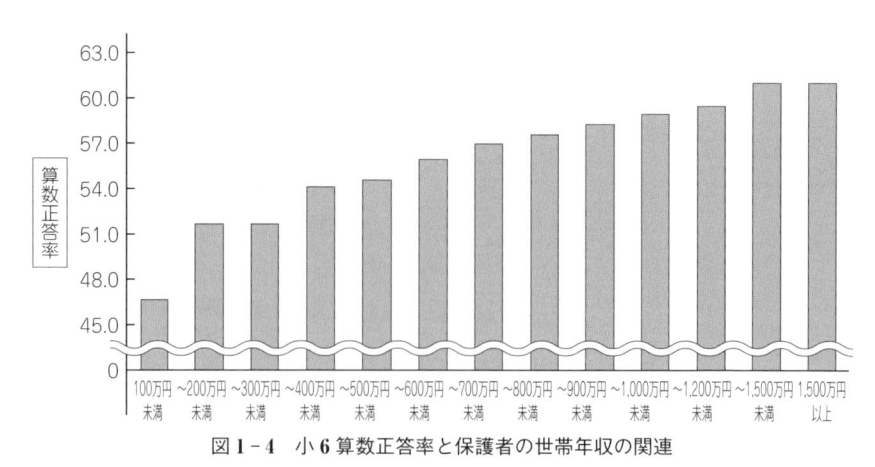

図 1 − 4　小 6 算数正答率と保護者の世帯年収の関連

出所：中西（2023b：76）を図化した。

分解すると，都道府県間での割合が約0.6%，学校での割合が約5.7%，児童での割合が90.7%です。他の教科や学年でもほとんど同じ結果です。加えて，小6の算数正答率と保護者の世帯年収の関連を示した図1-4も合わせて見てみましょう。すると，高所得な家庭で生まれ育った子どもほど高い学力を獲得していることが把握できます。これらの結果から，学力の大部分は児童間での割合，つまり，どのような家庭で生まれ育つかによって大きく左右されていることがわかります。

　一方で，日本の義務教育が極めて高い水準で機会均等と水準保障を達成していることも把握できます。子どもたちがどこで生まれ，どのような学校に通っていても，等しく同水準の学校教育が提供されていることになります。

（2）高校で変わること

　ところが，高校になると学校間の学力差は非常に大きくなります。先に見た，学校設置基準，学習指導要領，教科書検定，教育免許制，学級編制と教職員定数の標準設定の5つは高校でも同様です。大きな違いは，入学試験の存在です。

　日本には，さまざまなランクやタイプの高校があります。地域で名門とされる普通科・進学校もあれば，商業高校や工業高校のような職業系専門高校もあります。令和3年度の学校基本調査によれば，高校進学率は98%を超えています。そのため，中学校卒業者は中学卒業とほぼ同時に高校入試を受けることになります。なので，高校では学校間での学力差が非常に大きくなります。

　日本の高校の特徴は次のように整理できます。

　　① 地域（学区）にいくつかの高校が競争的に偏在している。
　　② それらの高校へ入学するために入学試験が存在する。
　　③ 有名大学への進学者を多く輩出する高校が，それらの頂点に位置する。

　このような特徴のために，日本では，中学3年生時点の学力に応じてそれぞれの高校に入学することになります。このような特徴を「輪切り選抜」と呼びます（岩木・耳塚編 1983など）。そして，どのようなランク・タイプの高校に入

学できるかによって，高校卒業後の進路が決まります。

　日本では，どのような高校からでも大学進学はできます。例えば，「○○高校からは××大学の受験はできない」というようなこともありません。このような教育制度は，世界中で当たり前ということではありません。特定の教育過程を修了しないと大学受験資格が与えられないという国は今でも多いのです。

　ところが，日本では，実態として入学する高校によって卒業後の進路が大きく制限されます。このように，「法律や制度で高校生の進路を制限することはないにしても，実質的にはどの高校に入学するかよって，その後の進路選択の機会と範囲が限定される」という高校教育の状態をトラッキング（tracking）と呼びます（藤田 1980：118）。トラッキングは，生徒の進路選択を陸上競技のトラックに例えたものです。あるトラック（走路）に配置されると，そのトラックに沿ってコースを走ることになるため，卒業後の進路選択の機会と範囲が大きく限定されるということを比喩しています。

　令和3年度の学校基本調査によれば，高校卒業者に占める大学等進学率は約55.8％，専門学校進学率は約16.9％，就職率は約17.4％です。このように人びとの高校卒業後の進路は多様です。そして，高校卒業後に進学するか就職するか，進学するならどのような学校か，就職するならどのような職に就くかによって，将来に就くことができる職業や稼得能力が異なります。言い換えれば，どのランク・タイプの高校に入学できるかによって，将来の社会的地位も制限されることになります。つまり，日本の高校教育におけるトラッキングこそが教育的不平等や社会的分化を生成しているのです。

　データ分析の結果も確認しましょう。図1-5は，パス解析という分析方法から得られた結果です。矢印の上にある数値は，−1〜1の値を取り，値が大きいほど（1に近いほど）影響力が強いことを意味しています。R^2 は結果に対する説明率で，例えば「最終学歴」の上にある .411 は，ここで設定した要因によって最終学歴の約41.1％を説明することを意味しています。

　矢印上の数値に注目して，「15歳時世帯収入レベル」が，「中学3年時成績」「高校ランク」「最終学歴」の影響を見ると，それぞれに対して，.165，.126，.117と影響はあるものの数値はあまり大きくはありません。

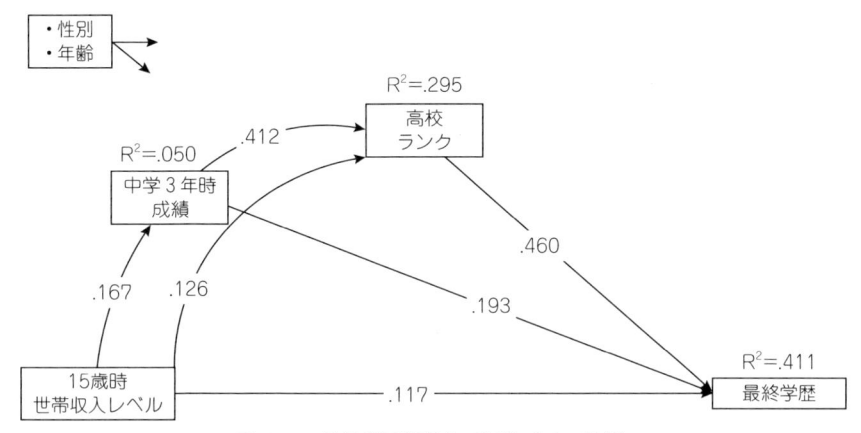

図 1-5　最終学歴獲得まで経路（パス解析）

　しかし，「中学 3 年時成績」から「高校ランク」への影響は .412 と非常に大きく，中 3 での成績がどのような高校に入学するかと非常に強く関連していることがわかります。

　さらに，「高校ランク」が「最終学歴」に対する影響も .460 であり非常に強い影響をもっていることもわかります。一方で，「中学 3 年時成績」の「最終学歴」への影響力は .193 程度に留まっています。これらの数値を見る限り，中 3 での学力獲得が，どのような高校へ入学できるのかを決め，入学した高校によって最終学歴が決定しているということがわかります。

4．学校だけで人生は決まらない──日本の教育的不平等の仕組み

　世界にはいくつかの学校体系があることを図 1-1 で示しました。先進国のほとんどは単線型をとっていて，欧米では複線型や分岐型をとる国はほとんどありません。しかし，多くの国で，学校体系はもともとが複線型や分岐型で次第に単線型へと変わったものです。つまり，単線型の学校体系は歴史的には新しいのです。そして，学校体系は歴史的な経緯から形作られているので，それぞれの国で少しずつ異なっています。ヨーロッパの“単線型”は教育学的にはそう類型されるのですが，実態としては分岐型のような体系をとる国も多い

11

のです。

　例えば，イギリスも単線型学校体系です。しかし，イギリスでは高校卒業
"相当"の資格が，いくつも存在しています。オックスフォード大学やケンブ
リッジ大学のような世界的な名門大学を受験するためには，いくつかの科目で
GCE（General Certificate of Education：一般教育修了証書）・Aレベルという資格
を取得する必要があります。高卒"相当"の国家的な職業資格であれば，
NVQ（National Vocational Qualifications：全国職業資格）（3レベル）やBTECと
いう資格があります。しかし，取得する資格がNVQ（3レベル）やBTEC
では，受験できる大学が大きく制限されます。このように，取得する資格に
よって教育機会が制限されるという国は未だに先進国でも多いのです。なお，
これらは日本に該当する制度はないため高卒"相当"の資格という解釈です。

　それと比べると，日本では「○○工業高校の卒業者は，東京大学を受験でき
ない」というようなことはありません。日本のように単一の高校卒業資格ない
し大学受験資格を与えるような単線型の体系は世界的には非常に珍しいのです。
取得する高卒"相当"の資格によって教育機会が制限されるという国は先進国
でも多いのです。

　社会にはいろいろな仕事があり，それぞれに好き／嫌い，向き／不向きがあ
ります。長期間たくさんのことを学びたいという人もいれば，なるべく早く社
会に出て働きたいという人もいます。なので，いつまでも国語・数学・理科・
社会・英語などの普通科目だけを教えるよりも，どこかの段階で専門科目に
よって教育を分けた方が良いという考えがあります。反対に，あまりにも早く
職業の勉強ばかりを教えてしまうと，大学に行くチャンスを閉ざしてしまうか
もしれないという考えもあります。

　このように，「なるべく皆に平等な教育を与えよう」という機会均等の考え
方，「その人の向き不向きに応じて専門的な教育を与えよう」という効率性の
考え方，どちらも社会にとって重要な考え方です。そして，日本の学校教育で
は，機会均等と効率性の結節点が高校に位置づきます。

　問題になるのは，高校に入った後に「大学でもっとたくさんのことを学びた
い」と考えて始めた人が大学に行くことが難しい場合です。確かに，大きな傾

向で見れば，「SES→学力→高校ランク・タイプ→学歴」という関連は見て取れます。しかし，高校入学以前まではそれほど勉強が好きでも得意でもなかったけれども，高校で頑張って勉強する中で，学習意欲がどんどん上がることもあります。子どもたちのこうした成長や変化を期待するのも学校教育の役割なのです。トラッキングは，効率性を重視するあまり，このような子どもたちの成長や変化の可能性を閉ざしてしまうこともあります。

　そして，これとは別に，大学進学についての教育費用負担の問題があります。日本では大学進学にかかる費用がとても高額で親が負担する場合が多いのです。第2章や第3章でも詳しく学びますが，経済的に余裕のない家庭で生まれ育つということは，学校での勉強でつまずくだけでなく，大学進学の費用負担能力にも課題があります。

　私たちは日本社会で生活していると，教育的不平等について，「高校で人生が決まる」，「生まれた家庭で人生が決まる」，「教育費が負担できるかどうかで決まる」のような印象をもちます。確かにそういう側面は強いです。こうした「個人の自由」に埋め込まれた不平等について，第2章以降で学ぶことになります。しかし，本章で見てきたように，日本の教育制度は，進路選択において個人の自由度はかなり高いのです。

　　［付記］　日本版 General Social Surveys（JGSS）は，大阪商業大学 JGSS 研究センター（文部科学大臣認定日本版総合的社会調査共同研究拠点）が，大阪商業大学の支援を得て実施している研究プロジェクトである。JGSS-2017/2018 は京都大学大学院教育学研究科教育社会学講座の協力を得て実施し，文部科学省「特色ある共同研究拠点の整備の推進事業 機能強化支援」と JSPS 科研費 JP17H01007 の支援を受けた。JGSS-2018 データの整備は，JSPS 人文学・社会科学データインフラストラクチャー構築推進事業 JPJS00218077184 の支援を得た。

　　　分析に使用したのは，日本版 General Social Surveys（JGSS）の2017－2018年データである。分析関心から，高校を卒業していない人は分析から除外した。分析ケース数は2082で，変数の加工は以下の通りである。記述統計量は，表1-1にまとめた。

●最終学歴は，高卒＝12，短期大学，専門学校・各種学校＝14，四年制大学＝16，大学院＝16と教育年数に変換した。

●高校ランクは，「あなたが通った高校では，どのくらいの割合の人が大学・短大に進学しましたか」という質問項目に対する回答で，ほとんど全員＝5，7〜8割程度＝4，半数くらい＝3，2〜3割程度＝2，ほとんどいない＝1として数量化した。

●出身社会階層は，「あなたが15歳の頃のあなたの世帯収入は，当時の平均的な世帯と比べて，どうでしたか」という質問項目に対する回答を用いて，平均よりかなり少ない＝1，平均より少ない＝2，ほぼ平均＝3，平均より多い＝4，平均よりかなり多い＝5として数量化した。

●中学3年生時の成績は，当時を思い出して回答してもらった自己評価を用いている。

図中の数値は標準化した推定値で，統計的検定はベイズ推定による。

表1-1　分析に使用した変数の記述統計量

	平均値	標準偏差	最小値	最大値
最終学歴	13.5	1.9	12.0	18.0
高校ランク	2.9	1.4	1.0	5.0
中学3年時成績	3.3	1.1	1.0	5.0
15歳時世帯収入レベル	2.9	0.9	1.0	5.0
性別（女子＝0，男子＝1）	0.5	0.5	0.0	1.0
年齢	52.0	16.3	20.0	88.0

引用・参考文献

藤田英典，1980，「進路選択のメカニズム」天野郁夫・山村健編『青年期の進路選択』有斐閣，105-129.

岩木秀夫・耳塚寛明編，1983，『現代のエスプリ・高校生——学校格差の中で』至文堂.

岩永雅也，2011，『教育と社会』NHK出版.

苅谷剛彦，2009，『教育と平等——大衆教育社会はいかに生成したか』中公新書.

中西啓喜，2023a，「コロナ禍の学校臨時休業によるラーニング・ロスの実証的検討——令和3年度文部科学省全国学力・学習状況調査の分析から」『教育社会学研究』第112集：77-96.

中西啓喜，2023b，『教育政策をめぐるエビデンス——学力格差・学級規模・教師多忙とデータサイエンス』勁草書房.

Raudenbush Stephen W. and Robert D. Eschmann, 2015, "Does Schooling Increase or Reduce Social Inequality?", *Annual Review of Sociology*, Vol. 41: 443-470.

山村滋，2017，「英国の大学——大学のしくみと大学生　第 2 節　入試制度」日英教育学会編『英国の教育』東信堂，149-154.

（中西啓喜）

コラム1　高校教育機会の県内格差

1．進学校へのアクセスに格差はあるか？

　第1章では，大学進学するかどうかについては，進学する高校ランク・タイプが重要だということを学びました。第3章では大学進学の費用負担については学ぶことになりますが，このコラムではもうひとつの教育格差の要素として「地域間の不平等」について取り上げます。

　地域間の教育格差は，"三大都市圏"と"地方"の比較でよく論じられます。具体的には，大学進学率は，東京・大阪・名古屋を中心とした大都市圏で高く，それ以外の地方県ではやや低位にとどまるというものです。この都市と地方を比較した格差の研究では，子ども自身が選ぶことのできない出生環境によって教育機会や社会移動に不平等が生じていることを明らかにしてきました。

　しかし，大学進学機会の地域間格差の現状はもっと複雑です。先述の通り，大学進学率は東京や京都のような都市では高く，東北地方などでは低くなっています。しかし，大学の進学機会は，都道府県という各自治体の違いを無視した大きな括りではみえない視点もあります。本コラムでは，都道府県内における生活及び環境の格差に注目し，大学進学機会の不平等を検討してみましょう。

　社会学者の轡田竜蔵（2017）は，地方県における県内の「都市部」と「田舎部」の地域間格差に注目しています。このような地域分類をそれぞれ「地方中枢拠点都市圏」と「条件不利地域圏」と名付けており，東名阪の「三大都市圏」と合わせて地域を分析する視点を「三層構造モデル」として提唱しています。

　この県内の地域間格差の中には，もちろん教育格差も含まれます。たとえば，地方都市部の大学進学率が高いとされる理由は次の要因が考えられています。第一に，都市部の方が高学歴・高収入層の居住傾向が高く，子どもに大学進学を期待していること。第二に，大学進学に有利な高校（進学校）が多く所在していること（中西2011）。これらについて，社会地図という手法を用いて検討してみましょう。

2．対象地域と分析手法

　本コラムでは，教育機会の地域間格差を分析する対象として福井県に目を向けま

す。福井県は「全47都道府県幸福度ランキング」で5回連続日本1位を取っていることで知られていますが，実は「全国学力テスト」において毎回トップクラスの結果をキープしている教育県でもあります。

また，1世帯当たりの自動車保有台数が全国1位であり，自動車が県民不可欠の足として機能する車社会という地域特性もあります。換言すると，交通インフラが充実していないため，居住地域によっては移動の格差が生じていることが想像できます。こうした理由から，今回は福井県を分析の対象地域として選定することにしました。

次に，福井県内地域の特性を可視化させる方法として，今回は都市社会学領域の社会地図研究という手法を採用しました。「社会地図」とは，地域単位ごとに人口構成や社会的構成などを地図上に描画したもので，地域の社会空間構造を量的データから客観的に可視化させることができます。

地域特性を把握する際は，地域傾向を析出・グループ化させるクラスター分析という手法[1]を採用しました。この手法を地域分析に応用することによって，社会空間構造が似ている地域（＝社会地区）同士をグループ化することができます。

次に，地方県内の教育格差の計測方法について考察していきましょう。第1章でみた通り，所属する高校ランク・タイプは大学進学に大きく影響を与えています。では，進学校は県内のどういった地域に所在しているでしょうか。県内の都市部に偏在しているのでしょうか。もし，進学校の地域分布に偏りがみられる場合，同一県内にも教育格差が存在することになります。

上記を福井県で分析検証するために，本コラムにおける進学校の定義を確認しましょう。黄（1998：4）のエリート高校の定義を援用すれば，高校入学選抜難易度，当該地域での威信，卒業生の進路実績の3点において進学校は決定されているといえます。これを福井県に当てはめると，藤島高校・高志高校・武生高校の3校が進学校に該当しました。

加えて，福井県は木ノ芽峠を境に「嶺北」と「嶺南」に分かれており，上記3校はいずれも嶺北に所在しています。嶺南（特に若狭通学圏）に居住して嶺北の高校に通学することは交通アクセスの関係上困難であるため，嶺南からも1校ほど高校を選出したい思いがあります。そこで，旧制第一中学校である藤島高等学校の分校であり，かつ嶺南において上記定義に当てはまる若狭高校も加えた4校を福井県の

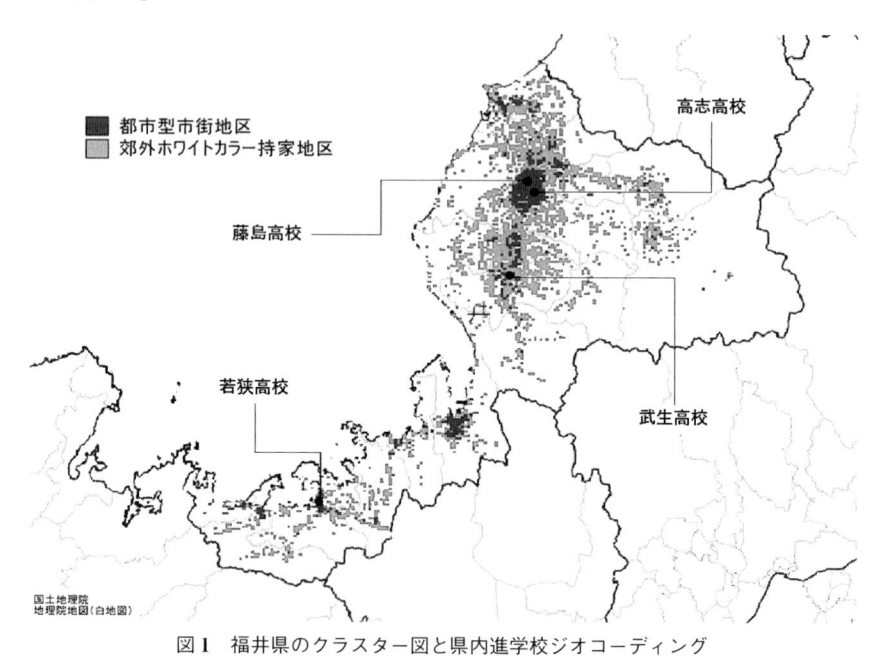

図1　福井県のクラスター図と県内進学校ジオコーディング

進学校として今回選出しました。[2]

3．社会地区の説明

　図1は，分析結果を社会地図としてデータビジュアライズしたものです。[3] クラスター分析では6つの社会地区を析出しましたが，印刷の関係上「都市型市街地区」と「郊外ホワイトカラー持家地区」の二地区のみを可視化させています。なお，この「都市型市街地区」と「郊外ホワイトカラー持家地区」という名称は筆者が名付けたものです。

　まず，簡単にそれぞれの社会地区の地域特性を下記に整理してみました。そうすると，居住する人や地域の役割・特性が各地区によって異なることをより理解できると思います。

◉都市型市街地区
✓　5歳未満人口比率が高く，後期高齢者比率が低い。
✓　短大・高専・大学（院）在学者比率や居住期間5年未満人口比率，若年単身世帯比率が高く，県内でも比較的人動が激しい。
✓　第3次産業就業者比率が高く，第1次産業就業者比率が低い。

◉郊外ホワイトカラー持家地区
✓　「都市型市街地区」の周りを囲うように分布している。
✓　正規雇用者比率や持家世帯比率が高く，自市区町村従業通学者比率が低い。
　　⇒「都市型市街地区」へ通勤通学する人びとのベッドタウンとしての役割をもつ。

4．進学校の地域分布

　次に，進学校の地域分布をみていきましょう。すると，進学校の4校はいずれも「都市型市街地区」に分布しており，県内の都市部に集中していることがわかります。つまり，本コラムの問いに対して，福井県においては県内の都市部に進学校が偏在しているということがわかりました。

　この結果は，県内の「田舎部」など進学校から離れた地域に居住しているために，通学時間やアクセスの問題から通学が叶わなかった人がいることも示唆されます。言い換えると，自身が選ぶことのできない出生・居住地域によって，進学校に通うことが叶わなかった子どももいると想定できるのです。

　現在，教育は過渡期にあります。デジタルを取り入れた学びの多様化や，大学入試における入試制度の多様化など，仕組みが常に変動しています。そのような社会において，居住地域と在籍高校の関係は今後どのようになっていくのでしょうか。

　注
⑴　分析には，2010年度国勢調査の4次メッシュデータから24個の変数を選択して用いて，各変数はZスコアによる標準化を行いました。また，社会地区の析出には K-means 法クラスター分析を採用しました。本分析では，複数回に及ぶクラスター分析の変数選定やクラスター数設定，異常値の除外作業などを経て，6つのクラスターを最適とみなしました。

(2) 旧制第一中学校である藤島高等学校の分校が嶺南地域に設立されていたことからも，高校進学機会を平等に用意することが重要であると歴史的事実からもわかりますね。

(3) クラスター分析によってグルーピングした社会地区を地図上に描画することによって，それぞれの地域がどのような地域特性をもっているか総合的かつ視覚的にわかりやすく可視化させることができます。こうしてできた社会地図上に4つの進学校の位置情報をマッピングすることで，進学校が所在する地域を把握することが可能になります。

参考文献

黄順姫，1998，『日本のエリート高校——学校文化と同窓会の社会史』世界思想社.

轡田竜蔵，2017，『地方暮らしの幸福と若者』勁草書房.

中西啓喜，2011，「少子化と90年代高校教育改革が高校に与えた影響——「自ら学び自ら考える力」に着目して」『教育社会学研究』88：141-162.

おすすめ図書（社会地図について勉強したい方向け）

倉沢進・浅川達人編，2004，『新編 東京圏の社会地図 1975-90』東京大学出版会.

橋本健二・浅川達人編，2020，『格差社会と都市空間——東京圏の社会地図1990-2010』鹿島出版会.

（内田　建）

| コラム2 | 「学歴フィルター」とメリトクラシー

　皆さんは「学歴フィルター」という言葉を一度は耳にしたことがあるでしょう。この言葉はしばしば企業が採用活動のときに応募者を学校名で選抜する現象を指して用いられています。学歴フィルターによる選抜の有無が気になる大学生も多いと思います。何時間もかけて書いたエントリーシートが読まれもせずに学校名だけで選抜されていたとしたら，たしかに憂鬱な気持になるでしょう。とはいえ，経済誌に掲載された，大企業入社予定者の出身大学の偏りを見ると，その一部が「学歴フィルター」を用いている可能性は高いといえます。「学歴フィルター」による選抜について，これまで学問的な説明が試みられてきました。

　社会学において，学歴とは卒業した学校段階（高卒・大卒など）を指し，卒業した学校名を指す言葉として学校歴が用いられます。「学歴フィルター」とは「学校歴フィルター」と呼ぶのが精確です。教育と職業の関連について，これまで行われてきたいくつかの理論的な説明を見てみましょう。例えば，働くうえで必要な技能を学校で習得し仕事で用いる，といった教育と職業の結びつきがありますよね。医師や看護師，弁護士といった職業を想像してみてください。このような結びつきはその人のもつ技能を生産性（具体的には賃金）と置き換える「人的資本論」と説明されます。

　ですが，日本における大卒就職−採用はこの理論でうまく説明ができません。学校で学んだことと就職先で担う仕事にあまり関係がないからです。では，なぜ「学歴フィルター」が用いられるのでしょうか。日本の雇用の特徴として，「職業に関する特別な能力ではなく企業内で仕事を覚え，こなす可能性の高い」者が雇われると指摘できます（第5章参照）。学校歴の違いだけで評価され，大学で習得した技能を評価されないのは理不尽なようにも思えます。しかし，日本の企業は採用のとき応募者が職業能力をすぐに身につける可能性をもっているかどうかを評価します。企業は雇い入れた者を数十年間「社員」として適切な部署に移動させながら，雇い続ける必要が生じます。企業は，大学入学時の一元化された学力の序列である偏差値すなわち学校歴によって，「入社後の訓練」でいかに社員として育てることが可能か（＝「訓練可能性」）を見極めていると説明できるのです（Thurow 1975＝

1984；竹内 1995 [2016]）。この説明を「訓練費用理論」と呼びます（竹内 1995 [2016]：16-17）。すなわち，企業は「偏差値の高い大学に入学できる＝仕事をすぐに覚えることができる」と考え，学校歴を評価の指標にするのです。企業にとって学校歴は応募者を独自にテストしなくても簡単に判別可能な指標であるので，採用にかけるコストを削減できるという利点があります。

　理論的な説明だけでなく，歴史的な説明も行われてきました。日本における大学の歴史をみると，明治期に日本を牽引するエリートとしてごく一部の優秀な若者を育てる帝国大学が開学されます。それを補完する形で，私立大学も開学されていきます。大学制度発足時から，大学間の関係は上下の差があるピラミッド構造を持っていました（天野 1982 [2006]）。天野（1982 [2006]）は大正時代，ある企業における大卒者の初任給が帝国大学出身者，慶應と早稲田，地方の官立高商，それ以外と学校歴によって異なっていたと指摘しています。今よりも歴然と学校歴による差が設けられていたことがわかるでしょう。このピラミッド構造は戦後にも引き継がれ，日本社会ではいい学歴を得，さらにより偏差値の高い大学に通い，それが大企業への就職につながっていきました（苅谷 2010）。企業内での昇進にまで学校歴が影響を与えることも説明されています（竹内 1995 [2016]）。長らく，いい学歴，いい学校歴，より良い企業，そして昇進といった，学歴や学校歴といった本人が得た「業績」とよきライフコースは重ねて理解されていました。日本社会は18歳時における学力によってどの大学に通うのかが決まり，入学した学校によってその後の働き方，生き方が大きく影響される「学歴社会」だったのです（苅谷 2010）。

　自由と平等を掲げる近代社会では，性別や国籍，出身地といった生まれ持った属性に関係なく，自らが成し遂げた業績で望む地位が達成できることが理念となります。実際，わたしたちは身分によって職業が決まるわけではありません。職業選択の自由があり，自らの力で職業達成する，という理念のもとで生きています。自らの業績達成の評価としての学歴・学校歴が人びとのライフコースと関連しあい高い職業的地位の達成や高い階層への達成に結びつく，この理念のことを社会学では「メリトクラシー」と呼びます（Young 1958＝1982）。

　「学歴フィルター」はこうしたメリトクラシーの日本的な形式といわれてきました（竹内 1995 [2016]；苅谷 2010）。就職のときに入学偏差値や学校歴だけで評価されることは行き過ぎると「他の能力は全く評価されない」「18歳以後に習得した

能力はないがしろにされる」などといった問題もはらみます。しかし，自らが得た入学偏差値（学力）によって職業が決まることを業績主義の1つの形とみなせば，身分制よりは良きものだとも考えられます。採用における「学歴フィルター」が常に批判されながらも否定し難いのは，学校歴が学力の指標であり，その達成を皆さんも完全には否定することができないからでしょう。

注

⑴　ただし，高い学力獲得には自らの努力のみならず出身階層の影響が歴然とあります（中西 2017，中澤 2018）。また，現代では推薦入試や AO 入試などの入試形態の多様化に伴い，試験で測られる学力のみで大学の入学が決定されているともいえません。

参考文献

天野郁夫，1982［2006］，『教育と選抜の社会史』筑摩書房.
苅谷剛彦，2010，「大卒就職の何が問題なのか——歴史的・理論的検討」苅谷剛彦・本田由紀編『大卒就職の社会学——データからみる変化』東京大学出版会，1-26.
マイケル・ヤング，窪田鎮夫・山元卯一郎訳，2021，『メリトクラシー』講談社エディトリアル.
中西啓喜，2017，「学力の獲得は平等なのか？」片山悠樹・内田良・古田和久・牧野智和編『半径5メートルからの教育社会学』大月書店，16-30.
中澤渉，2018，「大学進学率の上昇とメリトクラシー」中村高康・平沢和司・荒牧草平・中澤渉編『教育と社会階層：ESSM 全国調査からみた学歴・学校・格差』東京大学出版会：87-105.
竹内洋，1995［2016］，『日本のメリトクラシー——構造と心性』東京大学出版会.
レスター・サロー，小池和男・脇坂明訳，1984，『不平等を生み出すもの』同文館.

（妹尾麻美）

第2章

親子のかかわりと教育の関係を再考する

「もつ者」と「もたざる者」という表現があります。これを社会学的にはどう考えたらよいでしょうか。

本書では，人と人との違いについて説明するのに「不平等」という言葉を使っています。この「不平等」を，社会学的に説明するときには「社会階層」という概念が役に立ちます。社会階層とは社会的に望ましいとされる資源や財——経済的資源（職業，収入や土地・持家），関係的資源（コネ・人脈や他人からの信望）および文化的資源（絵画・楽器・本の所有，教養，学歴や資格）など——を同じくらい保有している人の集合体を指します（平沢 2021）。そして，個人が生まれ落ちた家族（＝定位家族）が所属している階層を「出身階層」といい，子どもが働き始めたあとに所属する階層を「到達階層」といいます。この「出身階層」と「到達階層」が同じか違うかということをもって，社会が固定的で閉鎖的なものなのか，それとも流動的で開放的なものなのかということが議論されてきました。

出身階層と到達階層が同じ人が多い社会，すなわち親の社会的な地位が子どもにもそのまま継承されているような社会は，個人の人生に対する親の影響が強い社会で，親世代の不平等が子世代にも引き継がれ，再生産されているといえます。他方で，出身階層と到達階層が異なる人が多ければ，出自に関係なく人びとが自由に社会的な地位を築いているとみなすことができます。出身階層と到達階層間の移動のことを世代間移動といいます。また，個人が初めて就業したときの階層的地位と現在の職業の階層的地位など，個人の中での階層的地

位の移動のことを世代内移動といって，世代間移動と世代内移動をあわせて社会移動といいます（平沢 2021）。このように，社会学では社会とそのなかで生活する人びとの姿を社会階層という概念を使って表現し，不平等の問題にアプローチしてきました。

　今の日本社会では出身階層によって進学できる学校が制限されることはなく，高等教育機関に進学できるかどうかは公平な選抜制度のもとで決まります。しかし，出身階層と学歴の間には関連がみられ，出身階層が高いほど学歴も高くなります。

　こういった階層の関連性，言い換えれば親の階層的な地位が子どもの教育達成に影響を与える要因としてイメージしやすいのは，家庭の経済状況ではないでしょうか。経済的なゆとりがあれば，それだけ子どもにお金をかけられる余裕ができるからです。しかし，お金をかけるだけで子どもが高い学力を身につけ，高い学歴を手に入れることができるかといえば，そうではないはずです。社会学的な概念の中には「ペアレントクラシー」というものがあります。これは，イギリスの教育社会学者であるフィリップ・ブラウンが示した概念で，家庭の富や親の希望が子どもの人生に大きな影響を与える状態に社会があることを意味します（Brown 1990）。「ペアレント（parent）」は「親」という単語，「クラシー（cracy）」は「〜の支配」という意味の接尾語であり，これらを組み合わせた造語です。子どもの人生に対して親が強い影響をもつこと，そしてそれが必ずしも経済的な要因に還元されるものではないことは，ずっと前から指摘されてきた事実なのです。

　実際のところ，「どの家に生まれたのか」によってその人が経験する出来事や将来の進路が異なってくるという側面は確かにあります。しかし一方で，必ずしもそれだけで人生が決まるかと言えば，決してそのようなことはありません。本章では，親の学歴や職業などで決まる出身階層が子育ての考え方や子どもの学校での成果とどのようにかかわっているのかについて，社会的な背景や既存研究の成果を紹介しながら説明していきます。親と子の関係は子どもが生まれてから何歳までもずっと続くものですが，ここでは子どもが生まれてから成人するくらいまでの親と子をとりあげ，子育て・教育の側面に焦点を当てた

いと思います。

1. 家庭環境と教育のつながり

(1) 家庭の経済力による教育費の違い

日本社会は個人の人生に対して学歴が強く影響する社会であると言われています。そのため，なぜ学歴の不平等が生じるのかが議論されてきました。なかでも社会学の領域では，先述のとおり出身階層が子どもの将来に及ぼす影響に注目してきたのですが，親の学歴が高いと子どもの学歴も高くなるという現象が繰り返し確認されてきました（Shavit and Blossfeld 1993, 近藤・古田 2011, 中村 2021）。言い換えれば，親世代の学歴格差が子世代の学歴格差につながっているということです。では，なぜ不平等が世代間で伝達されるのでしょうか。

前述したとおり，家庭の経済状況が背景にあることは想定しやすいかもしれません。裕福な家庭の親の方が，子どもを塾や習い事に通わせるための費用を支出できます。塾に通えば成績の上昇が期待できますし，いろいろな習い事をすることで自分のやりたいことが明確になり，将来の夢に向かって必要なことを効率的に身につけられる可能性が高まります。結果的に，経済的にゆとりのある親を持つ子どもほど人生を有利に進めていきやすくなると予想されます。

文部科学省が隔年で実施している「子どもの学習費調査」（令和3〔2021〕年度）によれば，保護者が支出した1年間・子ども一人当たりの学習費総額（保護者が子どもの学校教育及び学校外活動のために支出した経費の総額）は表2-1の通りです。

幼稚園は公立約16万円，私立約30万，小学校は公立約35万円，私立約166万円，中学校は公立約53万円，私立約143万円，高等学校（全日制）は公立約51万円，私立約105万円と学校段階が上がるにつれて学習費の総額が増え，さらに公立と私立の差もひろがります。これは1年間の総額ですから，幼稚園，そして小学校から高校までをあわせた約15年間の総額はかなりの金額になります。そして，文部科学省自身が公立・私立問わずどの学校種でも，世帯の年間収入が増加するにつれて学習費総額が多い傾向があることを分析しています（文部

表2-1　学校種別の学習費総額（1年間）

	幼稚園		小学校		中学校		高等学校（全日制）	
	公立	私立	公立	私立	公立	私立	公立	私立
学習費総額	165,126	308,909	352,566	1,666,949	538,799	1,436,353	512,971	1,054,444
うち学校教育費	61,156	134,835	65,974	961,013	132,349	1,061,350	309,261	750,362
うち学校給食費	13,415	29,917	39,010	45,139	37,670	7,227	—	—
うち学校外活動費	90,555	144,157	247,582	660,797	368,780	367,776	203,710	304,082

出所：文部科学省（2022）より筆者作成。

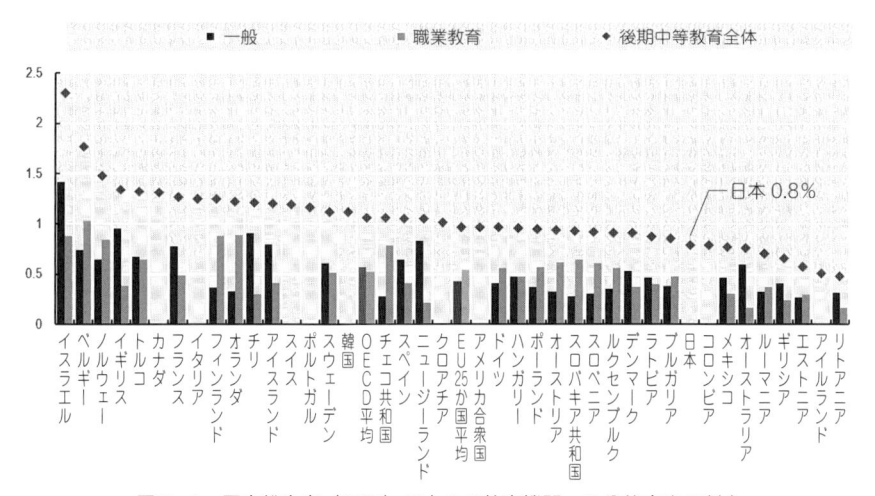

図2-1　国内総生産（GDP）に占める教育機関への公的支出の割合

出所：OECD（2023）より筆者作成。

科学省 2022）。その理由としては，日本は OECD 諸国のなかでも国内総生産（GDP）に占める教育機関への公的支出の割合が低い国であることが挙げられます（図2-1）。子どもに高いレベルの教育を受けさせるためには，その費用の多くを家計で負担するか，奨学金を借りなければなりません（中澤 2014, 2018 および本書3章を参照）。

　では，裕福ではない家庭に対して教育にかかるお金を支援すれば，親世代と子世代の間で不平等が再生産されることは防げるのでしょうか。実際はそれほど簡単な話ではありません。理由は，「お金の問題」だけではないからです。だからこそ難しいのです。

（2）子育てにも階層による違いがある？

　ここまで，家庭の経済的な状況の違いが学歴に影響を与えるという話をしてきましたが，それだけが親や家族の違い，というわけではありません。子どもが家庭の中でどのような経験をするか，すなわち親と子のかかわり方も違ってきます。この親と子のかかわり方に対する社会的・学術的な関心は高く，「子育てに社会階層による違いがみられるのか？」ということや「子育てが子どもの学力・学歴の獲得に対してどのような影響をもつのか？」についても，学術的な関心が払われてきました。たとえば，アメリカの社会学者であるアネット・ラロー（Annette Lareau）は，親の社会的・職業的な地位による子育ての違いを提示しています。具体的には，子どもへのかかわり方には2つの類型があるとし，それぞれを「意図的養育（concerted cultivation）」と「放任的養育」（accomplishment of natural growth）としています（Lareau 2003）。

　「意図的養育」は，ホワイトカラー層に特徴的な子育ての方針です。親は高い教育的な関心をもち，子どもの日常に積極的に関与して子どもの能力を伸ばそうとする傾向にあります。一方で，「放任的養育」は，労働者層や貧困層に特徴的な子育てのあり方です。こちらは子どもの発達は自然に達せられるものだと考え，過度に干渉せずのびのびと子育てをしようとします。ラローは「意図的養育」を採用する親子のほうが学校教育に適応的なので高い学歴を得るにあたって有利になることを明らかにしましたが，他方で教育的な成果だけが人生において大事な基準ではないことも，経済学者で幼児教育の重要性を主張するヘックマンの著書に寄せたコメントで述べています（ヘックマン 2015）。

　ラローが指摘するような子育てのあり方の違いは，日本でもみられるのでしょうか。図2-2は，東京大学社会学研究所とベネッセ教育総合研究所が共同で実施している『子どもの生活と学びに関する親子調査』のデータをもとに集計した結果です。「小学校入学以前の読み聞かせの頻度」が「ほとんど毎日または週に4～5日」だった親子の割合，「子どもが疑問に思ったことに答える」という質問に「とてもあてはまる」と回答した親の割合，「子どもが自分の考えを持つようにうながす」という質問に「とてもあてはまる」と回答した親の割合を，親の学歴別にみています。これを見ると，読み聞かせの頻度や子

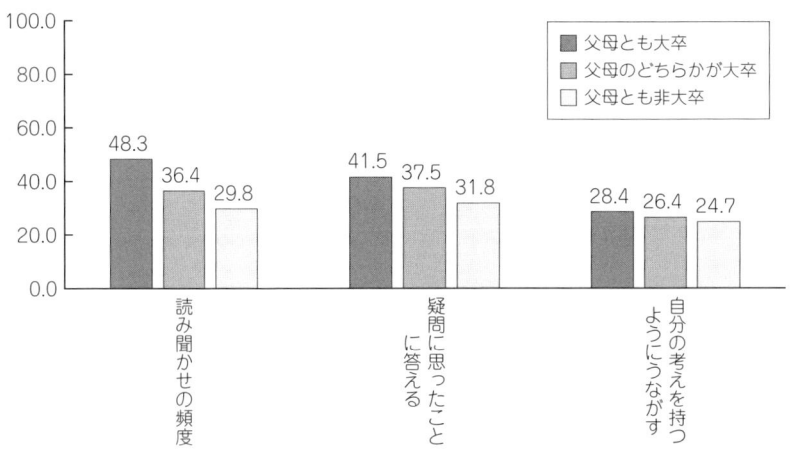

図 2 - 2　父母の学歴と子どもへのかかわり

出所：ベネッセ教育総合研究所データより筆者作成。

どもが疑問に思ったことに答えるかどうかには学歴による差があることがわかります。教育的な関心が高く，子どもにかかわることで子どもの能力を伸ばそうとする「意図的養育」を学歴が高い親が実践していると考えられます。他方で，子どもが自分の考えをもつようにうながすかどうかには学歴差がみられません。ラローの子育て類型が当てはまる側面もあれば，そうではないところもあるようです。

　本章の後半でも改めて少し触れますが，日本社会では親の中でも「母親」の状況と子どもとのかかわりについて高い関心が寄せられてきました。たとえば，子どもと遊ぶ頻度については，母親の学歴との関連はみられていません（品田 2016；西村 2022）。しかし，母親の就労時間が長いと遊ぶ頻度が減るという知見（品田 2016）と頻度は変わらないとする知見（西村 2022）がみられます。

　遊ぶことだけでなく，子どもの教育に母親がどうかかわっているのかにも注目が集まっています。子どもの勉強をみたり料理を教えたりする教育的なかかわりの頻度に焦点を当てると，高学歴の母親は頻度が高く，そうではない母親は頻度が低いことが指摘されています（苫米地・三輪 2016；西村 2022）。また，母親の働き方や働く時間の長さは親子がふれあう時間の長さに大きく関係しま

す。加えて，時間という観点で母子のかかわりについて考えるならば，子ども
が多いほど一人ひとりの子どもとのかかわりが少なくなる可能性があります。
これらについては，フルタイム就労だったり，子どもの数が多いほど教育的な
かかわりが少ないことを示す研究がある一方で（苫米地・三輪 2016），働き方や
子どもの数は影響を与えていないとする研究もあります（西村 2022）。

　このように，「遊び」や「教育」というかかわり合いの中身の違いによって
母親の何が母子のかかわりの差につながるのかが異なっていたりします。同じ
ことに注目したとしても研究によって結果が異なっていたりします。研究ごと
に検証のために使用しているデータが違っているので，それも原因と考えられ
ますが，そもそも親子の関係性や日常生活は千差万別で，多様な事柄が絡み
合った状況であることが結果の差に影響していると思われます。子育ての方針
や親子のかかわり方の背景の複雑さに気がつき，考えることが大切です。

2．家族に関連するそのほかの視点──文化資本と社会の変化

（1）文化資本と不平等の再生産

　親の子どもに対するかかわり方やその違いは，子どもにとってどのような意
味をもつものなのでしょうか。フランスの社会学者にピエール・ブルデュー
（Pierre Bourdieu, 1930～2002）という人物がいます。彼の著書『ディスタンクシ
オン』が国際社会学会の「20世紀で最も重要な社会学書」の第 6 位に選ばれる
など，ブルデューは20世紀を代表する社会学者の一人です。選出された著作こ
そ『ディスタンクシオン』ですが，ジャン゠クロード・パスロン（Jean-Claude
Passeron）との共著である『再生産』や『遺産相続者たち』なども20世紀を代
表する社会学書に挙げられます。

　ブルデューが提唱する概念のなかで最重要なもののひとつに文化資本（cul-
tural capital）があります（ブルデュー 1986）。文化資本とは，個人と家族が所有
する文化的な「無形の資本」であり，経済資本（貨幣）および社会資本（人脈
やコネ）に交換可能でありかつ蓄積可能なものです。そして結果として，家庭
の文化資本の多寡は，個人や家族の社会的地位の高低を表すひとつの視点とな

ります。

　文化資本は，（1）客体化された様態（家に絵画，ピアノなどの楽器，本などの保有状況），（2）制度化された様態（学歴や資格の保有状況），（3）身体化された様態（読書習慣や芸術に対する審美の保有状況，ふるまい）という3つの様態に区別されます。教育の場面に即して例を挙げれば，（1）家に本がたくさんあったり，子どもが勉強するための部屋や机があったりする，（2）親が大卒だったり，専門的な職業に就いていたりする，（3）親に読書習慣があり文学を好む，などといったような具合です。

　私たちは日常生活のなかで，家庭で親から"きちんとした"しつけや教育を受けて，教養やマナーを身につけた人のことを「育ちが良い」と表現することがあります。文化資本の概念において「育ちが良い」とは，社会で高い評価を受けるような文化，すなわち「正統文化」を親から継承していることを意味しています。正統文化を有している家族，とくに親が，子どもに文化資本を伝達するようなコミュニケーションをとり，子どもがそれを受容しているのです。

　さらに，その正統文化は学校教育との親和的が高いのが特徴です。したがって，文化資本を多く所有する家庭の子どもは，教師とのコミュニケーションを円滑にこなせたり，学校活動に適応的だったりします。その結果が，成績の高さにも結びついていくのです。つまり，文化的に裕福な家庭の子どもは学校での学習のあり方がより内面化・身体化されているために，学校で有利になるのです。生まれ育つ家庭の文化が，学校的価値から著しく乖離している場合には，大学進学を考えられないものとして選抜試験以前に自己排除してしまうことがあることが知られています（ブルデュー 1990：ブルデュー／パスロン 1991）。

　文化資本は人びとの実践を通じて親世代の不平等を再生産するプロセスのひとつといえます。子どもは，家庭で親のふるまいや言動を見て文化資本を「相続」します。そして文化資本に恵まれている子どもは，「育ちが良い」として学校生活，とりわけ大学などの高等教育になじむことができます。ブルデューはフランス社会について論じましたが，日本でも文化資本は教育市場・労働市場・婚姻市場での地位に転換される可能性があります（片岡 2019）。もちろんフランスと日本の社会は異なる社会ですから，ブルデューの提唱した理論が完

全に当てはまるわけではありません。しかし，片岡の分析によれば，女性については読書文化資本が多いことが初職および現職の職業威信に正の効果を持っていました。職業威信スコアとは，社会調査によってさまざまな職業についての人々の主観的な評価を調べ，その結果が集約された一次元上の数値のことです（平沢 2021）。親から本を読んでもらった経験が多い女性のほうが，職業生活のはじめからよいスタートを切ることができるというわけです。さらにこれも女性についてではありますが，芸術文化資本（家でクラシック音楽をきいたり，コンサートに行った経験，家族と美術展や博物館に行った経験）は配偶者の職業威信の高さにつながります。芸術文化資本に恵まれた女性が一般的に評価の高いパートナーと結婚しているということです。文化資本が労働市場や結婚市場において有利な資本であることを示唆する結果といえそうです。ただし，男性については女性にみられたような関連性はみられていないため，文化資本だけが重要だというわけではないことを忘れてはなりません。

　とはいえ，親子のかかわりやしつけを文化資本という概念と結びつけて考えてみると，親子の間で起きる不平等の再生産について考えるうえでの大きなヒントになります。

（2）日本社会の変化と子育て

　ここまで経済的なゆとり，子育て，文化資本とさまざまな側面から親と子のかかわりと学歴の不平等との関係を説明してきましたが，親子のかかわりを考えるうえでもうひとつ大事なことがあります。それは日本社会そのものの時代的な変化です。

　まず注目すべきは，これまで子育ての役割を中心的に担ってきた母親の就業状況の変化です。戦後の，とくに高度経済成長期の日本社会においては，男性が稼得役割，女性が家事・育児などのケア役割を担う性別役割分業のもとで子育ての中心を母親が担う家族が一般的になりました。しかしその後，1970年代後半より既婚女性の労働力率が上昇していき，夫も妻も働きに出る共働き世帯が増加していきました。現在では専業主婦世帯よりも共働き世帯の数が圧倒的に多くなっており，以前に比べると働きながら子育てをする母親の割合が高く

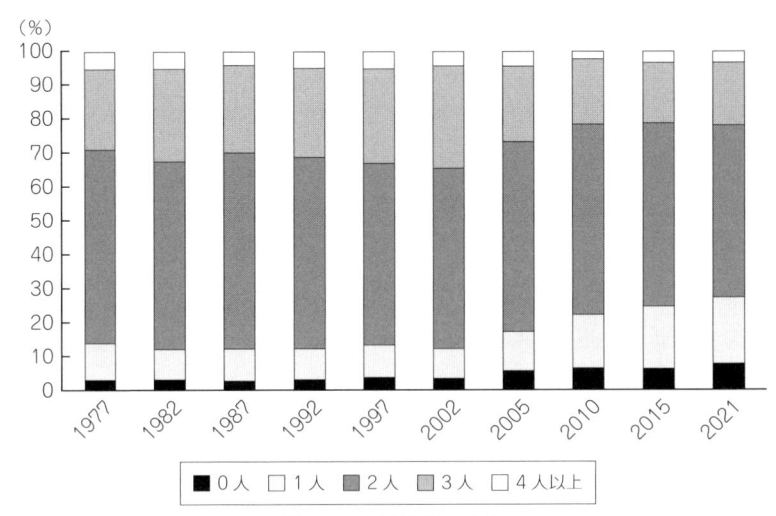

図 2 - 3 子ども数の変化

出所：国立社会保障・人口問題研究所（2022）より筆者作成。

なっています。家庭の管理運営に専念しながら子育てをする母親と，家庭の外で仕事をしながら子育てをする母親では，おのずと子どもへのかかわり方が異なってきます。

　また子どもが何人いるのか，つまり子どものきょうだい構成がどうなっているのかという点も大きく変化してきました。図 2 - 3 は，国立社会保障・人口問題研究所が実施している『出生動向基本調査』における夫婦の子ども数の推移です。家族社会学者の落合恵美子は，戦後の子ども数の減少ときょうだい数の画一化をふまえ，この変化を「二人っ子革命」と表現しています（落合2004）。それまでの日本社会ではきょうだいの数が 4 人以上という家族が多くみられ，子どもがいない夫婦や一人っ子は多くありませんでした。しかし高度経済成長期に大衆化した近代家族において「子どもは 2 人」というあり方が定着し，図 2 - 3 にみられるように社会では 2 人きょうだいが大きな割合を占める構造が維持されています。そして2000年以降，子どもがいない夫婦や一人っ子の割合割合が上昇してきています。子どもが多くても 3 人，それ以上きょうだいがいる場合はレアケースになりつつあります。

　このような変化が親と子どものかかわり方の違いにつながることは想像に難くないでしょう。たとえば一人っ子の親はかかわる子どもは 1 人ですが，3 人きょうだいになればかかわる子どもは一気に 3 人になります。かかわりの内容によっては 3 人同時にかかわることもできますが，たとえば一番上のお姉ちゃんの勉強をみてあげるときには下の 2 人にはかかわれないというように，きょうだいの状況に応じてかかわり方が変わります（苫米地・三輪 2016）。

　このような家族のライフスタイルや構造の変化が親子のかかわりの違いをもたらすことを鑑みれば，これからの社会の変化によってさらに状況が変化していくかもしれません。たとえば現在では高学歴化がますます進み，高等教育機関への進学率が上昇したり，男女の進学率の差が縮小したりしています。このような社会構造の変化がひいては親子のかかわり方の変化や世代間で不平等が再生産されていく構造の変化につながっていく可能性は十分にあります。

3．子育てに対する親へのまなざし

（1）親は子育てを頑張っているけれど

　日本では長引く経済の低迷の中で，若者の雇用が不安定になり，以前のように大学を出て，安定した仕事につくといった見通しが持てなくなっています。その閉塞感もあり，自分の生まれ育った環境や育てられ方に目がいくことは避けられないのかもしれません。

　一方で，国立社会保障・人口問題研究所が実施した「全国家庭動向調査」の結果では，「夫や妻は，自分達のことを多少犠牲にしても，子どものことを優先すべきだ」という考えに賛成する人が 8 割を超えています。そしてその傾向は2000年代を通じて変化していません（国立社会保障・人口問題研究所 2024）。調査の設計上回答者は女性だけとなっていますが，親は子どもを優先すべきだという考えで子育てに向き合っていることがわかります。

　子どもが家庭の外で多くの時間を過ごすようになるタイミングは家庭ごとに異なりますが（幼少期に保育園に通うか幼稚園に通うかなど），子どもが家庭以外で長い時間を過ごす場所として大きな役割を果たすのは学校です。そのた

め，子どもとのかかわりが学校での勉強やその他の活動と結びつきやすいことは否定できません。しかし，子どもの勉強のサポートをすることだけが子育てではありません。先述の調査結果からもわかるとおり，親は子どもを優先する意識をもって，日常生活のありとあらゆる側面で子どもを支えています。それにもかかわらず，日本社会では親の子どもへのかかわりやその結果を，子どもの学力や学歴の高さで評価してしまうことがよくあります。

（2）子育てのあり方やとらえ方を問い直す

　子どもが自分の意見を親に主張することができるようになる前の乳幼児期には，親の違いが子どもの経験の違いに直結します。子どもを育て，社会で生活できるようにする（＝社会化する）役割が家族，特に親に求められる現代の社会においては，子育てや親と子の関係に高い関心が寄せられ，多くの親は子どもにどのようにかかわるのか，日々試行錯誤しているのです。

　懸念すべきなのは，子どもの発達や達成の責任を親がほとんど負っていること，子育ての評価が教育的な成果と結びついてしまっていることで，親子や子どもの抱える問題が見つけられにくくなっているという側面です。子どもの貧困やヤングケアラーの問題，家庭内での虐待の問題は依然として深刻です。

　親子関係だけを過度に強調せず，親は親，子は子で家族の外とつながることのできるゆるやかなネットワークの中で子どもを育てること，そして地域や行政もそれをサポートするような仕組みを構築していくことがこれからの社会には必要かもしれません。

4．他人との違いの背景を考え，自分の人生について考える

　みなさんは子どものころ，周りの人と自分の生活を比べて「うらやましい」と思ったことがあるでしょうか。たとえば，「○○君のうちは毎月のように家族旅行に行っているけれども，なぜうちは行かないのだろう」とか，「△△さんの家は遊びに行くといつもお母さんがいるけれど，私の家のお母さんは仕事でいつもいないなあ」など，自分の家庭生活と周りの人の家庭生活に違いがあ

り，相手の家庭のことを「いいなあ」と思うような経験です。このような他人の家のことをうらやましいと感じることについては，多くの人が経験しているのではないでしょうか。他人の家のことをうらやましく感じるのは，自分が家庭で経験することと，他人が家庭で経験することが異なっていて，他人の家庭の方が良さそうな気がするからです。とりわけ幼少期は，家族と過ごす時間が長かったり，家庭以外の自分の居場所が限られていたりします。自分と他人の家庭の違いに目が向きやすいということがあるかもしれません。

　前述のたとえ話に挙げたような家庭生活の違いは，そのほとんどが親の違いによってあらわれるものでしょう。旅行をするには資金が必要ですし，母親が専業主婦かどうかということも，親の選択で決まっているはずです。親が違えば子どもの日常生活も当然異なってきます。

　でもそれが，私たちの人生のすべてを決めるものになるのでしょうか。本章でみてきたとおり，親や家庭環境の違いとそれにもとづく教育的な環境や成果の違いがあることは否定できません。でも，自分たちの人生の責任を親に求めすぎてはいないでしょうか。今の社会は，子どもの教育的な成果が子育ての評価につながりすぎていないでしょうか。ぜひ考えてみてください。

[謝辞]　二次分析にあたり，東京大学社会科学研究所附属社会調査・データアーカイブ研究センター SSJ データアーカイブから「子どもの生活と学びに関する親子調査　Wave 1 ～ 4，2015-2019（ベネッセ教育総合研究所）」の個票データの提供を受けました。

引用・参考文献

ベネッセ教育総合研究所，「子どもの生活と学びに関する親子調査」
　　https://berd.benesse.jp/special/childedu/
Brown, Phillip, 1990, "The Third Wave: Education and the Ideology of Parentocracy," *British Journal of Sociology of Education*, 11(1): 68-85.
ブルデュー，ピエール，福井憲彦訳，1986，「文化資本の三つの姿」『アクト』1 日本エディタースクール出版部，pp. 18-28.
ブルデュー，ピエール，石井洋二郎訳，1990，『ディスタンクシオン 1・2 ——社会的判断力批判』藤原書店.

ブルデュー, ピエール／ジャン＝クロード・パスロン, 宮島喬訳, 1991,『再生産——教育・社会・文化』藤原書店.

ヘックマン, ジェームズ・J., 2015,『幼児教育の経済学』(古草秀子訳)東洋経済新報社.

平沢和司, 2021,『格差の社会学入門——学歴と階層から考える　第2版』北海道大学出版会.

片岡栄美, 2019,『趣味の社会学——文化・階層・ジェンダー』青弓社.

国立社会保障・人口問題研究所, 2023,「第16回出生動向基本調査」
https://www.ipss.go.jp/ps-doukou/j/doukou16/doukou16_gaiyo.asp

————, 2024,『2022年 社会保障・人口問題基本調査 第7回全国家庭動向調査 報告書』.

近藤博之・古田和久, 2011,「教育達成における階層差の長期趨勢」石田浩・近藤博之・中尾啓子編『現代の社会階層2　階層と移動の構造』東京大学出版会, 89-105.

Lareau, Annette, 2003, *Unequal Childhoods: Class, Race and Family Life*, University of California Press.

文部科学省, 2022,「令和3年度子供の学習費調査」
https://www.mext.go.jp/b_menu/toukei/chousa03/gakushuuhi/kekka/k_detail/mext_00001.html

中村高康, 2021,「教育機会格差の趨勢——長期的トレンドと若年層の動向」中村高康・三輪哲・石田浩編『人生初期の階層構造』東京大学出版会, 37-51.

中澤渉, 2014,『なぜ日本の公教育費は少ないのか——教育の公的役割を問いなおす』勁草書房.

————, 2018,『日本の公教育——学力・コスト・民主主義』中央公論新社.

西村純子, 2022,「親子のかかわりの学歴階層間の差異——労働時間・家事頻度との関連に着目して」『社会学評論』72(4): 522-39.

落合恵美子, 2004,『21世紀家族へ——家族の戦後体制の見かた・超え方　第3版』有斐閣.

OECD, 2023, *Education at a Glance 2023: OECD Indicators*
https://www.oecd.org/education/education-at-a-glance/

Shavit, Yossi and Hans-Peter Blossfeld eds., 1993, *Persistent Inequality: Changing Educational Attainment in Thirteen Countries*, Routledge.

品田知美, 2016,「子どもへの母親のかかわり」稲葉昭英・保田時男・田渕六郎・田中重人編『日本の家族 1999-2009——全国家族調査〔NFRJ〕による計量社会学』東京大学出版会, 203-15.

苫米地なつ帆・三輪哲, 2016,「親の子どもに対する関わり方の経時的変化と規定要

因」筒井純也・水落正明・保田時男編『パネルデータの調査と分析・入門』ナカニシヤ出版，83-93.

（苫米地なつ帆）

コラム3　文化資本の伝達プロセス

　第2章で学習したピエール・ブルデューによる文化資本を経由した社会階層の再生産の様相をもう少し詳しく学習してみましょう。図1のそのイメージです。社会学者のマッズ・イェーガー（Mads M. Jæger）は，社会階層の再生産における文化資本が伝達される条件を次のように整理しています（Jæger 2009）。

　　① 親が子どもに移転可能な文化資本を所有していなければならない。
　　② 親が子どもに文化資本を伝達するための時間と努力を惜しまない。
　　③ 子どもが文化資本の吸収し，学力・学歴に変換するため努力しなければならない。

　これこそが，まさに社会構造が人びとの実践を通じて不平等が再生産されるプロセスです。子は，家庭で親の振る舞いや言動を見て文化資本を吸収します。文化資本は，態度・嗜好，正統な知識・振る舞い・財・学歴資格といった地位の高い文化的シグナルを提供する重要な媒体として機能し，学校教育において学力や学歴へと変換され，最終的には職業的地位や所得（経済資本）にまで転換されます。

　ここで想像してもらいたいのは，イェーガーが整理する文化資本伝達の3条件は，②と③のプロセスで親と子の「努力」が介在していることです。つまり，家庭が「正統文化」を所有しているという環境的条件だけではいけないのです。それぞれの社会的立場で，親は「努力」し，子も「努力」しているのです。そして，自身の成功に対して「努力」が強調されるほど，出身家庭による不平等は見えづらくなります。なので，しばしば「貧しい者は努力を欠いている」と判断されかねません。

　子どもの学力に対する努力の影響について，文化資本という観点から考えてみましょう。図2は，親学歴別に見た小学3年生・小学6年生・中学3年生の学力（算数・数学）に対する努力（平日放課後の学習時間）の影響です。放課後に勉強を「ほとんどしない」と回答した子で，両親非大卒の子だと47.3点ですが，両親大卒の子だと50.0点です。一方で，「2時間半以上」と回答した子では，両親非大卒の子では51.3点ですが，両親大卒の子は55.7点に達します。両親非大卒の子は2時間

39

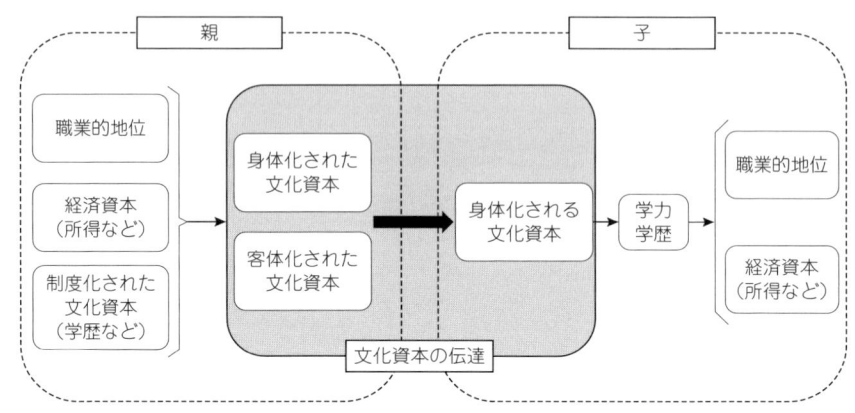

図1　文化資本による社会的再生産のイメージ

出所：文献を参考にして筆者作成。

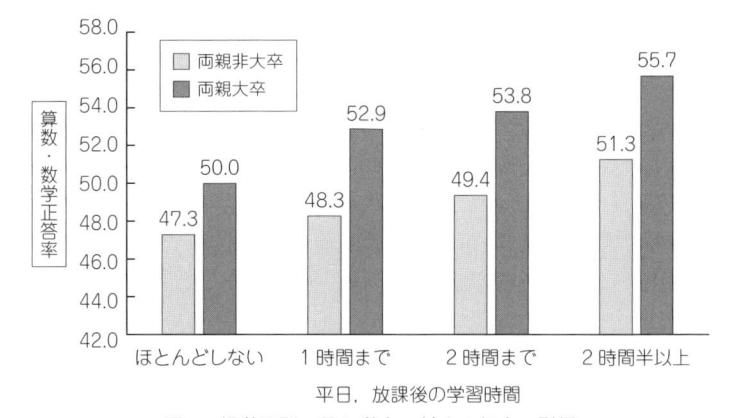

図2　親学歴別に見た学力に対する努力の影響

出所：中西（2017：85）表5-3を図化した。

半以上は勉強しないと，ほとんど勉強しない両親大卒の子の学力には達しないのです。

　この結果はあくまでも平均値の比較に過ぎないので，「すべての児童生徒がこうした結果に該当するわけではない」ということには注意を払うべきです。しかし，ひたすらに個人の努力を奨励するだけで不平等が克服されることはないことも理解する必要があります。

人びとは，それぞれの家庭において身につけてきた種々の傾向や予備知識の総体が異なっています。そのため，学力や学歴の獲得をとりまく種々の学習行動（ここでは学習時間）は形式的に平等であるに過ぎないのです。つまり，文化的に裕福な家庭の子は，「効果的な学習」がより内面化・身体化されているために，数字上で同じだけ努力していたとしても，その効果が異なるということです。

こうした文化資本の影響は，学力だけに限られず，大学進学のタイミングでもあります。例えば，生まれ育つ家庭の文化が，学校的価値から著しく乖離している場合には，大学進学を考えられないものとして選抜試験以前に自己排除してしまうことがあることが知られています（ブルデュー 1990，ブルデュー／パスロン 1991）。

不平等の再生産において，家庭の文化ないし文化資本に注目することで見えてくるものは非常に豊富だということです。

参考文献

ブルデュー，ピエール，石井洋二郎訳，1990，『ディスタンクシオン 1・2——社会的判断力批判』藤原書店.

ブルデュー，ピエール／ジャン＝クロード，パスロン，石井洋二郎監訳，1997，『遺産相続者たち——学生と文化』藤原書店.

ブルデュー，ピエール／ジャン＝クロード，パスロン，宮島喬訳，1991，『再生産——教育・社会・文化』藤原書店.

Jæger Mads Meier ,2009, "Equal Access but Unequal Outcomes: Cultural Capital and Educational Choice in a Meritocratic Society," *Social Forces*, 87 (4): 1943-1971.

中西啓喜，2017，『学力格差拡大の社会学的研究——小中学生への追跡的学力調査結果が示すもの』東信堂.

（中西啓喜）

コラム４　学習塾は教育投資戦略なのか？　生活必需品なのか？

　教育社会学の研究では，塾の利用を富裕層が自身の子の学力や学歴の獲得を有利にするための「教育投資戦略」として扱ってきました。

　教育投資戦略として想定されている不平等の親子間での伝達経路は，次のようなものです。まず経済的・文化的に豊かな家庭は，子どもに対して量的・質的に整った教育環境を準備します。その結果，整った教育環境に置かれた子は高い学力・学歴を獲得する，というものです。

　さて，ペアレントクラシーという考え方を第２章で学びました。日本社会でのペアレントクラシーは，都市部の私立小中学校のような早期選抜において，親の財力や願望によって塾利用が盛んになり，家庭背景による教育格差が露骨になってしまうというものです。

　ところが，学習塾は教育投資戦略という側面に加えて，「生活必需品」という側面もあります。それは中学３年生の時点です。文部科学省（2007）の『児童・生徒の学習塾等での学習状況及び保護者の意識に関する実態調査報告』，東京大学社会科学研究所・ベネッセ教育総合研究所編の調査（2020）を見ると，学習塾の利用状況は小学生までは半数も利用していません。しかし，中学生になり，高校受験が近づくにつれて多くが学習塾を利用するようになります。また，文部科学省（2018）の「子供の学習費調査」によれば，公立の中学校に通う保護者の負担する学習塾費は20万2,965円であり，年間で負担する子どもへの学習費総額（48万8,397円）の約41.6％を占めます。これは公立小学校の16.6％（学習塾費：５万3,313円／総額：32万1,281円），公立高校の23.4％（学習塾費：10万6,884円／総額：45万7,380円）を大きく上回ります。そして，この数値は，家庭教師費等の費用は計算に含んでいないため，実際の費用負担はもっと大きい可能性もあります。

　2019年，2021年，2023年に小５・中１・中３の保護者を対象に追跡した調査の結果を示しましょう。この調査では，子どもを学習塾に通わせているかどうかについて繰り返し質問しています。表１はその結果です。「している」と回答した人の割合が，小５＝31.9％，中１＝47.0％，中３＝69.5％と次第に増えているのがわかります。「方針としてしたくない」や「経済的にできない」と回答していた保護者で

表 1　学年で見た学習塾利用率の変化

		小 5	中 1	中 3
学習塾に 通わせる	している	31.9%	47.0%	69.5%
	方針としてしたくない	45.4%	33.8%	15.8%
	経済的にできない	13.6%	10.1%	5.6%
	合計	100.0%	100.0%	100.0%
	N	954	954	954

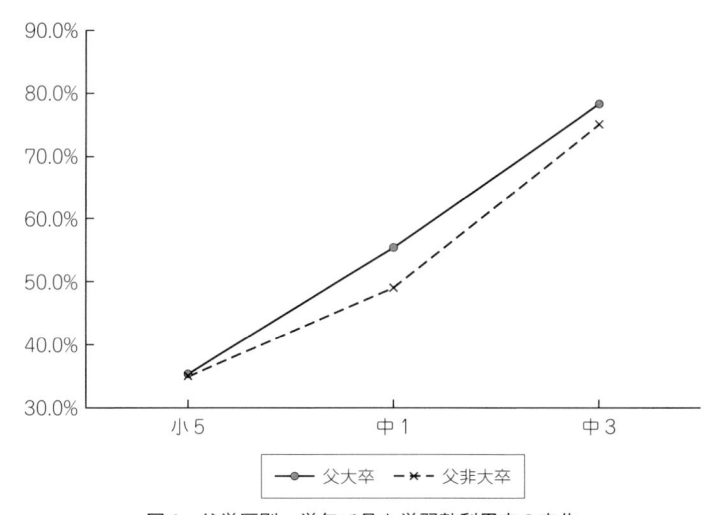

図 1　父学歴別，学年で見た学習塾利用率の変化

も，子どもが中 3 になると塾に通わせていることがわかります。

　父親の学歴別にも見てみましょう。子どもを学習塾に通わせていると回答した割合は，父大卒で小 5 = 35.4%，中 1 = 55.3%，中 3 = 78.3%，父非大卒で小 5 = 34.9%，中 1 = 49.1%，中 3 = 75.1% と，父学歴間でほとんど変わりません。

　こうなると，学習塾は「通うことのメリット」よりも「通わないことのデメリット」の方が大きいことがうかがえます。つまり，このような通塾についての数値を羅列してみると，中学生の子をもつ親にとって，高校受験の準備のための通塾費は生活必需品としての側面があることがうかがえます。

　しかし，2008 年に実施された「生活必需品調査」（阿部 2012）によれば，中学生の塾利用は，一般には生活必需品として理解はされていないようです。この調査で

は、「現在の日本の社会において、すべての子どもに与えられるべきもの」についての意識が調査されており、その中に「親が必要と思った場合、塾に行く（中学生以上）」という項目があります。回答結果は、「希望するすべての子どもに絶対に与えられるべきである」が13.7%、「与えられたほうが望ましいが、家の事情（金銭的など）で与えられなくてもしかたがない」が54.6%、「与えられなくてもよい」が27.4%であった。中学生の塾利用はかかるサポートは与えられなくても仕方ないという意見が多数派なのです。

　こういった状況を受けて、中学3年生への塾・習い事費用をサポートする地方自治体もあります。東京都や大阪市などが有名ですが、こうした動きは今後も他の自治体に波及していくかもしれません。

　　［付記］　ここで示した図表のデータは、JSPS科学研究費補助金（18H00984（研究代表：耳塚寛明）、20K13911（研究代表：中西啓喜））の助成を受けました。

参考文献

阿部彩，2012，「「豊かさ」と「貧しさ」──相対的貧困と子ども」『発達心理学研究』23(4)：362-374.

文部科学省，2007，『平成19年度　児童・生徒の学習塾等での学習状況及び保護者の意識に関する実態調査報告』.

文部科学省，2018，『子供の学習費調査』.

中西啓喜，2022，「中学生の学校外教育利用は教育投資戦略か生活必需品か？──親子ペアデータの分析から」『桃山学院大学社会学論集』56(1)：1-15.

東京大学社会科学研究所・ベネッセ教育総合研究所編，2020，『子どもの学びと成長を追う──2万組の親子パネル調査から』勁草書房.

（中西啓喜）

第3章

大学進学と奨学金

はじめに——大学進学と教育費

　大学へ進学するにあたって，入学金や授業料を確認しましたか。それを見て「大学へ進学するのには費用がずいぶんかかるなぁ」や「これを親が負担するのは大変だ」とは感じたでしょうか。詳しくは後で見ますが，大学4年間でかかる費用は，文系学部なら一般的に，国公立大学なら約500万円，私立大学なら約1000万円かかるといわれます。理系学部ならもっと高額です。もし下宿さ

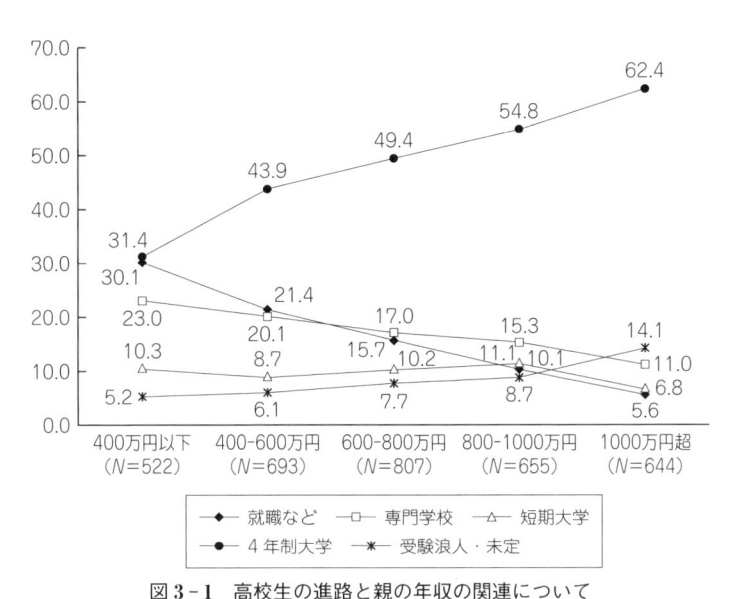

図 3-1　高校生の進路と親の年収の関連について

出所：東京大学大学院教育学研究科大学経営・政策センター（2009）。

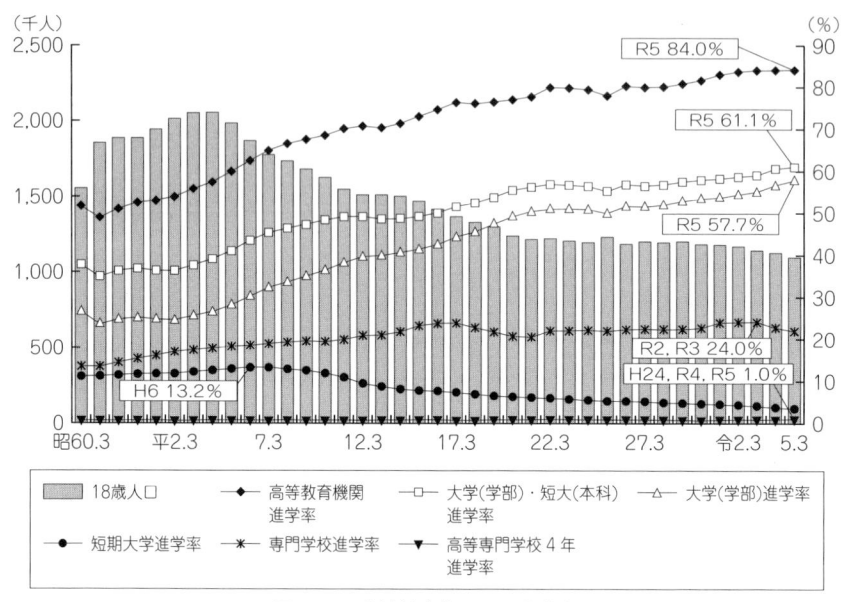

図 3 - 2　高等教育機関への進学率

注：1　高等教育機関進学率 ＝ $\dfrac{\text{大学（学部）・短期大学（本科）入学者，高等専門学校 4 年在学者及び専門学校入学者}}{\text{18歳人口〔 3 年前の中学校・義務教育学校卒業者及び中等教育学校前期課程修了者〕}}$

　　　2　大学（学部）進学率 ＝ $\dfrac{\text{大学（学部）の入学者}}{\text{18歳人口〔 3 年前の中学校・義務教育学校卒業者及び中等教育学校前期課程修了者〕}}$

　　　3　短期大学・専門学校の進学率は，（注） 2 　計算式の入学者部分にそれぞれの入学者を当てはめて算出。
　　　　高等専門学校 4 年進学率は，同部分に 4 年生の学生数を当てはめて算出。

　　　4　□で囲んだ年度は，最高値である。

出所：文部科学省（2023a）。

せるならば家賃などの生活費もさらにかかります。

　このように子を大学進学させるのは高額な費用を要するため，親の年収と子どもの大学進学率には強い関連があります。図 3 - 1 などからもわかるように，低所得層ほど不利という不平等な実態があります（濱中 2023）。

　図 3 - 2 は昭和60（1985）年以降の高等教育機関（大学・短大・専門学校等）進学率の推移を示したものです。進学率は，分母に18歳人口，分子に高等教育機関入学者という算出式で導かれます。令和 5 年度進学者は84.0％と， 8 割を超えています。日本の場合，高等教育機関進学者の大部分は中等教育卒業直後

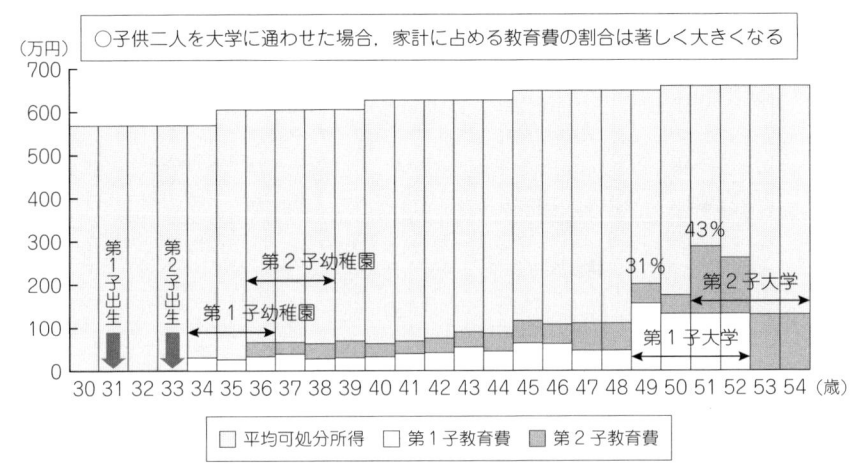

図3-3　家計における教育費負担（文部科学省（2023）による試算例）

注：1. 31歳で第1子，33歳で第2子を出生と想定（令和3年における母の出生時平均年齢は第1子30.9歳，第2子32.8歳）。

2. 教育費負担：幼稚園は私立，小・中・高は公立の場合の学習費総額（学校教育費，学校給食費及び学校外活動費の合計）

　　　　　　　　大学は私立大学昼間部の居住形態によらない平均の学費（授業料，その他の学校納付金，修学費，課外活動費，通学費の合計）に加え，大学1年生のみ入学金を追加

　　　可処分所得：2人以上の勤労者世帯。世帯主の年齢階級別1世帯あたり1ヶ月の可処分所得を年換算。

　　　　　　　　※30歳から34歳までの可処分所得は，世帯主の年齢階級が「34歳以下」の数値を使用。

3. 本データは一つの試算であり，貯蓄や教育ローン等の活用は考慮していない。

出典：第1子，第2子出生年齢について，厚生労働省「人口動態統計」（令和3年）

　　　幼稚園・小・中・高の教育費負担について，文部科学省「令和3年度子供の学習費調査」

　　　大学の教育費負担について，文部科学省「私立大学等の令和3年度入学者に係る学生納付金等調査」，独立行政法人日本学生支援機構「令和2年度学生生活調査」

　　　可処分所得について，総務省統計局「家計調査」（令和4年）

出所：文部科学省（2023b）。

の生徒ですので，例えば中学生時代を振り返り30名クラスメイトがいたら，そのうち24名程度が高等教育機関に進学しているような状況です。このことから，高等教育機関進学は身近なものであるといえるでしょう。

　では，高等教育機関に進学するのにどれくらい家計に負担がかかるのでしょうか。この点について，文部科学省（2023b）では，興味深い試算を行っています。図3-3は，四人家族（子どもが二人）の勤労者世帯で，子ども二人と

I 「学 ぶ」

表3-1 居住形態別×設置者別 大学昼間部における学生生活費（年間）

設置者区分	自宅		アパート等	
国立	987,100	(1.00)	1,721,800	(1.74)
公立	993,000	(1.01)	1,689,000	(1.71)
私立	1,704,800	(1.73)	2,414,300	(2.45)
平均	1,601,500		2,151,000	

注：単位：円。カッコ内の数字は国立×自宅を1.00としたときの比率。
出所：日本学生支援機構（2022）より筆者作成。

も大学に通わせた場合の試算例です。

　これは，主たる家計支持者が51歳の時に子どもが二人とも大学に在学する例ですが，家計全体で約600万円の可処分所得（いわゆる手取り）でも収入の約半分（48%）が教育費として支出されると試算しています。ただし，図3-3の例は第一子，第二子ともに私立大学に進学していると仮定しており，居住形態は平均値です。実際は，設置者別（国公私立），居住者別（自宅／アパート等）でも異なってきます。そこで，もう少し詳しく知るために，設置者別（国公私別）・居住形態別（自宅・アパート等）で学生生活費の比較をしてみましょう。

　表3-1によると，国立の自宅生だと98万7,100円，私立のアパート等だと241万4,300円と，比率にして2.45倍の開きがあります。これは，学費は設置者が国公立か私立かで，生活費は自宅からかアパート等自宅を離れて通うかで異なるためです。また，カッコ内の比率から，これらの大小関係は概ね「国公立自宅」＜「国公立アパート等」≒「私立自宅」＜「私立アパート等」という関係になっていることもわかります。

　皆さんは自分の将来を見据え，どのような高等教育機関に進学すべきかを熟慮したとは思いますが，進路によってこれだけ金額が異なると，「なぜこれほど金額が異なるか」，「どのようにこの費用を工面すべきか」という問いが立つのではないでしょうか。

1．なぜ，日本の教育費の私費負担はこれほど重いのか？

　教育費がこれほど重いのは世界共通ではありません。図3-4は，教育段階別の一般政府総支出に占める公財政教育支出の割合の国際比較を示したものです。この図から概ね以下の3点がわかります。

　第一に，日本は政府が支出している教育費は OECD 各国の中でも相当下位に属します。第二に，高等教育費に着目しても，やはり下位に属します。第三に，日本のみに着目すると，初等・中等・高等教育の中で高等教育の比率が最も低いこともわかります。

　では，なぜ日本の高等教育機関における私費負担はこれほど重いのでしょうか。小中学校のように国や地方自治体が大部分を負担してくれないのでしょうか。この点については，教育の便益が教育を受けた当人なのか，社会全体なのかに着目すると，興味深いことが見えてきます。

　小川（1996）は，教育費の費用負担の在り方について「公費教育主義」「育英主義」「受益者負担主義」の3つの考え方を用いて説明しています。

　まず，「公費教育主義」です。これは，教育は，「社会的公共的性格を強くもつものであるという理由」から教育の諸経費を「国や地方自治体の支出する公費で賄われるべき」という立場です。これには義務教育が該当します。すなわち公立小中学校ですと，教育の社会的公共的側面に着目して教育を行っている側面を重視しており，無償で教育を受ける権利を保障する立場を取ります。

　次に，「育英主義」です。これは，「公費の効率的な配分・活用をはかる」という理由から，「能力のある者に対して優先的に公費を投資」を通して，「その能力を国家社会のために発達させ活用させていこうとする立場」です。優秀な人により多くの教育費を投入し，社会全体に還元してもらうのが効率的であるという立場ともいえるでしょう。例えば，日本学術振興会の研究員制度（優秀な大学院生に研究に専念してもらうため，そのまま企業に就職するのと同程度の給付金がもらえる制度）などがこれに該当します。

　そして，「受益者負担主義」です。これは，「利益を受ける者が，その受ける

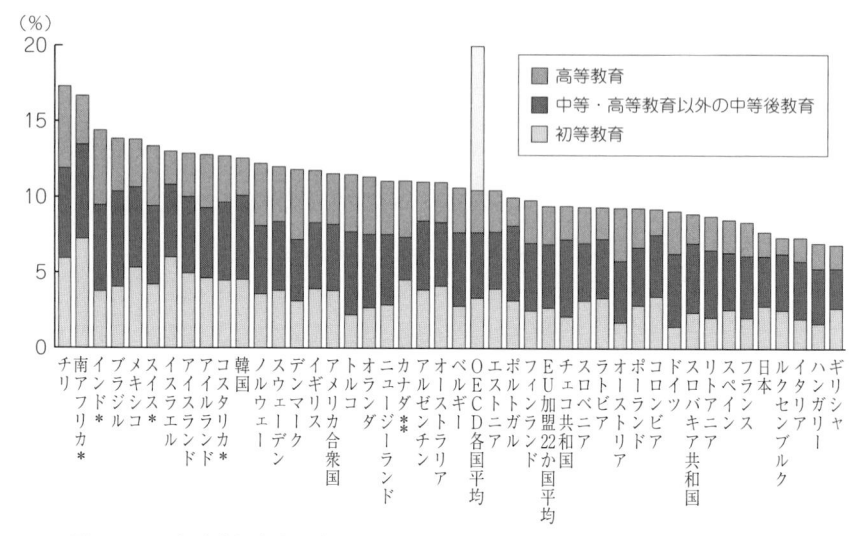

図 3-4 一般政府総支出に占める公財政教育支出の割合（教育段階別）（2019年）

注：*は別の年度の調査結果（出所を参照のこと）。**は就学前教育を含む。
出所：経済協力開発機構編（2023）。

利益の大きさに基づいて，その利益を生み出すのに必要なサービスの費用を負担する」という立場です。日本の高等教育はこの考え方に根ざした制度である側面が強いと考えられます。つまり，高等教育を受けることで，本人が最も「便益」を受けるので，本人に負担してもらう，ということです。

さらに，小林（2008）では，親が無理をしてでもこの費用を負担する「無理する家計」という実態を紹介しています。言い換えれば，日本では親が我が子のために高等教育費まで無理をしてでも負担する文化があるという実態です。

であればこそ，高すぎる高等教育費を社会的にもっとサポートしないといけないのですが，大学生に対して公的な経済的支援にネガティブな意見を向ける人も未だに多いのです。国際社会調査の ISSP（International Social Survey Program（http://www.issp.org/menu-top/home/））の "Role of Government"（政府の役割）という調査データを用いた中澤（2014）による研究成果の一部を紹介しましょう。

図3-5は，ISSP 2016 データにおいて，"「収入の少ない家庭の大学生に経済

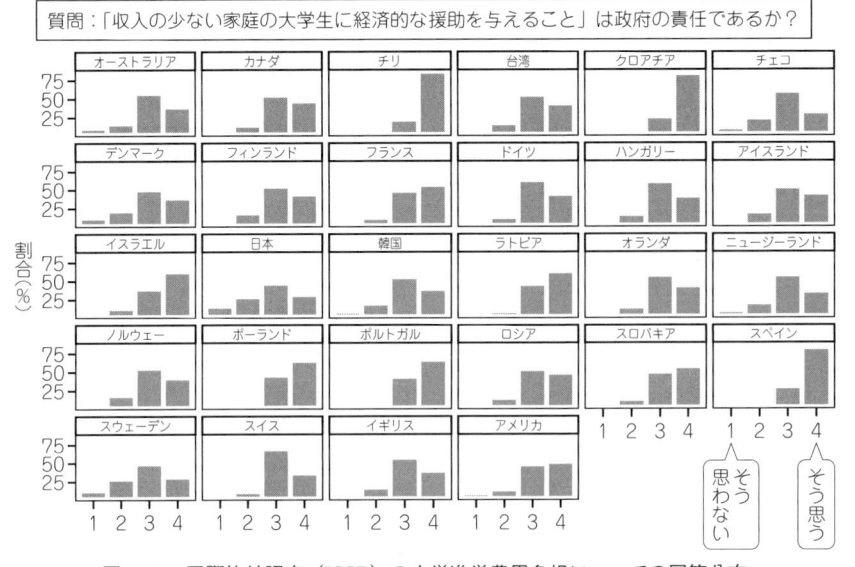

図3-5　国際比較調査（ISSP）の大学進学費用負担についての回答分布

注：中澤（2014）を基に，ISSP 2016 データより作成した。ただし，データがなかったカナダ，
　　オランダ，ポーランド，ポルトガルは2006年の数値である。

的な援助を与えること」は政府の責任であるか否か"について，4段階で回答
してもらった各国の分布です。分布が右に偏るほど「政府の責任だ」と考えて
いる人が多い国です。これを見ると，日本以外では分布が右に偏っている国が
多く，つまり「政府の責任だ」と考えている人が多い国だということです。そ
の一方で，日本の分布は比較的に平らで，「政府の責任ではないという人」が
かなりいます。なお，中澤によれば，スウェーデンの分布が日本に近いように
見えますが，北欧は基本的に全年齢において親への経済的支援がとても厚いの
で，「その上に重ねて大学生に援助する必要性はあまりない」という意見だと
考えるべきだと説明しています。「自由の国」として名高いアメリカであって
も，分布が右に偏っており，アメリカの人びとも基本的には貧しい大学生への
経済的援助は正当だと考えている人が多いのです。

　OECDの国際比較調査を確認しても，日本では教育費の家計負担が非常に
重いことがわかります。特に，高等教育と幼児教育（就学前教育）が著しく家

計負担というのが実態です。また，コラム4でも確認したように，子どもを塾や習い事に通わせるための費用も負担となっています。国際的にみても，日本は教育費全体に対する私費負担が大きいのですが，それにもかかわらず，図3-4で見られるように，外国と比べると日本国民は高等教育費を公的に支出することに消極的なのです。

　高等教育費の親負担主義は，教育機会が産まれた家庭の経済状況によって制限されることを意味します。しかしこうした話題には，「奨学金があるから大丈夫だろう」という意見が向けられてしまいがちです。しかし，奨学金は外国では給付が前提であるにもかかわらず，日本の奨学金はほとんどが貸与前提で実際には“教育ローン”です。そうであれば，将来に背負うであろう「借金」を避けるために利用を躊躇する人も多いでしょう。日本では，高等教育費を「親が払うもの」「奨学金を借りて返すもの」という意識がまだまだ根強いのです。

2．奨学金の仕組み

　奨学金制度は複雑です。その論点は「申請の時期（入学前／入学後）」「貸与か給付か（要返済／返済不要）」「受給基準（優秀か／家計が厳しいか）」等，さまざまあります。また，実施団体も民間・自治体等多様です。日本では日本学生支援機構（Japan Student Services Organization：JASSO）がその大部分を担い，奨学生数は全体の約4分の3，金額も事業全体の約9割を占めます（日本学生支援機構 2021）。そこで本節では JASSO の奨学金の概要を紹介します。

　日本の奨学金は，創設当初（1944年）の名称は「大日本育英会」でしたが，1953年に「日本育英会」に改称されました。JASSO 奨学金は，それまでの「日本育英会」を引き継ぎ，2004年4月に創設されました。そして以下の（1）貸与型，（2）給付型という2つのタイプがあります。申請時期は近年では入学前が中心であり，そのためある程度経済的見通しを持って進学ができます。順にこれを見ていくことにしましょう。

表3-2　JASSO 貸与型奨学金の概要（大学）

種類	貸与月額			学力基準 （原則）	家計基準 （目安）	返済の特徴
第一種 （無利子）	国公立	自宅	（最高）45,000円	評定平均値が5段階評価で3.5以上	給与所得世帯で803万円	定額返還・所得連動かを選択
		自宅外	（最高）51,000円			
	私立	自宅	（最高）54,000円			
		自宅外	（最高）64,000円			
第二種 （有利子）	20,000〜120,000円（1万円刻み）			学習成績が平均水準以上である等	給与所得世帯で1,250万円	固定金利・変動金利かを選択

注1：学力基準，家計基準ともに予約採用の場合である。また，家計は4人（父・母・弟又は妹が
　　　中学生）を想定。
注2：この他にも，上記の奨学金を両方利用する「併用貸与」，入学時特別増額貸与奨学金が存在
　　　する。
出所：日本学生支援機構（2023a）より筆者作成。

① 貸 与 型

　貸与型は，返還を前提としています。「返済」ではなく「返還」と表現され
ています。これは，奨学生が卒業後返済した財源を用いて新奨学生に支給する
という「循環」が想定されているためです。

　貸与型奨学金は，「返還」が前提とはいえ，利息が無利子／低利率で，返還
期間も長く，延滞となっても救済方法が数多くあり，民間の「教育ローン」よ
りもずっとお得です。その概要は表3-2の通りです。

　第一種と第二種では無利子／有利子の違いがあります。当然無利子の方が返
還は容易ですが，採用基準が学力，家計ともに第二種より厳しくなっています。

　ただし，第一種では近年，低所得層の学力基準が緩められました。第二種は，
年収1000万円の世帯でも受給可能な場合があり，一般家庭で親に頼らず修学で
きるための奨学金ともいえます。

　なお，日本の奨学金制度は貸与型が中心で戦後から一貫してきましたが，こ
れでは低所得層が申請を忌避する傾向があるとされ，本来受給すべき層が申請
しない課題もありました。そこで給付型奨学金が2017年度に導入されました。

表3-3 JASSO 給付型奨学金（高等教育修学支援新制度）の概要（大学）

区分 （年収の目安）		入学金減免 上限額	授業料減免 上限額（年額）	給付額		
					月額	（参考）年額
第Ⅰ区分 （～270万円）	国公立	282,000円	535,800円	自宅	29,200円	350,400円
				自宅外	66,700円	800,400円
	私立	260,000円	700,000円	自宅	38,300円	459,600円
				自宅外	75,800円	909,600円
第Ⅱ区分 （～300万円）	国公立	188,000円	357,200円	自宅	19,500円	234,000円
				自宅外	44,500円	534,000円
	私立	173,400円	466,700円	自宅	25,600円	307,200円
				自宅外	50,600円	607,200円
第Ⅲ区分 （～380万円）	国公立	94,000円	178,600円	自宅	9,800円	117,600円
				自宅外	22,300円	267,600円
	私立	86,700円	233,400円	自宅	12,800円	153,600円
				自宅外	25,300円	303,600円

注1：学力基準は，予約採用（入学前の申請）の場合，5段階評価で3.5以上。
注2：入学金減免は一回限りの支給である。
注3：貸与との併用は，第二種はどの区分でも可能で，第一種は第Ⅲ区分のみ併用可能。た
　　だし，金額調整がなされ，（月額）国公立で自宅20,300円，自宅外13,800円，私立で自宅
　　21,700円，自宅外19,200円。
出所：JASSO の HP より筆者作成。

② 給 付 型

　給付型は，2017年度に導入された，原則として返還を不要とする制度です。ただし，中退すると返還が発生しますし，成績不振だと給付停止となる場合もあります。現在注目されているのは，2020年度に改正された低所得層に対する給付型奨学金制度である「高等教育修学支援新制度」です。

　表3-3を見てください。例えば第Ⅰ区分で，国公立大学進学ですと，授業料がほぼ全額免除で，給付月額も自宅外生だと7万弱です。アルバイトで数万円稼ぐ必要はありますが，自宅を離れての修学が可能といえるでしょう。また，アルバイトがきついのであれば第二種（貸与）との併用も可能です。

　問題は，給付であっても，成績不振や，在学中に親の所得が上がった場合，給付が打ち切られる可能性がある点に注意が必要です。また，貸与と併用する

と当然ですが返還義務が発生します。このことがライフキャリアにも影響を及ぼします。

3．発展・複雑化する奨学金の仕組み

（1）JASSO 奨学金制度の発展の歴史

　JASSO は効率的に奨学金を受給すべき学生に支給するため，創設当初から表 3 - 4 にまとめたように数々の制度改革を行ってきました。

① 機関保証制度（2004）：機構が指定する保証機関の連帯保証を受ける制度です。連帯保証人は親や親戚が引き受けるケースが一般的ですが，この制度を利用することで，延滞のリスクに彼らを巻き込まないというメリットがあります。

② 貸与月額の改正（2008，2009，2018）：貸与額に幅を持たせ受給できるようにしたものです。これによって借りすぎのリスクが下がります。

③ 減額返還制度の創設（2010）：返還総額は変わりませんが返還期間を延長し返還月額を当初の 2 分の 1 または 3 分の 1 で返還できる制度です。収入が不安定な場合には有効な制度です。

④ 返還猶予制度の適用年数の延長（2014）：返還期限猶予制度を適用できる年数を通算 5 年から通算10年に延長しました。これも③同様，返還が困難な場合の救済制度です。

⑤ 所得連動返還型奨学金の創設とその発展（2012，2017）：第一種奨学金において，保護者（親）の所得が採用時一定以下で受給していた学生が，卒業後に一定の収入を得るまでは返還を猶予する制度が2012年にできました。2017年には，本制度の改正として，収入に応じ返還月額と年数が調整される「所得連動返還方式」の制度が導入されました。

⑥ 低所得世帯の生徒に係る第一種奨学金の成績基準の実質的撤廃（2017）：前述の図 3 - 4 からも低所得世帯の生徒ほど大学進学には不利ということはわかりますが，評定平均 3.5 というのは優秀の基準の一面にすぎないとして，低所得世帯はこの基準を撤廃し，彼らの進学を

表3-4　日本学生支援機構の奨学金事業・制度の沿革（～令和4年度）

年度	制度改正等の内容
2004	・機関保証制度を創設 ・入学時特別増額貸与奨学金制度の拡大（第一種奨学金採用者を新たに対象） ・第二種奨学金（海外進学）制度を創設 ・法科大学院の創設に対応した奨学金制度を創設 ・大学院教育免除職免除制度を廃止（平成15年度の採用者をもって廃止） ・特に優れた業績による返還免除制度を創設
2005	・報奨金制度を廃止（平成16年度の採用者をもって廃止） ・高等学校等奨学金を都道府県移管 ・優秀学生顕彰事業を創設
2006	・第二種奨学金（短期留学）制度を創設 ・適格認定手続の電子情報化
2007	・第二種奨学金の貸与利率選択制を導入
2008	・第二種奨学金に新たな月額を導入 ・「機関保証制度検証委員会」を設置 ・全国銀行個人信用情報センターに加盟 ・個人情報信用情報機関への登録同意書の提出依頼開始
2009	・第一種奨学金の月額選択制を導入 ・入学時特別増額貸与奨学金の貸与金額選択制度を導入 ・「返還促進策等検証委員会」の設置
2010	・減額返還制度を創設 ・個人信用情報機関への登録開始
2011	・家計判定における対象の変更（共働きの場合に父母双方の収入を合計）
2012	・所得連動返還型無利子奨学金制度を創設
2013	・職業に必要な技術の教授を目的とする大学別科，修業年限2年未満の専修学校，専修学校通信教育課程を第一種，第二種奨学金の貸与対象に拡大
2014	・真に困窮している奨学金返還者に対する救済措置の充実 　(ⅰ)　延滞金の賦課率の引き下げ 　(ⅱ)　返還期限猶予制度の適用年数の延長， 　(ⅲ)　減額返還制度及び返還期限猶予制度の基準の緩和， 　(ⅳ)　延滞者への返還期限猶予の適用， 　(ⅴ)　減額返還制度の申し込みに係る提出書類の簡素化
2015	・業績優秀者返還免除制度の改善・充実（博士課程学生の返還免除候補者を進学時に決定）
2016	・海外留学奨学金への在学採用の導入（10月より）
	・給付型奨学金制度の創設 ・低所得世帯の学生（生徒）に係る第一種奨学金の成績基準の実質的撤廃

2017	・所得連動返還方式の導入 ・減額返還制度の拡充（1/2 に加え 1/3，適用期間は最長120か月から180か月に変更） ・機関保証制度において平成29年度以降に採用される第一種奨学生の保証料を従前より約15％引き下げ
2018	・貸与月額の新設（第一種奨学金・第二種奨学金） ・健康基準の廃止，家計基準の見直し
2019	・高等教育の修学支援新制度における給付奨学金の予約採用開始
2020	・修学支援新制度として新たな給付奨学金制度創設 ・「学びの継続」のための「学生支援緊急給付金」の支給 ・延滞金賦課率の引き下げ（5％⇒3％）
2021	・学生等の学びを継続するための緊急給付金の支給
2022	・減額返還・返還期限猶予申請手続の電子化 ・第一種奨学金の在学定期2次（秋）採用の実施 ・修士課程への業績優秀者返還免除に係る内定制度の導入

出所：日本学生支援機構（2023b）より筆者作成。

後押しする制度です。

⑦ 給付型奨学金制度の導入（2017，2020）：2017年に，まず（旧）給付型奨学金制度が創設されました。それまで JASSO が貸与のみであったことを考えると，これは大きな一歩でした。さらに，これを発展させる形で，2020年に前述の「高等学校修学支援新制度」が創設されました。これにより，低所得層の進学が一層加速され，修学環境や卒業後のライフキャリアも改善されることが期待されます。

　なお，2024年度には，教育未来創造会議第一次提言（令和4年5月）・骨太の方針2022（令和4年6月）を受け，大学学部生では「高等教育の修学支援新制度」の支援対象を多子世帯や理工農系の家計所得中間層に拡充する予定です。また，「こども未来戦略」（2023年12月閣議決定）によって，多子世帯の大学等の授業料等無償化が推進され，2025年度には，多子世帯の学生等は（所得に関係なく）授業料等を無償とする措置等を講ずるための対象学生の学業要件の見直しが図られる予定です。さらに，大学院においては，2024年度から授業料について，卒業後の本人所得に応じた後払いの制度が創設されます。大学院進学における経済的支援がより一層推進されているといえます。

　こういった JASSO の取り組みを後押しするのは，JASSO や中央政府だけではありません。例えば，JASSO の貸与型奨学金の受給者に対し，当該自治体に就職することで，返済額のいくらかを肩代わりする制度「返還支援制度」を行っている地方自治体もあります。これは人口減少時代における優秀な人材を確保するための施策です。また，企業の中にも，返還支援制度を適用しているところがあります。返還を肩代わりすることで，離職を防いだり，返還のリスクを心配する学生への当該企業の PR にもなりますので，企業にとってもメリットはあります。

　以上で見られるように，これらの改革は制度の複雑化ももたらしています。制度が理解できていないため，給付型奨学金を受給できるのに貸与で我慢をしたり，返還猶予制度を知らないため延滞が生じ，多額のペナルティが発生したり，というリスクが考えられます。

　しかしながら，奨学金は，その制度を正確に理解することによって，よりよいライフキャリアを送ることができる可能性が高まるということをおわかりいただけるのではないでしょうか。

（2）不足しがちな奨学金の情報

　奨学金制度は非常に複雑化しています。そのため，「情報ギャップ」（制度の複雑化によって，本来届くべき相手に的確な情報が届かないことで，制度が機能しなくなる）という課題が生じてしまうことが想定されます。

　この具体が顕著に出ている例として，JASSO 貸与型奨学金返還者に対する調査結果を見てみましょう。日本学生支援機構（2023c）によると，貸与型奨学金の延滞者は6.4％であり，20人に 1 人程度が延滞者となっています。彼ら・彼女らの特徴は「日本学生支援機構奨学金の返還義務を知った時期」にあります（図 3 - 6）。

　すなわち，返還義務を知ったのが申込手続き前及び手続き中は69.2％（無延滞者94.5％）に留まり，返還義務が発生してから認知をしたものが10.8％（同，0.5％）もいます。つまり，延滞者では制度そのものを認知・理解した上で受給していない者が無延滞者よりも多い傾向が見て取れます。

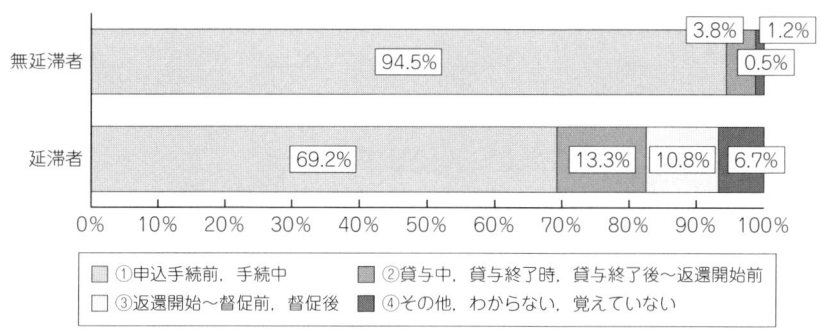

図3-6　無延滞・延滞別　日本学生支援機構奨学金の返還義務を知った時期

注1：延滞者とは，令和3年12月末において，奨学金返還を3ヶ月以上延滞している者（延滞していない者を「無延滞者」とする）。

注2：母数は無延滞者4349千人，延滞者128千人。これらから抽出し（無延滞者9,064人，延滞者15,738人），無延滞者1,716人，延滞者1,839人が回答。

　　なお，返還対象者4644千人のうち1日以上3ヶ月未満の延滞者（295千人）を調査から除外しており，無延滞者は93.6％である。

出所：日本学生支援機構（2023c）より筆者作成。

　この原因として，奨学金制度が複雑すぎることが考えられます。例えば，小林・濱中・王（2019）では高校で最も奨学金制度に詳しい先生を対象に調査をしています。その中で「大学等奨学金について：JASSO の説明資料が理解しづらい」という質問に対し，「とてもあてはまる（27.6％）」「ややあてはまる（49.5％）」と，4分の3以上が理解しづらいと回答をしています。また，各高等学校でも，保護者や生徒に奨学金制度の説明会を開いていますが，これだけ制度が頻繁に変わり複雑化すると，高校としても的確に当該学生に情報を提供するのは困難になっており，そのため制度を上手に使いこなせていない人を少なからず存在させているのではないでしょうか。こういった情報をうまく利用できない人をどのように救済していくべきかが，今後の制度改革上の喫緊の課題といえるでしょう。

4．奨学金制度の歩き方

　本章では日本の高等教育機関における奨学金制度についての概要について紹介してきました。現代の日本社会の場合，大多数の生徒が高等教育機関に進学

しますが，私費負担が非常に重く，さまざまな方法でこれを乗り越える必要が
あります。奨学金制度はその中の有効な方法の一つです。では，皆さんはどの
ような点に留意して奨学金制度を活用すべきと考えるでしょうか。

　第一には，自分の学生生活費の収入額・支出額を改めて考えてみましょう。
収入は，主に「家庭からの仕送り」「アルバイト」「奨学金」が考えられます。
支出は，「学費（授業料・入学金・教科書代・実験費）」「生活費（例えば自宅
なら通学費がかかるでしょう。自宅を離れるなら賃貸アパート等の家賃，光熱
費，食費，スマホ等の通信費，衣類や娯楽費，その他の費用）」です。これら
の合計額がどうなるかを考えてみましょう。

　進学したい大学・短大・専門学校があるならば，まず支出合計から考えてみ
ましょう。学費においては，学校種（大学・短大・専門学校），設置者（国公
立・私立），学科別で，生活費においては，自宅か，自宅外（賃貸アパート・
寮など）でもだいぶ変わってきます。そして，これらの費用の工面において，
奨学金制度をどのように活用していくかを考えていくことになるでしょう。

　第二には，奨学金制度の大半が返還を必要とする「貸与」ですので，延滞せ
ずに返還するための受給額や就くべき職業・ライフキャリアを考えてみましょ
う。職業については，たとえ高額な受給合計額であっても，ペイする職業もあ
りますし，その逆もあり得ます。これは自分の進学したい高等教育機関の卒業
後の就職先などを調べ，ある程度シミュレーションしてみるとよいでしょう。
また，人生は，結婚・子育てといったライフキャリアも想定すると，返還でき
ると思っていても意外に大変となるかもしれません。こういった想定もしてお
くべきでしょう。

　以上のような視点に留意するには奨学金に関する情報を十分に得ることは必
須でしょう。日本の奨学金制度は「貸与」奨学金としてさまざまな批判もあり
ますが，自動車や住宅ローン等の借金と比較すると優秀な制度といえます。現
行制度でも返還猶予期間が10年もあり，収入に応じた「所得連動返還型」の制
度もあり，返還が滞ってもさまざまな救済制度が存在します。また，各大学の
経済的支援の制度にも着目すべきでしょう。私立看護大学でたまに見られます
が就職先によっては，大学独自の奨学金を肩代わりし，国立大学よりも費用が

かからない大学もあります。

　また，自治体や企業によっては，奨学金の返還額のいくらかを肩代わりしてくれるようなところもあります。奨学金制度というと，破産宣告や，キャッシング等不可のブラックリスト入りといった報道もなされますが，大部分の奨学生は，自己実現のために活用できています。学校の先生・保護者・友人・インターネット，JASSO など，さまざまなネットワークを駆使し，正確な情報を得て，奨学金制度を有効活用することで未来の可能性が開けます。

　以上，日本の奨学金制度について整理をしてきました。皆さんにとって，どのような奨学金制度が望ましいと考えるでしょうか。経済的に苦しいため，進学するにしても自宅から通える専門学校か国立大学にしか選べない人もいます。また，我が子のために，無理をして教育費を負担する家庭もあります。これは先に述べた通り，諸外国と比較すると常識ではありません。

　近年は高等教育の無償化政策が政策にも徐々に浸透されてきてはいます。前述した通り，今後も給付型奨学金がさらに拡充される予定です。しかしながら限られた財源の中で，何がどこまで具現化するかは未知数です。皆さんも，奨学金制度を上手に活用することはもちろんですが，当事者として教育費問題を考え，今後の教育政策の在り方に是非注目していただきたいと思います。

引用・参考文献

濱中義隆研究代表，2023，『高校生の高等教育進学動向に関する調査研究第二次報告書』国立教育政策研究所.

金子元久，1987，「受益者負担と「育英」主義——国立大学授業料の思想史」広島大学大学教育研究センター『大学論集』17：67-88.

給付型奨学金研究会編，2022，『大学進学のための "返さなくてよい" 奨学金ガイド第2版』産学社.

小林雅之，2008，『進学格差——深刻化する教育費負担』ちくま新書.

小林雅之・濱中義隆・王傑，2019，「学生支援における情報ギャップの現実——全国高校調査から」『大総センター　ものぐらふ14　教育費負担と進路選択における学生支援のあり方』東京大学 大学総合教育研究センター，123-136.

経済協力開発機構（OECD）編，2023，『図表でみる教育——OECD インディケーター（2022年度版）』明石書店.

文部科学省，2023a，『学校基本調査——令和 4 年度　結果の概要』．

文部科学省，2023b，『令和 4 年度　文部科学白書』．

中澤渉，2014，『なぜ日本の公教育費は少ないのか——教育の公的役割を問いなおす』勁草書房．

日本学生支援機構，2021，『令和元年度奨学事業に関する実態調査結果』．

日本学生支援機構，2022，『令和 2 年度　学生生活調査結果』．

日本学生支援機構，2023a，『日本学生支援機構　給付貸与奨学金早わかりガイド』．

日本学生支援機構，2023b，『令和 4 年度　JASSO 年報』．

日本学生支援機構，2023c，『令和 3 年度　奨学金の延滞者に関する属性調査結果』．

小川正人編，1996，「戦後の教育費政策の展開と論理」『教育財政の政策と法制度——教育財政入門』エイデル研究所，12-36.

東京大学大学院教育学研究科大学経営・政策研究センター，2009，『高校生の進路と親の年収の関連について』．

https://ump.p.u-tokyo.ac.jp/crump/resource/crump090731.pdf（2024年 2 月 8 日確認）

（藤森宏明）

コラム5　日本社会における奨学金の課題を考える

　日本社会で生活するうえで最も高価な買い物の第一位が「家」で，第二位が「子どもの教育費」です。特に大学の教育費は，非常に家計を圧迫することを第3章で学びました。

　日本の奨学金は，事実上の教育ローン，つまり借金です。必ずしも高い教育費を負担できる家庭ばかりではありません。しかし，将来目指す職業や生活を叶えるために少しでも高い学歴を獲得したいと考えることは自然です。そのために，「借金」をしてでも大学に行きたいという人はいます。

　ところが，貸与型の奨学金を利用した結果，家族形成に障害をもたらすというデータが示されています。図1は，貸与奨学金受給の有無別に見た未婚確率の推移の分析結果です。左図が男性，右図が女性の分析結果です。これを見ると，男性は，貸与奨学金を利用しているかどうかと結婚確率にほとんど関連はありません。しかし，女性は，貸与奨学金を利用している人と利用していない人の間に結婚確率に違いが見られます。特に，短大卒の女性にとっての貸与奨学金の利用は，結婚の確率を下げ，複数の子どもを産むことをためらうというのです（Wang et al. 2024）。教育ローンとしての日本型奨学金が，少子化に影響していることがうかがえます。

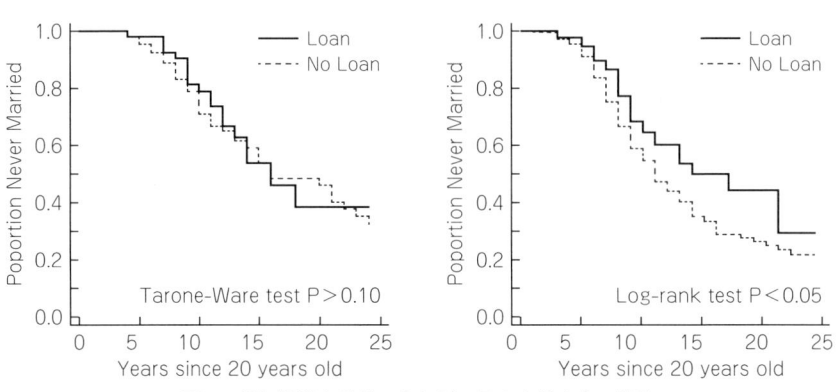

図1　貸与奨学金受給の有無別に見た未婚確率の推移

男女別にみた貸与奨学金の受給と未婚確率との関係性（カプランマイヤー曲線）
注：縦軸は未婚者の残存率。横軸は20歳からの経過年数。
出所：慶応義塾大学（2024：2）。

参考文献

慶応義塾大学（2024）「奨学金の負債が若者の家族形成に与える影響――「JHPS 第二世代付帯調査」に基づく研究」（プレスリリース）.

Wang, Jie, Hideo Akabayashi, Masayuki Kobayashi, and Shinpei Sano, 2024, "Student Loan Debt and Family Formation of Youth in Japan", *Studies in Higher Education*（DOI:10.1080/03075079.2024.2307972）.

（中西啓喜）

第４章

現代日本における大学生の就職活動
──自由な選択の背後にひそむ問題──

はじめに──大学時代に頑張ったことは就活

　春から大学３年。学部の授業にも慣れ，今学期から本格的にゼミが始まる。と思いきや，ゼミの初回で配られたのは「就活イベント」（学内ガイダンス）のお知らせだった。ゼミの先生は，キャリアセンターが主催する「就活イベント」に参加が義務付けられていると言っていた。配られたチラシには以下の図が記載されている。

　大学３年の夏・秋にインターンシップが開催され，早い人だと３年の冬には内定が出る。しかし，本選考は４年になってからともある。よく読んでみると，大学と企業の間では大学４年の直前３月から採用情報解禁（説明会開始），その６月から選考開始という取り決めがあるのだが実際にはもっと前から採用を行っている企業があるらしい。まだ先とはいえ，そろそろ就職について考えないといけないみたいだ。

　「就活イベント」に参加したAさん。早速，ナビサイトへの登録とスーツの購入を指示された。１年中着るから通年着用できるものを，とキャリアセンターの先生は言う。夏のインターンシップは気軽に参加できると思っていたのに選考があるらしい。そもそもギョーカイってよくわかっていない。シャインとして働くことがどういうことなのかもよくわかっていない。何をどのように選べばいいのかもよくわかっていない。ナビサイトから聞いたことのある企業を見つけて，数分で書いたエントリーシート（ES）を出してみた。こんな調子なので５daysのインターンの選考には落ちてしまった。そらそうか。落選通知で案内された，選考のない１dayインターンシップにスーツで参加。周りも

みんな似たようなスーツで，服装のチョイスは間違っていなかったとちょっと
ホッとした。隣の子たちの話に聞き耳を立てると，いくつかのインターンシッ
プに参加し行きたい業界も絞っているらしい。「Ｚ社の社員さんの雰囲気がと
てもよくて…」すでに遅れをとっている?!

　インターンシップをきっかけに，Ａさんは秋から活動を進めていく。キャリ
アセンターの開催する対策講座で自己分析と企業研究を徹底的に行った。先輩
に内定までの流れを聞き，ＥＳも確認してもらった。これは数分で仕上げるも
のではないことがわかった。ガクチカ，自己ＰＲ，「やりたいこと」。同じ時期
に動いている仲間もできて，彼らの様子もＳＮＳで把握済みである。どこかの
キャリアコンサルタントがつぶやくＳＮＳでＥＳの締切を確認，転職口コミサ
イトも活用。ようやくどんな業界があるのかわかってきた。

　秋のインターンに参加すれば早期選考に間に合うらしい。行きたい業界は２
つくらいに絞った。大学時代は接客のバイトで店舗の売上に貢献，いろんな人
と話をするのが自分の長所，Ｘ社で商品Ｙの営業をやりたい。雰囲気が合うＸ
社を第一志望に定めた。しかし，いつまで待っても早期選考の知らせは来ない
…。説明会，インターンシップ，ＥＳ，ここまで費やした時間を考えるとクソ
ゲーのようにも思える。が，気を取り直してウォッチしていた同業他社の説明
会にすかさず参加。仲間は早期選考で決まった模様。時間との勝負なのだ。自
己分析もガクチカももう一度見直した。自分は営業が向いていると思うけど
「やりたいこと」はどこにあるのだろう。ナビサイトでの検索に限界を感じ，
オファー型サイトにも登録してオファー待ち。

　ついに，大学４年。選考は６月開始だからまだ大丈夫。きっとどこかに「や
りたいこと」はある。持コマは増やしておこう。振り返ると「就活イベント」
のお知らせをもらってから１年。もはや「大学時代に頑張ったことは就活」，
決まってないどころかまだ始まってもいないのに。

１．個人の選択に焦点が当たる就職活動へ

　これが2023年現在行われている就活の様子です。現代日本において，大学生

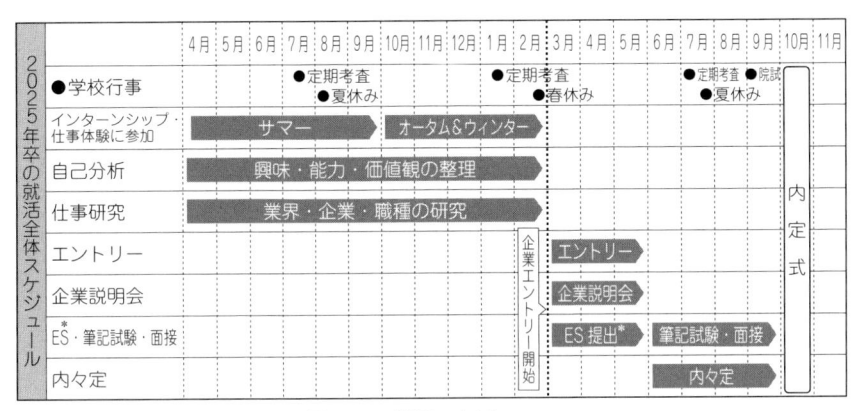

図4-1　就活スケジュール

出所：マイナビ2025　就活スケジュールと進め方。

の就職活動は図4-1のようなスケジュールとなっており，大学生の多くがこの活動に一定期間を費やし職業への第一歩を踏み出します（本章ではこの活動を「就活」と表記）。就職先を決めた大学生は10月1日に内定，翌年3月末に卒業。間を空けず4月1日に入社を迎えます。このあり方は日本社会で共有されているライフイベントといっても過言ではないでしょう。

　では，なぜこのような就活を皆さんは行うのでしょうか。なぜ一定期間を費やし自ら企業を探して応募することとなったのでしょうか。本章はこの背景にある社会構造と個人の選択の結びつきを論じ，その過程で見えなくなっている問題について考えていきます。

（1）教育から労働への移行と一括採用

　現代の日本社会において，子どものころは学校に通い，大人になれば職に就いて自ら生活を成り立たせることは「当たり前」となっています。ですが，子どもを大人へと育て上げる教育制度は近代国家体制のもとで整備されてきました。人びとは生まれに関係なく平等に教育を受けることができ，そこで生きていくための知識や職業とゆるやかに関連する技能を獲得し，特定の職業に配分されます。「若者が学業生活から職業生活へどのように移っていくのか」は各社会の教育・労働に関する制度やそれが成立した歴史的経緯によって異なるの

です。労働については第二部で詳細が説明されますが，欧米と日本では職業の
あり方に違いがあるため，教育や就職のあり方も異なります。たとえば，欧米
では職業・職務が社会全体で共有され，職業・職務と直接的に結びつく内容が
教育機関で教えられます。他方，日本では職業・職務がはっきりと決まってい
るのではなく企業内部でさまざまな業務を経験しながらキャリアを積んでいき
ます（第6章参照）。日本の企業は職業能力をもっていない若者を主たる労働者
（企業内での仕事に自らの時間のほとんどを費やすことが可能な者）として雇
い入れることを決め，正社員として訓練し，長期にわたって雇用してきました。
この働き方に合わせて，学校卒業前に仕事を決め卒業後すぐに働き始める新規
学卒一括採用は成立したのです。

　ですが，1節で挙げた，大学生が自由に企業に応募し，企業も幅広い応募を
受け付ける「自由応募の就職活動」は1990年代後半以降の就職−採用活動の自
由化とインターネットの普及によって成立したものです。たとえば，インター
ンシップは90年代後半ごろから，ナビサイト運営企業による大規模会場での合
同説明会は00年半ばごろから実施されるようになりました。

（2）学歴社会のゆらぎと就職−採用活動の自由化

　そもそも，自由応募となる前の就職−採用活動はどのようなものだったので
しょうか。このことを知るためには当時の大学生の社会的な位置や経済状況に
ついて簡単に知っておく必要があります。

　図4−2を見てください。90年代まで四年制大学への進学率は30％台だった
のですがその後50％にまで上昇していきます。他方，有効求人倍率は90年代前
半まで2を超える売り手市場でした。しかし，バブル崩壊による経済状況の悪
化によって96年には1.08，00年には0.99となります。企業はこの時期に正社
員の雇用を縮減していきました。さきほど，自由応募の就職活動の成立は90年
代後半から00年代だと述べました。就活のやり方が変わったのは，雇用状況の
悪化や大学生の増加，それによる競争激化が前提にあります。

　90年代前半まで，企業は若者のうち3割程度を占める（主に男子）大卒層を
ホワイトカラーとして，さらにその一部を幹部候補として採用していました。

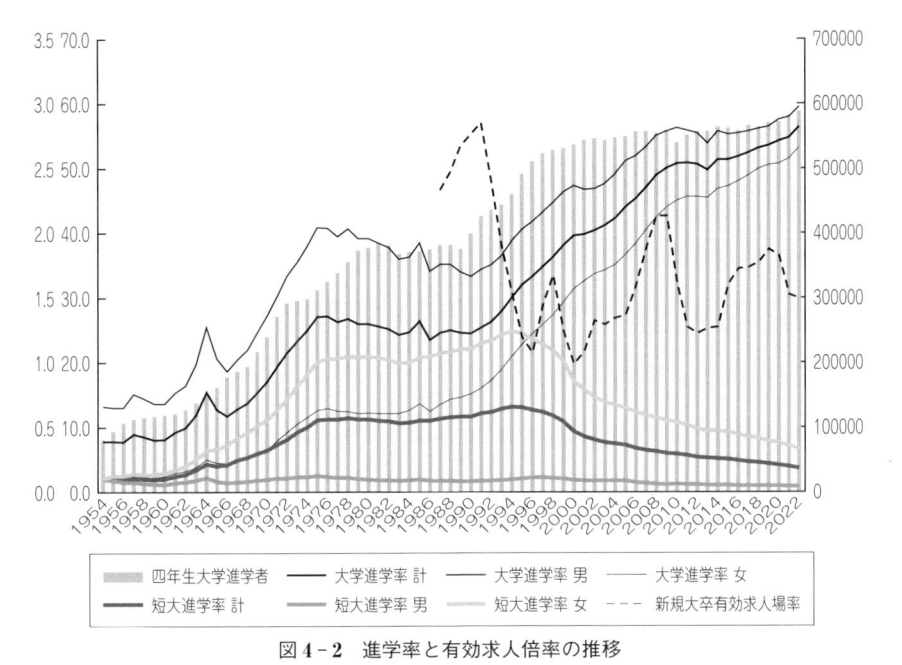

図4-2　進学率と有効求人倍率の推移

出所：四年制大学進学者，大学進学率，短大進学率＝文部科学省「学校基本調査」。有効求人倍率
　　　＝リクルートワークス研究所「第40回　ワークス大卒求人倍率調査」。

このとき評価の指標として用いられたのは主に「学校歴」でした（苅谷 2010）。
学校歴とは「どの学校を卒業したのか」，学校の名前のことです。社会学の用
語で学校歴といいますが，一般的にはいわゆる学歴と呼ばれるものです。当時，
よい大学に進学することがよい企業へ入るための条件と考えられていました。
本書コラム2では学歴フィルターについて説明していますが，今よりももっと
学歴フィルターが強固に存在していた社会でした（苅谷 2010：堀 2017）。企業
は「偏差値」という一元的な指標で訓練可能性を評価して採用を行っていたの
です。

　また，就職－採用に関して大学団体と経営者団体による「就職協定」と呼ば
れる就職－採用時期の取り決めがありました。たとえば1990年において採用情
報の解禁は大学4年8月20日から，選考は大学4年10月からと定められていま
した（中島 2019）。とはいえ，この採用活動可能な時期を企業は厳密に守って

いたわけではありません。売り手市場のなか優秀な者を確保しようと，企業は協定解禁以前から OB・OG を経由して大学生と連絡を取っていました。

　企業は採用活動であるのかを曖昧にしつつ，OB・OG が採用したいと思う大学生と面談し，大学生をインフォーマルなネットワークに囲い込んでいました（岩内 1995：18-19，中村 2010）。こうしたやり方により入学偏差値が高い有名大学の学生ほど企業規模の大きい就職先に恵まれていたのです。このこと自体，公然の事実だったといえます。学校歴によって就職先の選択が左右される状況は同じ大卒という学歴を有するにもかかわらず「公正」ではないと問題になったこともありました（中村 1993）。

　しかし，バブル崩壊以後の経済悪化により企業は採用人数を大幅に減らしていきます。その一方，大学生は増加し続け，彼ら・彼女らは就職機会獲得のため多くの企業へ応募しようとしました。これらが重なり，96年冬に企業と大学生双方にとって「足かせ」と感じられた就職協定は廃止されました。同時期に急速な勢いで広まったのがインターネットの利用です。当時はまだ利用者が少なく，現在のように大量のデータを瞬時にやりとりできていませんでした。ですが，冊子や郵送によって求人情報を提供していた企業（現在のリクルートやマイナビ）は24時間，いつでも，PC 環境があればアクセスできるインターネットにいち早く目をつけました。大学生は厳しい就職競争に勝ち抜くためにこれを必死に活用しました。インターネットの普及も相まって，2001年には民間企業就職希望の大学生のほとんどがナビサイトに登録するようになります（リクルート 2001）。

　ナビサイトの掲載企業・利用者の増加に応じ，さまざまな機能が追加されていきました。今ではスマートフォンアプリを用いて求人情報を閲覧し，応募するのは当然かもしれませんが，当初インターネットから可能だったのは情報閲覧のみで応募機能はありませんでした。技術の向上と利用者の増加，企業の採用業務の効率化などを理由に，徐々に大学生と企業を介すような機能，エントリーの受付，説明会の予約，エントリーシートの提出など，サイトを経由した応募へと変化していくこととなります。大学生と企業の直接的なやりとりを可能にする場が成立したのです。

90年代前半の OB・OG を経由した就職−採用活動から，就職−採用活動の自由化とナビサイトを介した活動の場の成立によって，大学生みなが応募でき企業も幅広い応募を受け付ける「自由応募の就職活動」へと姿を変えました。多くの選択肢から企業を選ぼうとする大学生・より優秀な者を採用しようとする企業の意向を汲み取り，大学生と企業を集めて一斉に活動を展開するようなイベントと化していきました。

（3）移行の不安定化と大学の対応

ですが，この時期に起きたことは就職−採用活動のやり方の変化だけではありません。有効求人倍率の悪化は「教育から労働への移行の不安定化」をもたらしました。教育から労働への移行の不安定化とは，学業生活から職業生活へ移るにあたり90年代前半までのように学卒後正社員としてキャリアを歩むことが「当たり前」ではなくなり，学卒後も仕事が得られない，もしくは非正規雇用を中心とした不安定な仕事をこなすのみでキャリアが見通せない状況に陥る，という変化を指します。

この移行の不安定化は，高卒層を中心に学校卒業後「フリーター」として生活する若者を対象に議論されてきました（小杉 2003）。次章でも触れるように00年代には15歳から24歳の失業率が10％を超えます。雇用状況が悪化するなか，相対的には恵まれていた大卒層であっても卒業後「職業キャリアが不安定な状況に置かれる」可能性が指摘されるようになりました（居神ほか編 2005）。

若者の移行の不安定化は雇用状況の悪化による不本意なものも多分に含まれていました（日本労働研究機構 2000）。ですが，当時の社会はこの状況を彼ら・彼女らの就労意欲のなさと理解し「若者は働く気がない」などと若者をバッシングするような言及にまでつながりました（本田 2008）。

大学はこの「就労意欲のなさ」への対応を迫られます。若者の就労意欲を引き上げるため大学に導入されたのが「キャリア教育」です。2000年前後に一部の大学で開始されたキャリア教育は，2010年には各大学での実施が義務化されます。ですが，ここで大学が目標としているのは大学生を「職に就かせる」こと，端的に言えば「正社員になること」です（妹尾 2023）。キャリア教育は，

非正規雇用を必要とする労働のあり方を相対化したり，新たな働き方を模索したりする教育とは言い難いものでした。

　結果，移行の不安定化に対して，大学はこれまで具体的には明示されていなかった学卒後の目標進路を「正社員」とするようになっていきました。キャリア教育のノウハウを十分にもっていなかった大学はその教育を就職情報サービスに委ねたため，キャリア教育と就職情報サービスの結びつきが強くなったといえます（児美川 2020）。

（4）後期近代社会と職業選択

　ここまで示してきた変化は，以下のような社会学の議論と関連しています。社会学では1970年代後半以降，欧米諸外国で「近代社会から後期近代社会への移行」と呼ばれる社会変容が指摘されるようになりました。こうした議論を展開している社会学者に，アンソニー・ギデンズやウルリッヒ・ベックなどが挙げられます。そのなかでも，ベックは近代社会から後期近代社会への移行により，教育と職業との関係が変化すると述べています（ベック 1998）。先にも述べたように，近代社会では，職業に関連する技能を習得する教育が特定の職業に人びとを配分していく機能を果たしていました。しかし，後期近代社会では職業に関連する知識や技能を習得する職業教育を受けてもその後に仕事がないという事態が生じる可能性に直面します。そうなると，多くの人は不安を感じて上位の学歴を身につけようとします。しかし，そうして得た学歴も皆が手に入れるため「十分条件」となっても，学歴の有無によって雇用が決定するような「必要条件」にはならず，学歴の価値は低下してしまいます。教育よりも労働市場の重要性が増し，職業の配分は企業の人事部に委ねられるようにもなりました（ベック 1998：303-304）。

　このような教育と職業の制度的な基盤が弱体化すると同時に，人びとの人生はあらかじめ何かに決められているものというより，自分自身で作るよう強制されるものになっていきます。ベックは，職業のみならず居住地や結婚相手や子どもの数などの決定を自ら行うことが可能なだけでなく，自らせざるをえなくなったといいます（ベック 1998：266-269）。そうして作り上げた自らの人生

に対しては個人でその責任を負う必要が生じてきました。

　ベックの議論は30年前のドイツの状況から考えられたことですが，日本の状況もこれを応用してある程度説明することができます。2節（2）で示したように大学進学率の上昇は，大卒の学歴が意味を持つというよりはそれがなければ就職さえできないという「十分条件」となったと指摘することができます。これを読んでいる一部の大学生は「高卒で就職先があるなら大学進学しなかったかもしれない」と考えているかもしれません。大学へ進学することがよりよい職業を得るためというより，仕事に就くため（それがないと働けない）といった位置づけに変わったといえるでしょう。

　加えて，学校歴と職業の結びつきが「十分条件」になったことは，職業を決めるにあたり「私はこの勉強をしてきたから」「私は大卒だから」など受けてきた教育と職業の関連が成立しなくなっていくことを意味します。大学を卒業しなければ大卒者として採用される資格は得られませんが，それだけで仕事が手に入るわけではありません。大学生も学歴を含めて自らの人生を自ら決定していくこと，企業も学歴と職業の結びつきだけではない自社の評価基準を用いて雇うこと，こうした事態が進展します。

　まさに，自らが求人情報を得て，自由に応募する就職活動は後期近代社会に適合的なあり方です。そして，この活動には人生の設計が求められるような仕掛けが組み込まれています。勘の良い方はすでにお気づきかもしれません。就活で自己分析を行うことが当然とされ「やりたいこと」を ES で書かねばならない状況を。

2．個人の選択と水路付けられる「正社員」

（1）自由応募の就職活動と個人の選択

　さて，自由応募の就職活動で大学生に求められるようになったことがあります。それは，学生時代に力を入れたこと（ガクチカ）・自己 PR・「やりたいこと」です。私はどのような人間で，日々何を行い，将来何がしたいのか。こうした，過去・現在・未来の自分を呈示する営みが大学生に求められるようにな

りました。多くの大学生がこれらを呈示するために自己分析を行うこととなります。この自己分析と呼ばれる慣習は以前からあったものではありません。

　現在，就職活動を行うとどこかで直面する自己分析ですが，90年代以前これほどまでに必要とはされていませんでした（香川 2010；牧野 2012）。自己分析の普及について分析した香川（2010）は90年代初頭の売り手市場の状況では就職活動のとき真剣に自己を振り返る必要はなかったと述べています。その後，90年代後半ごろから企業が求める人物像に自分を合わせるのではなく，本来の自分を探索し，将来像を提示するよう求められるようになりました（香川 2010：186）。00年代に，自己分析は採用プロセスに自然と取り込まれ，現在に至ります。この理由として，大卒就職の競争激化，学校歴以外の評価対象としての「自己」の活用が挙げられています（香川 2010）。

　さらに，牧野（2012）はこの自己分析が就職－採用活動で以下の機能を果たしていることを指摘しています。1つ目に，就職活動で「何をすればいいのか」その作業を大学生や採用担当者に示す機能があります。そして，自分を振り返って，自分に向いている仕事や「やりたい」仕事を考えさせる機能をもっています。この作業は後期近代社会に見られる行為でもある，自らをふりかえって，自分はこういう人間だという特徴を導き出す行為だといえます（牧野 2012：118）。ですが，自己分析は単に自分に対する理解を言語化するだけでなく，就職に対する失敗を本人の努力不足として説明する機能ももっています。内定未保持にはタイミングや不景気など必ずしも本人に帰することのできないさまざまな要因があるにもかかわらず，それを本人が自己分析を行っていなかったからだ，「やりたいこと」がないからだ，などと自己責任にするロジックを提供しているのです（牧野 2012）。

　自由応募の就職－採用活動において，誰もに対して情報が提供され，誰もに対してその選択の理由が求められるようになりました。そのため，大学生は自己分析を行い「自分の夢」や向いている仕事，「やりたい」仕事を語らねばならなくなったのです。こうして，活動結果を「自分の夢」や「やりたいこと」があったから成功した／なかったから失敗した，と考えるようになっていきました。言い換えれば，自らなぜその仕事を選ぶのか，「やりたい」のかを見極

め，結果が得られないのはそれを上手に説明することができない本人の責任だ，と理解されるようになったのです。自分自身の選択を求められ，語るようになることで，就活は社会的かつ個人的に人生の「一大イベント」と感じられるものとなりました。

（2）「正社員」に水路付けられる個人の選択

　自己分析の定着や機能を多くの皆さんはその通りだと納得すると思います。しかし，自己分析に関する研究でも十分に説明されていない点があります。それは活動の過程で，大学生は単に自己分析マニュアルを読んで「自己」を導出するだけではなく，個別の企業と結びつけながら自己分析を行っていることです。

　就職活動では自己分析だけでなく，企業研究も重要だと言われるはずです。皆さんも仕事や就職先を自らの特徴のみで決定するのではなく，企業の業務内容やそこでの働き方を調べてから応募するでしょう。面接場面において個人と企業の欲望の利害調整が行われ，大学生に自己の延長上に志望動機を位置づける手続きが求められることを，福井（2016：154）は就職情報誌の分析から指摘しています。より具体的にいうと，自分の特徴（長所や短所）と企業内での仕事を結びつけ「このような人間だから，企業内でのこのような仕事を楽しんで遂行することができます」といった自己 PR と志望動機をつなげて語ることが面接で求められるというのです。これをみると，単に自らの長所や短所・特徴から導き出された確固たる職業をもつという自己分析の考え方のみがここで求められているわけではないといえます。

　就職活動における前提なので忘れてしまいがちですが，大学生が選ぶことができるのは仕事ではなく企業です。就職活動過程における大学生への聞き取り調査を行った妹尾（2023）によると，大学生は必ずしも自己分析マニュアルに則って「自己」から「やりたいこと」を導き出しているわけではないことがわかっています。そもそも，就職活動開始時に大学生は「会社員」になることを自明にしています。その上で，彼ら・彼女らは自らの利害に合う業界，企業を探します。ですが，就職活動過程で彼ら・彼女らは自然と自らを振り返り，企業や業界の特徴や企業内で主に行われている仕事を「やりたいこと」として語

ることを求められ，自らの将来像を作り上げていきます。複数回の選考（面接）でそれらを説明し，評価されることで，志望企業に合わせて「やりたいこと」を語るようになっていきます。ここで，矛盾を感じず「やりたいこと」と内定先企業をすり合わせることができれば，これまで日本の企業が想定してきた「一生その会社で働き，いつか家庭と子どもをもつ」社員像を将来像とし，就職することとなります。つまるところ，この過程で自己と結びつけて語られる「やりたいこと」や「希望する仕事」は企業での働き方や正社員というあり方に収斂されていくのです。しかし，「やりたいこと」と自らの活動結果に矛盾や葛藤を感じたり，すり合わせることができなかったりする場合，「やりたいこと」探しから抜け出せなくなります。それはこの「やりたいこと」という概念が本来的には自らの矛盾や葛藤を解消する，自身の動機を説明するための言葉だからです。次の選考や面接でも「やりたいこと」が尋ねられるため，「やりたいこと」を諦めるのではなく，どこかに「やりたいこと」があるのではないかとそれを探す行動へと向かわせる可能性すらあります。実際には正社員やそれ以外を含むいろいろな働き方があるはずなのですが，目の前に差し出される選択肢以外は非常に見えにくくなるため，過剰に自らの責任を感じたり，「やりたいこと」を探してしまったり，ともすると就職することをより難しくしてしまう意図せざる帰結を招く可能性があるのです。

（3）見えにくい問題

　大学生にとって就職は人生の大きな節目ですので，選考に通過するための「やりたいこと」と企業とのすり合わせに目が向きがちです。また，自身の選択を迫られる，人生にとって重要なライフイベントとして実感されてもいます。ですが，ここまで社会構造の変化と合わせてこの活動について説明してきたことによって，いくつかの見えにくくなっている社会的な問題があることに気がつくはずです。ここでは本書が貫く「不平等」という観点も踏まえて，見えにくくなっている4つの問題を挙げておきます。自由応募の就職活動に起因する論点が2つ，新卒就職‐採用の問題として指摘されてきた論点が2つです。

　自由応募の就職活動では，大学生と企業を媒介するナビサイトが必要不可欠

となっています。これは多くの大学生がナビサイトを利用していることだけを意味しません。登録のみで実際には使用しない学生もおり，活用の度合いはそれぞれ異なります。しかし，ここで重要なのは大学生と企業双方の多くが使用することで大きな流れを形成している点です。

　この状況において問題になることが 2 つあります。1 点目は，ナビサイトが活動の時期を定めてしまうことです。インターンシップ参加のための説明会，早期選考など大学生を集めるイベントを開催し，その技術的な機能を提供しているのはまさにナビサイト運営企業です。その動きに合わせて，企業・大学生が活動しているといっても言い過ぎではないでしょう。ナビサイトは企業の採用実施の時期をある程度定めている可能性があるにもかかわらず，それは企業の動向として把握され，その仕組みが見えにくくなっています。このことは就職活動が特定の時期に集中するために公務員試験，教育実習，留学などの事情で活動できなかった場合に不利になるといった本田（2010：47-48）の指摘と関連します。それら以外にも家庭の事情や経済的な問題から活動に長期間専念することが難しい者もいます。インターンシップを含めると通年で活動が行われているため，いつはじめても機会が開かれているようにみえます。ですが，大学 3 年生を主な対象として集中的にインターンシップや説明会が開催されており，そこに参加可能な人がやはり有利な状況にあるといってよいでしょう。インターーシップや就職活動に専念できない者を不利な状況に追い込んでしまっているといえそうです。

　もう 1 点，意外と限られた情報のなかから選択している可能性があることです。2005年に行われた研究によるとナビサイトに登録する大学の違いによって届けられる求人情報の量に差があることがわかっています（斎藤 2007）。現在では，皆さんの閲覧履歴などのデータを分析することで「おすすめの求人情報」が提供されています。このことは学校歴や性別，場合によっては国籍によって届けられる就職情報の質も量も異なる可能性を見えにくくしてしまいます。2019年にはリクナビが大学生のナビサイト閲覧データを勝手に企業に提供していたという悪質なデータ利用・分析も問題となりました（妹尾 2019）。大学生はナビサイトで企業を検索し，多くの情報から自らの選択を導きだしたと

感じます。しかし，ナビサイトが示す「個人個人にあった求人情報」は生まれ持った属性によって偏っている情報だという可能性を否定できません。そもそも企業の選抜は常に差別と結びつく恐れをはらんでいます。2022年大手飲食企業が応募者の名前から勝手に外国籍と判断し，その応募者を選抜から排除していたことが明らかになっています（朝日新聞 2022年5月8日）。今後 AI による評価が採用に用いられれば，こうした差別が公になるきっかけはさらに少なくなります。

　ここまで挙げた2つは自由応募の就職活動にかかわる問題だといえます。これに加えて，これまで新卒就職 - 採用の問題として指摘されてきた論点も解消されてはいません。

　その1つは，2節で述べた「学校歴」の問題です。この活動のやり方において，誰もがナビサイトを介して自己分析や企業分析を行い，「やりたいこと」を語るようになっていきます。どの学校に通う大学生も同じように経験されます。しかし，学校歴の違いによって，入社する企業の規模には差がやはりあります（濱中 2010：93）。同じ服装で「御社のこの仕事がやりたいです」と述べていても，入社する企業の規模や職種でその後の人生は大きく異なっていきます。日本的雇用の縮減のなかで，大卒者が従来とは異なり生産現場に配置されるなどの例もあり（堀 2017），大卒者の就く職が多様になるとその差はさらに大きくなるでしょう。しかし，皆が一見同じような経験をするため，将来想定されうる格差はむしろかつてより見えにくくなっています。

　また，活動のやり方に変化は見られるものの，該当年度の卒業予定者が仕事ではなく企業を選ぶ日本特有の就職の仕組みは大きく変わりませんでした。それゆえ図4-2のように景気で求人倍率が左右される，このあり方が有する問題は解決されていません。先述の通り，90年代後半から00年代初頭にかけて若者の就職難が社会問題となりました。当時不安定な雇用に就かざるを得なかった若者の一部には20年以上非正規雇用で働き続け中年に至った者もいます。不景気と新卒就職の時期が重なり，人生が左右されてしまう問題点は残されたままです。他方，この仕組みは大きく変わらなかったため，就職 - 採用活動は毎年繰り返されます。売り手市場を経験した者が「自分のときはこうだった」と

自らと同じ経験を，不景気時に活動せざるを得なかった者の経験と同じように捉え問題を矮小化してしまいがちです。多くの人がこの活動を経験するため，その経験談は若者批判に結びついてしまうのです（山口 2023）。

3．変わるやり方・変わらない仕組み

　本章で学んだことを改めて整理しておきましょう。社会構造の変化によって，活動のやり方は変わってきました。ナビサイトを基盤に自由応募の就職活動となり，大学生の誰もが多くの情報から自由に応募でき，企業は多くの大学生から自社に適した人物を採用するようになったといえます。こうした活動で，自己分析や「やりたいこと」が求められるようになりました。大勢の大学生が同時に自分自身の人生を語って選択を行うこのやり方は，たしかに「一大イベント」と感じられるでしょう。もちろん，多くの大学生が多くの情報から望む選択を行うことができるようになったと肯定的に捉えることもできます。ただし，その選択先はあくまで仕事ではなく企業であるため，就活で大学生が想像できる将来像は主に「正社員」のライフコースとなっています。にもかかわらず，自分で選択するというロジックが徹底しているため，選抜に伴う失敗は自己責任とされてしまいます。加えて，この活動の背後にある問題も指摘しました。第 1 に活動に集中する時期に時間のある者が有利となること，第 2 にデータに駆動された活動が選択肢を覆い隠す可能性があること，第 3 に皆が同じような活動を行うため将来的な格差が見えにくくなっていること，第 4 に卒業時の経済状態がもたらす問題は残ったままであることです。

　日本的雇用の縮小に伴い新卒就職－採用も規模が小さくなる可能性は否定できないものの，新規大卒就職－採用がなくなるとは考えにくいです。なぜなら，日本的雇用システムが適応される範囲は縮小したものの，現状，製造業・大企業を中心に持続しているからです（高橋 2017）。しかし，そのやり方は毎年少しずつ変化しています。とりわけ，用いられる情報ツールは日々大きく変化しています。今後の技術発展によっては，個人が十分に検討して選択をすることなく，AI によって勧められた企業とのマッチングが成立してしまうかもしれ

ません。

　就活が人生を決める「一大イベント」と感じられるからこそ，選考の通過や内定といった自分の結果ばかりに目が向きがちです。また，その時点で自らが望む結果が得られるノウハウばかりを得ようとしてしまいがちです。しかし，その背景にある選択を促す/見えなくする仕組みを知ることで，そもそも自分が何を選択でき，何を選択できないのか，相対的に考える視座を身につける必要もあるでしょう。皆さんが選択できないことは，もしかすると社会の仕組みに起因するのかもしれません。それを知るツールの1つとして本章で述べてきた社会学の知は有用となるはずです。

引用・参考文献

ベック，ウルリヒ，東廉・伊藤美登里訳，1998，『危険社会——新しい近代への道』法政大学出版局.

福井康貴，2016，『歴史のなかの大卒労働市場——就職・採用の経済社会学』勁草書房.

濱中義隆，2010，「1990年代以降の大卒労働市場——就職活動の3地点比較」苅谷剛彦・本田由紀編『大卒就職の社会学——データからみる変化』東京大学出版会，87-105.

堀有喜衣，2017，「若者のキャリア——学校から職業への移行における変化」労働政策研究・研修機構編『日本的雇用システムのゆくえ』，95-114.

本田由紀，2008，『軋む社会』双風舎.

本田由紀，2010，「日本の大卒就職の特殊性を問い直す——QOL問題に着目して」苅谷剛彦・本田由紀編『大卒就職の社会学——データからみる変化』東京大学出版会，27-60.

居神浩・三宅義和・遠藤竜馬・松本恵美・中山一郎・畑秀和，2005，『大卒フリーターを考える』ミネルヴァ書房.

岩内亮一，1995，「「就職活動プロセス」の質的側面」苅谷剛彦編『大学から職業へ』広島大学大学教育研究センター，14-24.

香川めい，2010，「『自己分析』を分析する——就職情報誌にみるその変容過程」苅谷剛彦・本田由紀編『大卒就職の社会学——データからみる変化』東京大学出版会，171-197.

苅谷剛彦，1995，「就職プロセスと就職協定」苅谷剛彦編『大学から職業へ』広島大学大学教育研究センター，25-41.

————, 2010, 「大卒就職の何が問題なのか——歴史的・理論的検討」苅谷剛彦・本田由紀編『大卒就職の社会学——データからみる変化』東京大学出版会, 1-26.

児美川孝一郎, 2020, 「大学におけるキャリア支援・教育の現在地——ビジネスによる浸蝕, あるいは大学教育のかたち?」『日本労働研究雑誌』716：89-100.

小杉礼子, 2003, 『フリーターという生き方』勁草書房.

牧野智和, 2012, 『自己啓発の時代』勁草書房.

マイナビ2025　就活スケジュールと進め方
　　https://job.mynavi.jp/conts/2025/susumekata/（2023年10月18日アクセス）

文部科学省, 学校基本調査

中島弘至, 2019, 「就職協定（就活ルール）の通史的分析」『大学経営政策研究』9, 157-173.

中村高康, 1993, 「就職協定の変遷と規制の論理——大卒就職における「公正」の問題」『教育社会学研究』53：111-130.

————, 2010, 「『OB・OG訪問』とは何だったのか——90年代初期の大卒就職と現代」苅谷剛彦・本田由紀編『大卒就職の社会学』東京大学出版会, 151-169.

日本労働研究機構, 2000, 『調査研究報告書 No. 136　フリーターの意識と実態』.

リクルート, 2001, 「大学生の企業イメージ調査 2001」
　　https://oldrelease.recruit-holdings.co.jp/news_data/library/pdf/20010416_01.pdf（2023年10月31日アクセス）

リクルートワークス研究所, 2023, 「第40回　ワークス大卒求人倍率調査（2024年卒）」
　　https://www.works-i.com/research/works-report/item/230426_kyujin.pdf（2023年10月31日アクセス）

斎藤拓也, 2007, 「就職活動——新卒採用・就職活動のもつメカニズム」本田由紀編『若者の労働と生活世界——彼らはどんな現実を生きているか』大月書店, 185-217.

妹尾麻美, 2019, 「リクナビ「内定辞退率の提供」を可能にした HR テクノロジーと就職活動のこれから」
　　https://wezz-y.com/archives/68522/2（2023年10月31日アクセス）

————, 2023, 『就活の社会学——大学生と「やりたいこと」』晃洋書房.

高橋康二, 2017, 「総論——基礎的指標による日本的雇用システムの概観」労働政策研究・研修機構編『日本的雇用システムのゆくえ』, 20-94.

山口浩, 2023, 『就活メディアは何を伝えてきたのか』青弓社.

朝日新聞, 2022年5月8日.

（妹尾麻美）

II 「働 く」

どんな職業に就くのか。どこで，どんな仕事をするのか。就職，就労は人生の節目となるイベントです。職業キャリア（職業経歴）は個人が社会的資源（所得，財産，権力，威信，情報）を得ていく過程であると同時に，仕事を通じて得られる「やりがい」「充実感」は生涯にわたる自己実現欲求の充足とも大きくかかわっています。また，ある社会や時代に特徴的な職業キャリアのパターンから，その社会が働くことを通じて人びとにどんな生き方を方向付け，社会的経済的文化的な格差を作り上げてきたのかを考えることもできます。

　バブル経済崩壊後の1990年代半ば以降，日本では金融不況とグローバル競争とが相まって，それまで当然とされてきた学校卒業から職業（正社員としての就社）へのスムーズな移行にほころびが目立つようになりました。企業は正社員採用を絞り込む一方で，それまで職種を限定して行っていた派遣労働が原則自由となるなど非正規雇用が女性と若者層で急増しました。中高年層の男性正社員でさえ生活保障に足る安定的な雇用の維持を見通すことは難しい状況も生じました。社会や企業はこうした変化の中で，労働者に対して，自己変革を行いながら自らの職業キャリアを方向付けていく主体性，自律性を求めるようになっています。

　第二部「働く」では，職業キャリアと主体性，選択との関係を再考し，職業キャリアを別の視点で考察することを提案してみたいと思います。ライフコース論は，自らが主人公となってライフコースを主体的に描いていく個人と，その個人が生きる特定の時代背景や社会構造との相互連関を捉えようとする視座を持ちます。そこには個人のライフコースをパターン化し，制約する時代と社会に戦略的に自己適応させていく主体だけでなく，その時代効果に対して新たなビジョンをもって社会を変革しようとする主体への展開を含みます。

　その議論の出発点として，第5章では，「能力」を取り上げます。職業キャリアを考える時に必ず登場する「能力」という言葉は何を意味し，この言葉をめぐって若者のライフコースや労働に何が起きているのでしょうか。続く第6章は社会人になるということをシティズンシップという概念を通し日本企業の雇用管理の特徴と社会的不平等の関係から考えます。第7章は労働組合を取り上げます。企業による働かせ方に対して働く人が望む働き方をどのように提起していくのか。この点を考えます。第8章はお金を稼ぐこと，ケアをすることにまつわるさまざまな労働についてライフコースの視点をまじえて論じます。

第5章

能力とキャリア
—日本型雇用システムの揺らぎ—

はじめに——日本的雇用について

　「日本の会社は終身雇用。長く勤めていれば給料も上がるし，目だった能力やスキルがなくても昇進する」「グローバル競争の中で年功序列や終身雇用の時代は終わった。これからはどこでも通用する能力やスキルを自分から身につける時代だ」。この議論，いったい，どちらが正しいのでしょうか。

　一般に，終身雇用，年功序列は企業別組合（第6・7章参照）とともに，日本的雇用の特徴だとされています。そのうち，終身雇用，年功序列に対する一般のイメージは実態と違っていたり，一般的な理解とは微妙にずれていたりします。

　終身雇用を文字通りに理解すれば「死ぬまで」雇用することですが，正確にはいったん採用すると特別な理由がない限り定年まで同じ会社での雇用が継続する長期雇用慣行のことです。長期雇用慣行は学校からの新規卒業者を企業が特定の時期にまとめて正社員として採用する「新規学卒一括採用」とのカップリングで維持されています。ただし，この慣行は主に大企業を中心とする男性正社員にみられるもので，正社員であっても女性は長らく排除されてきました。非正規雇用（パートやアルバイト，派遣など）はそもそも長期雇用慣行を前提としていません（第8章参照）。

　年功序列には年齢と勤続年数で会社組織での序列が決まるというイメージがあります。その通りなら，自分より年上の人や勤続年数が長い人を賃金でも昇進昇格でも追い越せないことになりますが，実態は異なります。勤続年数とともに賃金が上昇する現象は日本だけにみられるものではありません。日本での

特徴は長期雇用を前提にした長期にわたる競争が繰り広げられることです。昇進昇格の選抜が遅く，これ以上の昇進が見込めないキャリアプラトーの出現の時期が遅いことが指摘されてきました。その結果，長期的には個人間の賃金の差が広がることが指摘されています。

　長期雇用慣行を前提にした新規学卒一括採用と採用後に始まる長期間の競争。いわゆる日本的雇用のもとでの採用から配置・異動，昇進昇格，退職にいたる個人の企業内でのキャリア形成過程において重要な要素が「能力」です。では，日本の企業社会は何を「能力」とし，どのように「能力」を序列化してきたのでしょうか。

　この章の狙いは，日本の企業社会における「能力」の諸特徴を確認し，日本経済の低迷の過程で生じた若者の非正規雇用化の現状を通してライフコース設計における正社員中心主義の限界を考えます。最後に，閉塞状況にある能力開発とキャリア形成の関係を再考するための新しい労働の世界があることを紹介します。

1. 日本の企業社会で求められてきた能力

（1）「能力」とは何か

　就職活動で「コミュニケーション能力が求められる」などと言われて戸惑ったことはありませんか。そもそも「能力」いう概念は不明瞭で，それゆえに能力評価と関係ありそうな「実力主義」「成果主義」なども同じくらい不明瞭な概念なのです。ここでは，まず社会学において労働者の「能力」がどのように扱われてきたのかを追いながら，日本の企業社会が求めてきた「能力」の特徴へと議論を進めたいと思います。

　現代の日本社会では，ほとんどの人が企業に雇われることによって生計を立てています。専門的には「労働市場で労働力を売って賃金を得ている」状態だと言います。私たちが労働市場で売る「労働力」という商品で，その商品は労働の現場で役に立つだろうと考えられる肉体的・精神的な能力と定義できるでしょう。ところが，この能力には明確な形や優劣を決定する絶対的なものがあ

りません。現在は英語力が高く評価されますが，高度な自動翻訳をするAIが普及すれば評価も変化するでしょう。労働力が備える「能力」は時代によって社会によって異なり，変化するのです。

　もうひとつ重要なのは，「能力」は労働力を売る側（労働者）とそれを必要として買う側（企業や使用者）という関係の中でその都度作り出される性格をもっていることです。「業務に必要な能力とは何か」「どんな条件で能力を使うか」「それをどう評価するか」について，個人が自分で決定し交渉することはまずできません。多くは集団的労使関係（企業と労働者で作る労働組合との関係）において，その基本的な部分を交渉，決定しています。

　その基本的な部分として労働時間があります。一日に何時間働くか。これは企業側から見れば，その労働力の「能力」を調達できる時間だからです。機械と違って人間は際限なく働くことはできませんし，部品のように「労働力」という商品は人間から切り離せません。事実，産業化の時代，使用者は超長時間の労働を強要し，労働者は労働組合を作って労働時間短縮運動を展開してきました。その長い闘いの歴史を経て，日本でも原則一日8時間，週40時間という労働時間を基準にしています。

　もうひとつが，「業務」の中身とそれに必要とされる能力に関することです。その交渉・決定のありかたは職業・職務の定義が社会全体で共有されているか否かによって異なります。大きく区分すれば職業別・産業別労働組合が存在している社会と，日本のように企業別労働組合が支配的な社会との違いと言ってよいでしょう。

　職業別・産業別労働組合とは職種ごと，産業ごとに労働者が組織されている労働組合のことです。アメリカやヨーロッパでは教員の労働組合，看護師の労働組合，トラック運転手の労働組合，あるいは鉄道交通産業の労働者を束ねる労働組合などがあります。それぞれの職業の業務内容やそれに必要とされる能力について，その職業・産業を代表する労働組合と経営側，特に，北欧やドイツなどヨーロッパの国々では国や教育機関も参加して交渉し，定義します。これを職務定義と言い，その定義に従って求められる職業資格や経験，業務内容の困難度などで区分された職務レベルに基づいて賃金を交渉します（第7章参

照）。

　こうして「横断的労働市場」が形成されます。その人が職務を全うできるか
どうか，多くの人が客観的に判断できる「顕在能力」が問われる世界と言える
でしょう。職務定義が社会的に共有され，職務レベルに応じて必要となる能力
も企業組織の壁を越えて共有されているので，よりよい条件を求める労働者は
上位の職業資格の取得や職務等級に移るための能力を獲得すればよく，企業間
移動も比較的スムーズになります。いわゆる医師，弁理士，介護士など士業の
評価や転職を考えてみるとわかりやすいかもしれません。

（2）日本の会社は潜在能力を見る

　職業別・産業別労働組合が影響力をもつ社会とは異なり，日本は企業別労働
組合が主流です。労使間の交渉では「明確な職務定義」という発想が希薄です。
労働組合の影響力が非常に弱く，経営主導で「能力」が定義される傾向があり
ます。この傾向は経営者が「能力主義」を主張し始めた1970年以降に顕著にな
り，そうした歴史的経緯の中で正社員に対して要求される「能力」は作られて
きました。それが日本の企業に広がった「職能資格制度」と呼ばれる人事制度
であり，その土台になる能力概念が潜在能力です。

　潜在能力とは現時点では発揮されていないが，この人ならできるだろうと期
待される能力のことです。日本の企業が「学歴」以外になんの証明もない生
徒・学生を採用するのは，期待する方向に育ってくれそうな潜在能力を評価す
るからです。採用時に担当する職務は明示されず，入社すると長期雇用を前提
に配属が決定し，その後，配転，転勤で異なる職務・職場を経験しながら企業
組織内のキャリアを歩んでいきます。

　その労働者の企業内キャリアは職能資格制度という人事制度に基づいて形成
されます。ここでいう「職能」とは「潜在能力」を中心とする職務遂行能力を
指し，「資格」とはその評価に基づく企業内部での序列を指しています。総合
職1級，専門職3級，主事2級などと表され，その企業の中だけで通用する序
列であり，同じ資格に位置づけられていても担当する職務内容は異なります。
日本では「潜在能力」をベースに，人に仕事を割り当てているのです。職務定

義をもとに，その職務をこなせることを証明する職業資格や経験，その職務の
達成度を問う「顕在能力」を評価する職務等級制度とは異なります。こちらは
仕事に人をつけるのです。

（3）能力をどう評価しているのか

　潜在能力を重視してきた日本の経営が主張する「能力主義」とは何を評価し
てきたのでしょうか。日本企業でのキャリア形成において評価される能力は二
層構造だといわれます。一階部分が「フレキシブルな能力」「生活態度として
の能力」（熊沢 1997），二階部分が「成果主義」といった用語で表現される部分
にあたります。

　一階部分の「フレキシブルな能力」とは熊沢誠によれば，経営の要請にあわ
せて労働時間を柔軟に変化させ，職場や職務内容の変更に適応できる能力のこ
とです（熊沢 1997）。急な残業にも対応でき，異動・配転の決定にも応じる。
企業の事業計画とそれに合わせた人事計画によって職務内容が変更されてもす
ぐに学び，対応する。そんな柔軟性です。もうひとつの「生活態度としての能
力」はフレキシブルな能力を発揮するために私的な生活圏のニーズを最小化す
ることです。転勤を打診されたら，すぐに家族で引っ越ししたり，単身赴任で
対応したり，自分や家族の生活を企業の都合に合わせる能力のことです。と
いっても，それができるから高い人事評価を得るわけではなく，「できて当然」
「社会人としての常識」と捉えているようです（第 6 章参照）。このような正社
員の「フレキシブルな能力」「生活態度としての能力」を組み込んで日本の企
業経営は行われてきたのです。

　この点は，日本が国際労働機関（ILO）条約の第 1 条「労働時間を 1 日 8 時
間かつ 1 週48時間に制限する条約」を批准していないこととも関わっています。
最近まで日本では法律上，残業時間の上限規制がありませんでした（第 8 章参
照）。労働時間の規制に対し，企業のみならず，日本の労働組合や労働者も勤
め先企業の生産性や成長のためであれば，国際的に例外的な慣行であっても積
極的に協調してきたのです。長時間労働の背景となっています。

　「成果主義」で表現される二階部分はどうでしょうか。遠藤公嗣は高度成長

期の日米企業の人事評価資料をもとに企業が何を評価しているのかを実証分析し，日本企業の人事査定に二つの特徴があることを明らかにしています（遠藤1999）。第一は「成績」「情意」「能力」に関する評価項目のうち，人事査定において「情意」の果たす役割が大きいことでした。明確な数字で判断できる「成績」ではなく，協調性や積極性といった日常的な態度が高く評価されていました（同上：85-86）。評価者の主観的要素が介在しやすい「情意」が重視されることとからんで，第二に，組合員や女性が低く評価される恣意性が見られたことでした（同上：300）。

　成果主義が喧伝されるようになった2000年代以降，企業は人事評価の要素に職務に対する成果（顕在能力）を組み込む傾向にありますが，まだまだ潜在能力の開発を重視していると言ってよいでしょう。実際に書き込まれた人事評価資料の分析からは，組織内のローテーションへの「積極性」や新しい仕事を学ぶ「努力」を評価者となる上司が重視していることがわかります（今井2021：237）。そしてそれは経営にとって，人材育成戦略の一部であり，このようにして経営側は労働者の組織内キャリア開発に強い影響力を持っているのです。

（4）成果主義のもとでの能力とは

　成果主義は一般に人事評価に仕事の成果や業績を評価する要素を重視し，その結果をより強く賃金・賞与に反映する考え方を指します。1990年代後半以降，日本企業は工場の海外移転を進め，その結果，人事管理の主たる対象はホワイトカラー労働者になったことから，多くの企業が成果主義を取り入れた人事制度改革を推し進めてきました。ここで言われる「成果」とは，いったい何を意味するのでしょうか。成果主義によって企業が労働者に求める「能力」は変化したのでしょうか。

　人事制度の成果主義化に取り組んだ企業を分析すると，「成果を出す能力」を定義するのに，人事部が多大な労力を割いたことがわかります（今井2021）。今井順が分析した企業では，営業部門でさえ売り上げという数値に対する能力評価を確定していませんでした。営業では常日頃からの取引相手とのコミュニケーションや信頼関係が重要です。短期間での売り上げで評価し，賃金や処遇

を決定すればそうした地道な努力をないがしろにしかねません。なのでこの企業では，長期的な売り上げにつながる行動に着目しました。常日頃から業界動向を勉強しているか，その上で顧客の話をよく聞いているか，取引先の状況について上司と話し合っているか。これら行動が「成果を出す能力」であり，具体的に行動したことを「成果」とみなしたのです。面白いのは，成果が賃金に跳ね返る度合いが強まったことで，労働者側も仕事の割り当てに対するこだわりが強まったことです。いかにもアメリカ的な実力主義への移行というイメージに合うのか，企業も社内公募制度等，労働者が積極的に仕事を選べる仕組みを拡充しています。

　こうした取り組みはしかし，職能資格制度をベースとする改革の一環と見た方が良いでしょう。なすべき仕事を明確化し労働者に選ばせることで，結果に対する労働者の責任は問い易くなります。その意味での「成果主義」であり，各企業が個別に行っている改革です。企業の中での「成果主義」「ジョブ型雇用」への転換があたかも企業の枠を超えた労働者の移動を促すかのように主張されています。しかし，企業の外に通用する職務定義や「能力」が立ち上がり，社会的に共有されているわけではないのです。「わが社に貢献する社員」という相も変らぬ枠組みの中で，「能力」は改革というまな板に載せられ続けているのです。

2．日本的雇用システムの動揺と若者のライフコース

（1）日本型雇用システムにおける人材育成の変化

　日本の企業では一般に，正社員として採用した新卒者を長期的に能力開発，育成するシステムが採られてきました。働く側から見れば，企業や職場が求める「能力」に照準を合わせて，自らのライフコースを設計できるということです。学校を卒業したら，就職し，入社した後には，会社組織の部署に配属され，定期的に異動や転勤を繰り返し，昇進昇格を重ねながら定年を迎える。その間，安定した雇用を足がかりとして，親元を離れ，できれば結婚，家族を形成する――。このような就社を軸とした直線型のライフコースが特に男性の間では

標準とされてきました（第8章参照）。しかし，以下で見るように，だれもがこうしたライフコースをたどる時代ではなくなっています。

　日本型雇用システムへの評価は日本経済の動向とともに変化してきました。戦後復興から高度成長期のころには経済復興の原動力とされつつも日本の前近代性を象徴する特徴だという見方もありました。新規一括採用と長期雇用慣行がセットになった組織では，労働者側と使用者側がともに良い経営を目指す労使協調路線が採られていたからです。しかし，世界経済が停滞した1970年代のオイルショックを乗り越えた日本は安定的に成長し，1970年代半ばから1980年代にかけて自動車，機械，半導体を中心に黄金期を迎えました。日本的雇用は世界に冠たる経営スタイルとして日本社会全体の自信の源でした。ところが，90年代初頭のバブル崩壊以降，日本経済は「失われた10年」と呼ばれる低迷期に入ります。日本的経営は日本経済の足かせと見なされるようになります。

　第一に，雇用に対する企業の考え方が変化しました。1995年に日経連（現日本経団連）は『新時代の日本的経営』を発表し，雇用のタイプを三つに分けました。幹部候補として長く雇用する正社員を中心とする「長期蓄積能力活用型」，企業のプロジェクトに貢献できる専門職をプロジェクトの期間に限って雇用する「高度専門能力活用型」，必要に応じて短期間雇用するパート等の非正規雇用を中心とする「雇用柔軟型」です。経営戦略にあわせてこの雇用の三つのタイプを使い分け，必要とする能力を調達，活用する「雇用ポートフォリオ」という考え方は人件費削減の論理になるとともに，正社員雇用の絞り込みとパート労働や派遣労働など非正規雇用の増加の背景となっていきます。

　第二に，この発想は，企業の人材育成の考え方にも影響を与えました。「エンプロイヤビリティ」「自律型キャリア」の登場です。日経連が1999年，報告書『エンプロイヤビリティの確立をめざして』の中で示した考え方です。報告書はエンプロイヤビリティとは企業によって雇用されるに値する能力や労働市場で通用する能力だと定義しています。従業員の生活，雇用，キャリア形成を会社が丸抱えで保障するありかたから，従業員が企業に頼ることなく主体的に「エンプロイヤビリティ」を高め，自分のキャリアを形成する「自律型キャリア」へと転換することを提唱しました。実際，労働費用（給与や福利厚生など

一人の人を雇用する際に必要となるコスト）に占める教育訓練費は低下しています。民間企業の人材投資額は2005年ごろから減少し，企業の人的資本投資額の対 GDP 比も国際的にみて低いことも指摘されています（宮澤・滝沢 2022）。

　日本型雇用システムの動揺によって，企業は一方で正社員に自律型キャリアを求めて教育訓練をはじめとする人的投資額を縮小し，他方で非正規雇用を拡大しました。そうして企業の長期育成からはじかれる労働者が特に若年層で増加したのです。

（2）非正規化する若者雇用

　90年代のバブル崩壊と金融破綻による景気後退の過程で，日本での非正規雇用者数は1990年の約881万人から2000年には1200万人へと増加します。2008年のリーマンショックを経て，非正規雇用者数は2020年にさらに2100万人へと拡大しました。雇用の非正規化が最も顕著なのが若年層です。労働力調査によれば，1990年から2010年にかけて，15〜24歳の年齢層の労働者のうち非正規雇用で働く若者の割合は男性では約20％から約40％へ，女性では約20％から約50％へと増加しています。「医療・福祉」「運輸業」「卸売・小売業」「飲食店，宿泊業」といったサービス分野の雇用拡大も影響しています。

　若者の早期離職も指摘されています。特に90年代後半から2000年代初頭にかけての就職氷河期と，リーマンショック後の不況期には「7・5・3現象」として問題になりました。入社後 3 年以内に辞める早期離職者の割合が中学校卒で 7 割，高校卒で 5 割，大学卒で 3 割を占める現象をさします。厚生労働省「新規学卒者就職者の離職状況」によれば2019年度では中学卒55％，高校卒36.9％で中高卒者の早期離職者の割合は減少しましたが，大学卒では31.2％で大きな変化はありません。

　2000年代には「フリーター」と呼ばれる若年層の就労のありかたも社会問題になります。フリーターとは，厚生労働省の定義では，15歳から34歳の若者（男性は学卒，女性は学卒・未婚）のうちパート・アルバイトで就労する，あるいはパート・アルバイトでの就労を希望している人のことです。この言葉が登場した1980年代後半は好景気にあたり，高賃金のアルバイトも多く，正社員

への就職に切り替えることも比較的容易でした。そのため，日本労働研究機構（2000）の三類型でいうと，自分の夢を実現したい「夢追求型」，いわゆる会社人間ではない生き方を模索する「モラトリアム型」志向の若者の働き方だとみなされ，社会問題にはならなかったのです。しかし，90年代後半からの日本経済の低迷によって企業が新規採用を絞り込み，2000年代には15～24歳の失業率10％という時代を迎えます。特に2000年から2005年にかけては，不本意ながらフリーターとなる「やむを得ず型」が急増したのです。ピーク時の2002年には217万人に上りました。

　労働力調査によれば，2020年のフリーター数は約130万人台とされます。労働政策研究・研修機構が定期的に行っている「若者のワークスタイル調査」（2021年調査）によると，大都市圏に住む25歳から29歳の年齢層ではフリーターに占める「やむを得ず型」は47.6％で，若者にとって最も厳しい労働市場が継続した2001年（43％）を上回っています。正社員になろうとした人の割合は男性74.4％，女性63.8％で，そのうち実際に正社員になれたのは男性72.0％，女性62.3％です。「フリーターから正社員への離脱」の成功率は景気変動に左右されやすく，男性より女性，大卒より高卒・中退の層で低くなっています（労働政策研究・研修機構　2022）。労働市場においては，フレキシブルな周辺労働力と，正社員としてフレキシブルな能力が求められる中核的労働力との分断があり，周辺労働力から中核的労働力への移行はスムーズとはいえないのが実態です（佐藤　2021）。

（3）初期キャリアでの就労条件とライフコースへの影響

　フリーターが社会問題化するのと相前後して，いわゆる「ブラック企業」という呼称で企業の劣悪な雇用管理が問題になりました（今野　2012）。「厳しい経営環境だが正社員として採用してやった」とばかりに，新入社員に「正社員」としての能力の発揮という名目で，過重労働や長時間労働，ハラスメントを常態化し，若者を使い捨てる企業の実態は社会に衝撃を与えました。センセーショナルな事例に目を奪われがちですが，若者の初期キャリアにおける雇用管理や就労条件はその後の若者のライフコースに影響を与えます。

　石井まことは地方圏への人口移動に着目し，「親元へ戻らざるを得ない若者」（石井 2017：28）の存在を指摘しています。親の病気・介護だけでなく，過重労働や過剰なノルマ，長時間労働といった雇用管理の劣化が地方出身の若者を離職に追いやり，地方圏で経済的自立が困難な職場で働きながら親と同居している実態を明らかにしています。地方圏では，全体的に良い条件での就業機会が乏しい現実があり，まずは地方公務員として働くことが目指されます。しかし，公共部門での正規雇用採用は減少し，会計年度任用職員などと呼ばれる非正規雇用として働いてもその経験は正規職員としてのキャリア展開にはつながりません。地方圏の民間企業では正社員と非正規社員の賃金・労働条件の差が小さいため，「正規―非正規雇用との間での離転職を繰り返し経験する」若者の就労パターンの流動化が指摘されています（阿部 2015）。

　このような都市，地方の雇用をめぐる空間的問題が将来，デジタル環境の進化によって乗り越えられる可能性もないわけではありません。オンラインやリモートで，動画やホームページの制作，デザイン，金融サービス，ソフトウェア開発など時間や空間にとらわれず技能を発揮できるチャンスは広がっています。ただし，懸念材料もあります。仕事やサービスを提供したい人とサービスを必要とする人とをデジタル空間で結びつけるプラットフォーム型ビジネスの急増です。すきまバイトの紹介事業，食事の出前仲介サービス，家事代行マッチングサイト，ベビーシッターマッチングサイトなどがあげられます。自分の都合の良い時間と場所で働けることが魅力とされていますが，「独立自営」「ギグワーカー」「クラウドワーカー」などさまざまな呼称でよばれるなど，その立場はあいまいです（第 7 章参照）。プラットフォームの運営会社は，労働者は自分で手数料を払ってプラットフォームに登録し，仕事の発注を受ける“個人業者”であって，労働法で定められている最低賃金の保障や労働時間の規制，雇用保険などの雇用者責任は負わないとする傾向にあります。

　労働市場は雇用形態による処遇の格差やジェンダー，学歴等の社会的格差を内包しています。その労働市場を流動する若年層にとって，プラットフォームを通じた労働へのアクセスは生存戦略の一つかもしれません。ただし，現在の日本社会において，その経験は労働・雇用のリスクを個人化し，その結果につ

いても自分の責任を問い続ける経験です。キャリア形成にはつながりません。能力形成の自己責任化が進展する中で，どこでどのように能力をつければいいのかが問題になります（ギデンズ　1991＝2005）。

3．能力とキャリアとの関係を見直すために

（1）正社員中心主義の限界

　製造業からサービス部門への産業構造の変化，若年層の不安定就業，そのため経済的自立が難しく「親元へ戻らざるを得ない」若者の登場は日本だけでなく，先進諸国が共通して抱える問題です（ファーロング／カートメル 2009；ニューマン 2015）。その対策として，日本では「わかものハローワーク」「ジョブカフェ」といった就職支援機関や，ワンストップで就労・就職支援を受けられる地域若者ステーション（サポステ）を設置しています。非正規雇用の若者が就労で得た職業能力を証明し，さらなる能力開発へと結びつける「ジョブカード」も導入されています。若者雇用促進法（2016）は新卒採用を行う企業に募集・採用，職業能力向上の取り組み，定着状況に関する情報提供を求めています。

　一方で，これら政策の根底に，正社員としてのキャリア形成，正社員を軸としたライフコース設計をことさらに強調する正社員中心主義も見え隠れしています。2000年初頭から本格化したキャリア教育の射程は卒業後，「学生をフリーターにせずに，正社員へと移行させる」ことに偏重しているとの批判がなされてきました（児美川 2013）。「企業から求められる人材」としての「フレキシブルな能力」「生活態度」を身につけ，企業社会への適応を求めた結果，搾取的な雇用管理や一人ではどうしようもない問題に対してですら，個人の「能力」や「就労観・就業観」の問題として自己責任を問い，個人的に解決するよう仕向けている傾向があることは否めません。ドイツでは「職業訓練を受ける権利」という観点から無料での公的な継続的職業訓練および公的相談体制を整備しています（大重 2023）。日本でも公的責任として広く職業訓練を保障する積極的な政策への転換が求められます。

（2）労働組合の労働者供給事業

　能力形成とキャリア形成との閉塞的な状況を自分たちで変える試みもあります。働きながら仲間とともに非正規雇用の労働条件向上を目指す事業，社会的な価値や地域コミュニティにとっての価値という観点から仕事を作るアプローチを見ていきましょう。

　2000年以降の非正規雇用の特徴は，いわゆる「ハケン」と呼ばれる間接雇用が常態化したことです。間接雇用とは使用者と労働者との間になんらかの業者が介在する三者関係での雇用のことです。正社員やパート労働者の場合，使用者が労働者を直接雇用し，仕事に関する指揮命令を行う二者関係で成り立っています。これに対して間接雇用は仲介する業者が労働者を管理し，使用者に必要な労働力を送りこみ，送り込まれた労働者は使用者の指揮命令のもとで働きます。

　厳密にいえば間接雇用型の労働者供給は違法です（職業安定法44条）。仲介業がビジネスとして成立するのは使用者が支払っている報酬のうちから手数料などさまざまな名目でのマージンで収益をあげるからです。この仕組みを利用して，戦前，仲介業者が労働者を支配し，強制労働やひどい中間搾取が横行したので禁止されたのです。

　それでも，人材派遣業としてなし崩し的に行う民間企業が増え，国は規制できないままに1986年に労働者派遣法を施行，追認しました。その際，人材派遣会社のビジネスモデルは労働者供給事業には当たらないと法的に区分されました。一般（登録型）派遣を例にとると，人材派遣会社に登録した労働者の派遣先が決定した時点でその人を雇用するという仕組みにしました。雇用した労働者を企業に派遣するので労働者供給事業にはあたらないという解釈です。施行当時は職種を限定して例外的に認めていましたが，1999年には原則自由化され，2000年代に入ると医療，製造業へと広がりました。派遣労働者数は90年代半ばの60万人から2000年半ばには300万人を突破します（労働者派遣事業事業報告各年）。

　しかし，派遣労働については，景気動向による影響や使用者による中途解約といった不安定な雇用であること，従業員に比べて労働条件が低いことに加え，

派遣労働者の孤立感や職場での差別にさらされやすいことが問題とされてきました。こうした間接雇用が常態化する中で，実は静かに存在感を増しているのが労働組合の労働者供給事業（労供事業）です。

　禁止されているはずの労働者供給事業が，なぜ労働組合には例外的に認められているのでしょうか。労働組合は企業と対等な立場に立って労働条件の維持・向上を目指す組織で，組合員の雇用安定のために労働者供給を行うのであって，利潤追求が目的ではない組織だとされているからです。労供事業では，労働組合が使用者側となる会社との間に供給契約を結びます。派遣する組合員は使用者となる会社で労働者として常用，あるいは臨時として雇用されます。賃金から手数料などさまざまな名目でのマージンを支払うことは求められません。供給契約は賃金や労働条件など働き方のルールを決めた“労使協約”なので，労働条件について労働組合は企業と対等に交渉ができます。

　労働者派遣法が施行された1986年，労働供給を行う労働組合は38組合（供給延べ人数152万7384人）にまで縮小していましたが，2020年には103組合（供給延べ人数173万2969人）へと伸びています（労働省「労働行政要覧」，厚生労働省「労働者供給事業報告集計結果」）。労供事業は歴史的に自動車運転手ら運転職と港湾の運搬職が中心でしたが，2010年代には建設職が新たな主力になりました（恵羅 2015）。看護師，調理師，家政婦，介護，音楽家，ツアー・コンダクター，システムエンジニア，出版・編集，農林業など資格や免許，専門性を持つ職種に広がっています。労働組合を母体とする人材派遣会社もあります（伊藤2008）。派遣業を主とする間接雇用全体で見れば小さな規模です。しかし，労働者供給事業は間接雇用の抱える問題を間接雇用の現場から解決しようという果敢な試みです。

（3）労働者協同組合という選択肢

　2020年10月，日本で労働者協同組合法（労協法）が施行されました。この法律は「協同労働」と呼ばれる働き方を定めたものです。協同労働とは働く人がみんなで事業に出資し，みんなが働きながら事業運営に参加する働き方のことです。雇う，雇われるという関係ではなく，仲間と仕事を作り一緒に働く。労

協法はそんな働き方を目指す団体を「労働者協同組合」と位置づけて法人格を与え，その設立や運営，管理に関わる必要事項を定めています。

　労働者協同組合は国際的にはワーカーズコープと呼ばれ，株式会社ともNPOとも異なる第三の事業体と言われています。日本ではワーカーズコープのほかワーカーズ・コレクティブという名称でも活動しています。活動内容が限定されているNPOとは違い，労働者協同組合は派遣業を除いて株式会社同様にいろんな事業ができます。株式会社では株の所有量が多いほど株主の発言力が強まりますが，労働者協同組合では出資額に関係なく参加者である組合員全員が一人一票で議決権と選挙権を行使します。経営責任を一人で負う個人自営とは異なり，事業方針や利益配分，働き方など話し合って事業を運営します。組合員間での雇用関係はありませんが，労働者として労働基準法，最低賃金法など法律の保護対象です。

　この法律ができる前から，日本ではたくさんの労働者協同組合が活動してきました。草分け的存在であるワーカーズコープ・センター事業団は1982年に創設されました。清掃事業から出発し，地域のニーズに合わせて介護，タクシー，配食サービス，子育て支援，生活困窮者支援，就労支援へと事業を拡大しています。同事業団がまとめる2022年度『ワーカーズ連合会事業案内 2023－2024』によれば全国の約400事業所で20代から70代までの約１万人が就労し，事業規模は255億2,120万円です。

　労働者協同組合法は労働者協同組合の目的を「多様な就労機会の創出，地域のニーズに応じた事業の促進，持続可能で活力ある地域社会の実現」と定めています。不登校・ひきこもりを経験した若者で立ち上げた労働者協同組合があります。出資映像制作やデザイン制作が主な事業で組合員数は４人。一口３万円，総出資口数36口で，自分たちの手で主体的な働き方ができる仕事の場を作り出しています。かつてのしんどかった労働経験を踏まえて話し合いの場を定期的にもうけ，無理せず助け合いながら事業を維持しています。キャンプ好きのメンバーが集まり荒廃山林の整備やキャンプ場経営を行って地域の活性化につなげる協同組合や，廃業を考えていた地元の豆腐店を引き継いで障害の別なくだれもが働ける場を作りだした協同組合もあります。法律ができて協同労働

は活発化しています。

まとめ──「能力」を読み取る社会の能力開発へ

　日本の正社員はそのキャリアのほとんどを一つの企業の中で過ごします。彼らのキャリア移動と競争はとても良く組織されており、職能資格制度のもとで生じた微細な差を、「出世」というストーリー、A支店からB支店への異動を「すごい」というストーリーとして上司も同僚も全員が読み取る非常に濃い意味世界があります。その意味世界を構成する「能力」基準は会社の中だけでのものなのに、会社にそんな意味世界があることだけは社会に染み出し共有されてきました。

　それに比べると、日本の外部労働市場は「意味の真空地帯」（今井 2021：321）です。企業の枠を越えた職務定義がなく、いくつ仕事を経験しても前の経験は評価されず、キャリアの蓄積として意味を持つことはありません。ここに、非正規雇用やフリーランスという世界に踏み込んでしまった労働者に能力形成の自己責任を説く残酷さがあり、「能力開発」の難しさがあります。

　冒頭、「能力」はそれを必要とする側（買う側）と売る側の関係の中でその都度作り出される性格を持っていることを説明しました。正社員になりにくくなってしまった社会で、「能力」とそれに基づく「キャリア」への展望が閉塞状況に陥ってしまっている現実は、その観点から読み解くことができます。非正規労働者や若者に能力がないという時、それは買う側にそれを読み取る能力がないということであり、そんな社会の側の無能力を自己責任論によって見逃しているともいえるからです。後半に紹介したジョブカード制度や労働組合による労働者供給事業、協同労働には、企業の枠を越えた職務定義とそのための能力定義を浸透させ、会社や社会に対して「能力」を読み取る能力を逆に問う側面もあるはずです。政府や労働組合は能力とキャリアの社会的共通理解が横に広がるよう活動していく必要があるのです。

引用・参考文献

阿部誠, 2015,「若者就業問題の多様性と社会的包摂に向けた政策の課題」『日本労働
　　社会学会年報』26：71-97.

恵羅ひとみ, 2015,「建設労働組合による労働者供給事業の歴史的意義と課題——建
　　設労働市場論からの一考察」『建設政策』165：14-18.

遠藤公嗣, 1999,『日本の人事査定』ミネルヴァ書房.

ファーロング, アンディ／カートメル, フレッド, 乾彰夫・西村貴之・平塚眞樹・丸
　　井妙子訳, 2009,『若者と社会変容』大月書店.

ギデンズ, アンソニー, 秋吉美都訳, 2005,『モダニティと自己アイデンティ
　　ティ——後期近代における自己と社会』ハーベスト社.

今井順, 2021,『雇用関係と社会的不平等——産業的シティズンシップ形成・展開と
　　しての構造変動』有斐閣.

石井まこと, 2017,「「地方消滅」は若者の生活をどう変えたのか」石井まこと・宮本
　　みち子・阿部誠編『地方に生きる若者たち』旬報社.

伊藤彰信, 2008,「労働者供給事業の歩みと課題・展望（上・下）」『労働法旬報』
　　1702：36-44, 1704：26-36.

熊沢誠, 1997,『能力主義と企業社会』岩波書店.

今野晴貴, 2012,『ブラック企業——日本を食いつぶす妖怪』文春新書.

厚生労働省「知りたい！労働者協同組合法」.
　　https://www.roukyouhou.mhlw.go.jp/

児美川孝一郎, 2013,『キャリア教育のウソ』ちくまプリマー新書.

宮川努・滝澤美穂, 2023,「日本の人的資本投資について——人的資源価値の計測と
　　生産性との関係を中心として」RIETI ポリシー・ディスカッション・ペーパー
　　（22-P-010）.

ニューマン, キャサリン・S., 萩原久美子・桑島薫訳, 2013,『親元暮らしという戦
　　略——アコーディアオン・ファミリーの時代』岩波書店.

日本労働研究機構, 2000,「フリーターの意識と実態——97人へのヒアリング調査結
　　果より」『調査研究報告書　136』.

日本労働者協同組合連盟「新しい働き方図鑑」
　　https://workstyle.roukyou.gr.jp/

大重光太郎, 2023,「日本の公的継続職業訓練の現状と今後と課題——ドイツとの比
　　較から何が見えるか」『ドイツ学研究』81：123-150.

労働政策研究・研修機構, 2022,「大都市の若者の就業行動と意識の変容——「第5
　　回　若者のワークスタイル調査」から」『労働政策研究報告書　213』.

佐藤嘉倫, 2021,「非正規雇用から正規雇用への移動障壁の時代的変遷——縮小する

Ⅱ 「働 く」

中核と拡大する周辺」（白波瀬佐和子監修 渡邊勉・吉川徹・佐藤嘉倫編）『シリーズ 少子高齢社会の階層構造 2 人生中期の階層構造』東京大学出版社.

（今井 順・伊藤大一・萩原久美子）

第6章

社会人になるとは？
——社会的不平等から考える——

はじめに——「社会人」＝「市民」？

「社会人」という言葉は不思議な言葉です。広辞苑には，① 社会の一員としての個人，② 実社会で活動する人，とありますが，なかなか外国語に翻訳できません。日本社会において「一人前と見なされていること」という含意で，social adult ＝社会的な大人と訳したりするのですが，それではいったいどうなれば「社会的な大人」と見なされるのでしょうか。成人式を経たから社会人という認識はありませんし，選挙でしっかり意思を示すこととか，他人の権利を尊重できるといった「市民性」が，「社会人」の条件とも思われていないでしょう。ネット上を渉猟していると，特に求職サイトがこの問題に熱心です。「主婦もまた社会人」というサイトもありますが，労働市場に出ていることは重要で，その上で「働いている人」をめぐる「社会人」の定義は複雑な様相を見せるのです。

例えばQ＆Aコーナーで，「フリーター経験は社会人経験と言えるのでしょうか」と不安に感じていると思われる質問にぶつかることがあります。それに対する一つの回答は，「一般的に社会人経験といわれるのは，学校を卒業してから仕事に従事した期間の経験を指します。なので，アルバイトや派遣スタッフとしての就業経験も社会人経験となります」というように，働いた経験はなんであれ社会人経験だというものです。もっとも，他の多くのサイトでは，「採用現場においてフリーターは社会人と区別して考えられているのが一般的」という認識が示されています。そこではその区別を，ビジネススキルの他に「責任の重さの違い」に求めているようです。

　もしフリーターがミスをしたら，そのミスは正社員の人がカバーしてくれ
る場合がほとんどでしょう。例えばコンビニのレジで小銭の受け渡しミス
が発生した場合，アルバイトなら正社員である店長や副店長の指導を受け
るだけで済みます。しかし正社員の場合，ミスをした責任は正社員自らが
負うことになります。

　こうした回答を見ていると，「社会人」と見なされるためには 3 つくらいの
条件があることが見えてきます。まず，学校を卒業していること。二つ目は，
一定のマナーやビジネススキルをもっていること。そして三つ目に，会社とい
う場所で正社員としての責任を負っていることです。「社会人」イメージの中
心には，あくまで働くことにおいて一定の能力をもち，正社員として職場に責
任を負っている人があるようです。

　ところが，社会人であるために果たそうとするこの責任感が，そのまま正
規・非正規格差のような社会的な不平等を作り出していると言ったら，非正社
員や女性など，特定の人びとを職場社会から排除していると言ったら，みなさ
んは驚くでしょうか。働く世界のあり方と社会的な不平等や排除が，どのよう
に，なぜ存在しているのか考えるのがこの章の目的です。そのためにこの章で
は「産業的シティズンシップ」という概念を使います。まずこの概念について
説明した後，日本における産業的シティズンシップである企業別シティズン
シップの発展と構造を概説し，その上で，これが現在どのように社会的不平等
を作りだしているのか，限定正社員の例を用いて議論します。最後にこの概念
が，社会学におけるその他の概念枠組みとどうかかわるのか示しましょう。

1. 産業的シティズンシップとは？

(1) 労働者であることのリスク

　資本主義社会において，私たちのほとんどは労働力を売って生活しています。
これを「労働力の商品化」といいます（第 5 章参照）。なんでこんな面倒な言い
方をするのかというと，私たちは自分のことを，身も心も丸ごと企業に売って

しまっているわけではないからです。それでは奴隷状態になってしまいます。現代社会で人身売買は許されていません。農家を含む自営業の人たちは，家に田畑があったり，小さな工場に生産機械を導入していたり，仕入れたものを自分のお店で売ったり，自分の労働力を自分で使って生活のために必要なお金を稼ぐことができます。しかし，勤め人というのは，そうした自前の設備による生産能力や店舗を持たない人で，自分の労働力を売り，経営者に使われる以外に生活の糧を得ることができない人たちのことです（このため，経営者のことを使用者ともいいます）。自らの労働力を商品として売っている，すなわち「商品化」しているのです。法的にはこうした人を「労働者」と呼んでおり，日本では働く人の9割以上が，被雇用者＝労働者です（第7章参照）。

　労働力を売って生活をする人びとにとって，労働力を売れない状況は死活問題です。突然の失業や失業状態の継続は直接命にかかわります。時給・日給に頼って生活する労働者であれば，ほんの数日仕事からあぶれるだけで食べることに困ってしまいます。仕事ができないことも大きなリスクです。どんなに健康な人でも病気にはなりますし，年を取れば働くことは難しくなります。大事な人の面倒を見なければいけないことだってあるでしょう。産業化以前の農村社会であれば，地域コミュニティのつながりや一定の相互扶助の精神が，こうしたリスクの一部を手当，軽減していたでしょう。産業資本主義が拡大し，近隣の人びとを必ずしもよく知らない都市生活が広がったことで，雇われることに依存して生活する人びとがこれらのリスクに直面するようになりました。産業化が始まったころ，人びとは労働力を商品化しないと生きていけませんでしたが，リスクへの対応策もまた，仕事を見つけて働くこと以外にありえませんでした。商品化は，リスクの負のスパイラルと隣り合わせなのです。

（2）労働運動によるシティズンシップの実現

　これらのリスクがもたらす影響があまりにも厳しいので，労働者たちはリスクの手当てをすることを考えました。労働運動によるさまざまな権利確立の運動です。労働運動の成果は特に第二次世界大戦後に顕著になり，どこの社会でも，労働時間の規制，職場の安全や賃金の水準，採用や退職，異動のルール，

健康保険や年金を含む社会保障制度やその他の福利厚生サービスの獲得等広い領域で，使用者や国家を相手に，労働者の地位をよりよいものにするための活動をしてきています。

　こうした運動が，特に西欧においては，労働者を含む幅広い市民の権利（シティズンシップ）獲得運動の中に位置づけられることを確認しておくことは重要です。皆さんも，19世紀から20世紀が，前近代的な社会から近代的な民主主義社会への移行期だということはご存じでしょう。市民が立ち上がり，表現の自由や所有の自由，結社の自由や参政権を勝ち取るようになりました。この時期は同時に，各社会で産業資本主義化が著しく進んだ時期でもあります。労働運動というのは，大きく拡大する産業資本主義社会において，労働者が使用者や国家と時に敵対的に交渉することで，さまざまなシティズンシップの権利を経済と仕事の世界に拡大しようとする運動だったのです（Giddens 1982, Streeck 1992）（第7章参照）。こうした，経済の世界を民主化しようとする産業民主主義の運動によって拡大されたシティズンシップを，産業的シティズンシップと呼びます。近代的な国民国家においては，その市民という意味での「シティズンシップ」が大枠としてまず存在しており，その内側に「副次的なシティズンシップとして」（マーシャル 1991）産業的シティズンシップが存在するという構造になっています。

　シティズンシップを作る運動が「国民」の間の権利の平等・不平等や，その分配の公正さの基準を作るように，産業的シティズンシップを作る労働運動もまた，そのメンバー間の平等・不平等と，それを正当化する公正さの原理を作ります。国民であることに付随する権利と義務，すなわちシティズンシップは「国民」にとってはつねに当たり前のものとして存在しています。ですのでつい忘れてしまいますが，それは常に「非」国民を排除し，一定の範囲の人びとに一定の権利と義務を与え平等な国民としています。そうすることで，国民国家という枠組みに人びとを動員し，そうでない人との間に不平等と排除の関係性を作る，現在進行中のメカニズムです。すなわち，シティズンシップの確立というのは，外に対する排除と内に対する平等を実現しようとする動きなのです。

　産業的シティズンシップを作る労働運動もメカニズムとしては同じことをしています。メンバーと非メンバーを分け，メンバーに一定の権利と義務を作り出す代わりに，非メンバーを排除します。メンバーと非メンバーの間に格差を設け，自分たちの権利を保障する義務の論理で，非メンバーの排除を正当化するのです。

2．日本における産業的シティズンシップの展開

（2）「企業別シティズンシップ」の形成

　それでは，日本の労働運動の発展と衰退の歴史を追い，日本における産業的シティズンシップがどのように社会的な不平等を作り，それを正当化しているのか見ていきましょう。日本における産業的シティズンシップの形成は，正規雇用という雇用形態の形成と重なります。正規雇用（標準的雇用）の一般的な特徴は世界的にも概ね共通していて，長期の雇用保障，フルタイムの仕事，社会保障への包摂，男性稼ぎ主イデオロギーといった要素を持っています。製造業において典型的という要素も入るでしょう。国ごとの特徴はあるのですが，先進国と発展途上国を対比すれば先進国間の共通性は明らかで，アメリカを見ても，ドイツを見ても，日本と同じように，一家の稼ぎ主である男性が製造業に職を得，長期勤続を前提にフルタイムで働き，さまざまな社会保障制度へのアクセスを確保してきました。先進国と呼ばれる諸社会では，20世紀中盤に製造業が大きく発展した際，こうした働き方をし，生活保障にアクセスをもつ人が増えたことで，分厚い中間層が出現し，安定した生活を送ることができるようになったのです。ここ数十年，そうした生活が当たり前になっていましたが，仕事の世界が「雇用」を中心にこれほど安定していたのは，世界史的に見て希有な時期だったといえます（Kalleberg 2018）。

　先ほど各国ごとに特徴があるといいましたが，産業的シティズンシップの制度化は労働組合の組織形態とその影響力の強さに特徴づけられていると考えるとわかりやすいでしょう。例えばドイツの労働組合は，中世のギルドをベースに職業別（産業別）に組織されており，大きな影響力を発揮してきました。賃

金は職種別にその内部における平等が実現され（同一労働同一賃金），健康保険や年金が職業という枠のメンバーシップごとに成立しています。こうした例とは異なり，日本の労働組合は企業別組合で，さらに戦後の歴史を通じて影響力を失っていくという歴史に特徴づけられています

　現在の正規雇用的な働き方は，第二次世界大戦前から存在していたと言われています（橋本 2015；渡邊 2021）。当時ホワイトカラー労働者は職員，ブルーカラー労働者は工員と呼ばれ，職員は別名「月給取り」で，長期勤続が期待された身分でした。日給・週給といった形で報酬を得ていた工員とは別だったわけです。戦後になり，この職員的な雇用が拡大することになります。戦後直後の一時期，人びとは混乱の中で多くのリスクに囲まれていました。これに対して，各職場，企業をベースに労働組合運動が大きく盛り上がり，雇用の保障と，ライフステージに合わせた生活費保障給を求めて戦いました（第7章参照）。さらに，労働組合は「職工差別の撤廃」を主張し，その結果，職員と工員という身分が統合され，現在私たちが使っている「社員・従業員」というカテゴリーが作られました。このことの影響は大きく，この時期に労働運動が獲得した「終身雇用」「年功賃金」と呼ばれる権利は，ホワイトカラーのみならず，ブルーカラーも含む「従業員」がその対象となりました。期せずして，その後の経済成長の果実が，人口の多くに配分される制度的な基盤が出来上がることになったのです。

　もっとも，これらの制度はすべて男性稼ぎ主を前提としていたので，女性が労働市場から排除される基盤となってしまったことも認識しておくことが重要です。例えば，年功賃金が家族賃金であったことの影響です。家族賃金とは一人の稼ぎ主の賃金で一家数人の生活が賄えるようにするという設計思想の賃金のことで，年功賃金はその典型的な例です。これが，男性稼ぎ主イデオロギーを内包していたことは，次のような事例から明らかでした。朝鮮戦争による特需は臨時雇用の工員を増やしましたが，その終結による雇用調整期，労使は誰を本工（正社員）として登用し，誰を解雇するのかという選択に迫られました。結局労使は，稼得責任があるであろう男性臨時工を本工化し，配偶者が年功賃金にアクセスがあるであろう既婚女性には離職を促しました。また，1950年代

から60年代にかけては，政府の呼びかけに応じて展開した新生活運動が，（特に）大企業において，女性を主婦化し男性労働者（や子ども）を支える存在として教化する文化的運動にすらなっていたのです（Gordon 1997）。このように，この時期に女性を労働市場の周辺に配置したり，そもそも労働市場からの退出に導く社会的なうねりがあったことは，さまざまな事例研究や政府統計から明らかです（久本 1998：禿 2021）。日本の産業的シティズンシップは，そのメンバーとして職員と工員を包摂し，女性を排除することで立ち上がりました（今井 2021）。

　1960年代の高度経済成長期，日本経済は大企業中心に編成され，賃金は企業規模によって大きく異なることになりました。企業規模が意味をもったのは賃金だけではありません。退職金制度や健康保険，年金制度にもその影響が表れています。日本の健康保険制度は国民健康保険による全国民一律の仕組みにはなっておらず，企業や産業ごとの健康保険組合が分立しています。年金制度も，雇用労働者すべてが対象の厚生年金にプラスして，特に大企業では恵まれた企業年金が提供されました。賃金のみならず，社会保障制度においても，国民一律サービスだけの自営業世帯よりも企業勤め，それも大企業に勤めているサラリーマン世帯が大きく有利な社会になっています。すなわち，その他の諸外国であれば国家が行っているサービスを企業が提供し，そのレベルが企業によって異なっているという，企業別のシティズンシップが成立している社会なのです。

　労使の力関係は，1960年代以降，基本的にはほぼ一貫して労働組合が力を失っていきました。使用者側が労務管理諸制度のあり方を決め，労働者の働き方やモチベーションを統制する力を取り戻していったのです。それが現在私たちの知っている正社員のあり方を作り上げてきました。労働側が力を失っていったことの影響は，日本における産業的シティズンシップの義務の項目に刻印されています。特に，日本経済を大きく揺るがした1970年代の石油危機で経営者の発言力は大きくなり，雇用と生活水準の維持と取引するように，労働者にさまざまなフレキシビリティの発揮を求めるようになりました。残業や転勤に対して従順に構える「社会人」の心性は，このころしっかり根付いたといえ

るでしょう。会社が生き残るためには，残業や転勤などを厭うべきではないという義務が，当たり前に求められるようになります（第5章参照）。1980年代は「ジャパン・アズ・ナンバーワン」の時代で，日本企業におけるさまざまな慣行は正当化されました。もっとも，そうした正社員労働者を会社人間と揶揄する言説も存在しました。

　結果，日本における産業的シティズンシップは，長期の雇用保障，競争的ではあるがライフステージごとの生活費を保障する「年功賃金」，さまざまな企業福祉へのアクセスといった権利と，残業や転勤などに従順であるという義務のセットとして成立したことになります。有利な労働条件に浴したいのなら，会社への献身は当然だろうという規範・感覚の常識化，といってもいいでしょう。日本において形作られてきた産業別シティズンシップは，正社員シティズンシップとでもいってよいと思えるほど，正規雇用という雇用形態の形成と重なって発展してきました。もっとも，その権利の詳細は企業別の労使関係で交渉されたことから，企業ごとに水準が異なります。それが「企業別シティズンシップ」と呼ぶべき理由なのです。

（2）企業別シティズンシップの構造とその働き

　日本において，第一級の産業的市民は，大企業に勤めている正規雇用労働者ということになります。彼らが受け取っている賃金や企業内福祉は，誰もがうらやむ水準になっています。もっとも，大企業はその活動範囲も広く，グローバルな活動をしている場合には，海外を含めた転勤などが義務の中に入って来るでしょう。権利も義務もレベルが高いということになります。一方，中小企業の賃金や企業福祉は，大企業のそれを範としつつも，そこまでのレベルに達しないことが多いでしょう（野村 1998）。企業活動の範囲も相対的に限られており，要求されるフレキシビリティの内容も，残業はともかく，転勤や配転の範囲は限られます。正規・非正規格差が問題になる前には，大企業と中小企業における処遇格差が問題で，これを「二重労働市場」と呼ぶこともありました（尾高 1984）。

　ここ30年で大きく拡大した非正規雇用は大企業にも中小企業にも見られます

が，企業別シティズンシップの権利へのアクセスをほとんどもっていません。雇用が不安定で賃金水準が低い上，退職金や企業年金を得られる非正規雇用労働者はほとんどいません。それどころか，非正規雇用労働者の一部は，国民であれば誰もが加入できなければならない健康保険や国民年金から漏れてしまっていることがあります。使用者の怠慢や本人の支払い能力など理由はいくつかあり得ますが，いずれにせよ，「国民」という意味でのシティズンシップから漏れてしまう人が出てきてしまったのは大変大きな問題です。特に，すでに働く女性の6割近くが非正規という現状では，一部女性の「非国民化」が起きているとすら言える事態が進行中ということになります（外国人労働者に関しては，この無権利状態が意図的に利用されている側面があり，やはり問題です）。にもかかわらず，日本社会は，非正社員は正社員と同じ責任を果たしていないのだから，同じ権利をもてなくて仕方がない，という論理の法律を作ってしまいました（今井 2021）。「同一労働同一賃金」を実現しようと作られた条文が含まれている現在の労働契約法です。転勤や残業をする責任がないのだから処遇が低くて仕方がないという考えは，単に各職場で正規・非正規を分ける論理として使われるだけでなく，法律の中に埋め込まれ，この社会における不平等正当化の論理になってしまったのです。

　大企業と中小企業の格差，正規と非正規の格差は，日本社会における（産業）市民としての格差であり，人びとの意識や法律によって正当化されてしまっている格差なのです。ここまでの議論に従えば，責任ある「社会人」になることとは企業の正社員になることで，それは一人前の処遇には浴することができるけれども，転勤の命令に従ったり残業に対応したりする態度を身につけることでした。この常識は，求職サイトの相談コーナーなどでも語られているように，私たちの日常性の中にしっかりと埋め込まれています。これを社会人としての責任だと考えるような責任感と，だからこそ今の処遇がふさわしいと感じる感覚こそが，中小企業や，特に非正規社員の待遇の低さを正当化しています。社会人としての，正社員としての責任は果たしていないのだから，低処遇は仕方がないだろう，という論理です。今現在，「社会人になる」ということに無批判であることは，日本における労使の歴史が作り上げてきた不平等と

排除の論理に巻き込まれ，それをあらためて再生産する人間になるということ
を意味します。私たちのほとんどは皆，不平等と排除の当事者なのです。

3．雇用関係における序列化のメカニズム——限定正社員を例に

　最近進展している雇用の多様化は，企業別シティズンシップの観点から見る
と，どのように分析できるでしょうか。非正規雇用が拡大していた2000年ごろ
から，正規雇用の内部にも変化が起きていました。その一つが限定正社員と呼
ばれる働き方の拡大です。この限定正社員には，勤務地限定・職種限定・労働
時間限定といった種類があります。一般職という働き方もよく考えると現在の
限定正社員につながる働き方で，勤務地と職域には限定が設けられていること
が多いでしょう。フルタイムということになっていますが，総合職より早く帰
れるといった扱いを受けることも多いようです。もっとも現在の限定正社員は
総合職における働き方の多様化と言われており，例えば勤務地だけが限定され
ているものが目立ちます。もっとも勤務地を限定することになじみやすい職域
があるようで，例えば営業職などが勤務地限定の「総合職（エリア）」といっ
た名称で，就職活動サイトなどに登場しています。

　限定正社員が大きく拡大したのは2000年代ですが，2010年代に入る頃には，
政府がこの働き方に目を付け，ワーク・ライフ・バランスを改善するための方
策として，「働き方の多様化」を促進する制度だということで導入の後押しを
しました（第8章参照）。現在「ダイバーシティ」という言葉を方々で聞きます
が，働き方の多様化という意味で使われる場合にはこの限定正社員の活用が含
まれています。高齢化もあり，現役で働いている世代は，子育てのみならず親
の介護の必要に迫られることも珍しくなくなりました。子や親に対するケアの
在り方は多様ですが，限定正社員制度はこうした多様性に応えるものだという
ことで作られているのです。ではこの「多様化」，本当に働き方を多様化して
いるだけなのでしょうか。

　働き方が多様化しているだけなら，さまざまな事情を抱えた働き手のニーズ
に応えるものといえるでしょう。しかし現実には，こうした働き方の多様化は，

同時に働く人たちの階層化を伴っています。例えば，非限定の正社員に対する限定正社員の賃金水準は，限定正社員制度を採用している企業の5割程度で80％から100％未満の水準となっています。80％に満たない水準の企業も3-40％程度存在しており，非限定の正社員よりも低い賃金で働くことになるのは明らかです。また限定正社員に期待される昇進の上限も，非限定の正社員よりも低くなっています。限定正社員に紐づけられている資源と機会は，非限定の正社員よりも低く設定されているのです。今，非限定の正社員より限定正社員の処遇が低いことについて，当たり前じゃないかと思いませんでしたか？思ったのだとしたら，あなたは日本における産業的シティズンシップの規範をしっかりと内面化しているということができます。価値意識において，すっかり「社会人」です。

　実はこの限定正社員制度，企業別シティズンシップの義務の項目への対応能力に沿って，正社員を階層化しています。例えば，限定正社員の設計において目立つのが，転勤の範囲によって新たな正社員カテゴリーとするものです。これまで単に「正社員」として処遇してきた労働者を，全国転勤や，場合によっては海外転勤に対応する社員（ナショナル社員などと呼ばれることが多い）と，転勤エリアが限定されていたり転勤に応じなくてもよいとされている社員（リージョナル社員とかエリア社員と呼ばれることが多い）に分けたりするのが典型的です。この場合，リージョナル社員はナショナル社員の8割，9割程度の賃金が設定され，なおかつ昇進において天井が設定される，すなわち一定のレベルで昇進が制限される制度設計になっています。

　要するに，日本企業における働き方の「多様化」は，確かにさまざまな働き方のヴァリエーションを認めるようにはなっているものの，制度設計の軸に企業別シティズンシップの義務への対応可能性が埋め込まれています。すなわち，転勤や労働時間の柔軟性の要請に対して高度に応えられる労働者を高く処遇し，ケア責任を担う労働者に低い処遇を割り振るという「階層化」のメカニズムが働いているのです。こうした動態をイメージに表したのが図6-1です。

　図の上半分が1980年代から90年代までの姿で，従来の正社員（総合職）・正社員（一般職）・非正規雇用の組み合わせが示されています。その姿と比べる

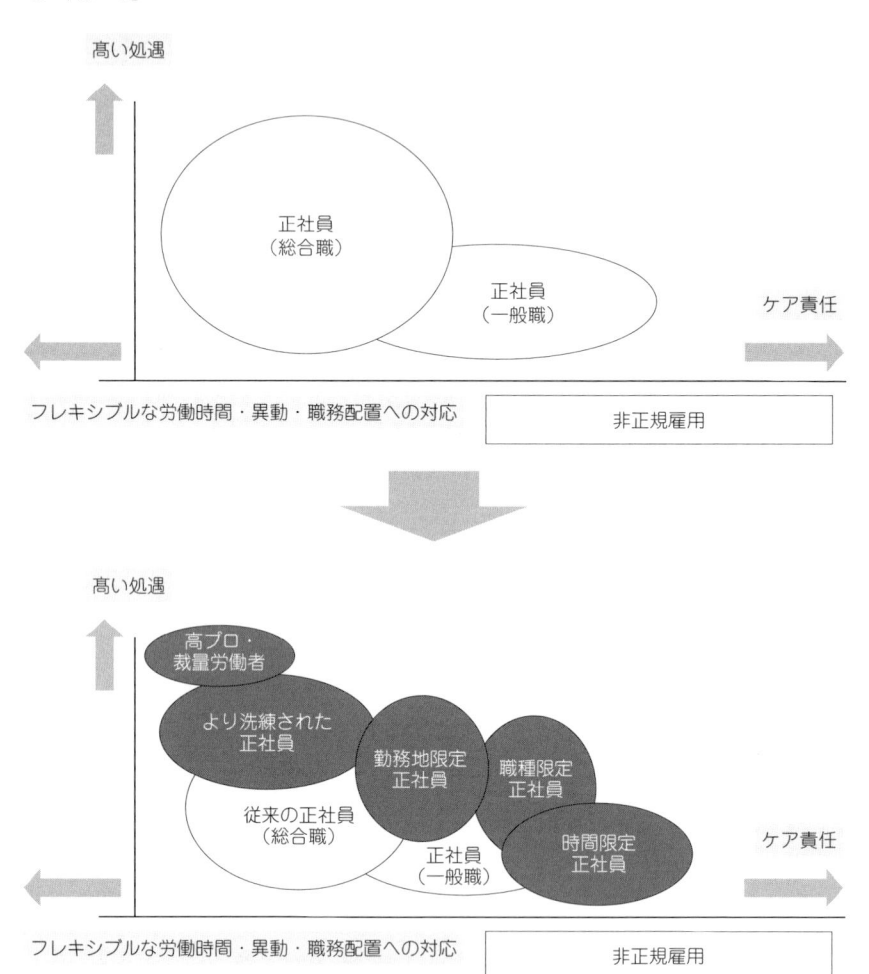

図6-1 階層化としての多様化——ダイバーシティ施策がもたらす変化のイメージ

と，図の下半分では確かに新しい働き方が多様化しています。すなわち，従来の正社員が「高プロ・裁量労働者」「より洗練された正社員」とさまざまな「限定正社員」に分かれています。ここでは詳しく紹介できませんが，高度プロフェッショナル（図6-1では「高プロ」と表記）や裁量労働制下で働く労働者は，1日8時間・週40時間という労働時間管理から実質的に外れて働くことを受け入れており，従来の正社員以上に柔軟な労働時間体制にコミットして

います。こうした制度には「残業」概念が存在せず，いわゆる「残業代」が支払われません。通常の賃金に定額の手当てが付くに過ぎないことから（にもかかわらず無制限ともいえる残業に従事しなければいけないこともあり），「定額使い放題」と揶揄されることがあります（第7章参照）。ただし，最も高い賃金と上昇移動が期待される労働者群ということもできます。「より洗練された正社員」には，より強く異動の柔軟性が求められます。例えば多くの限定正社員は広範囲の転勤を受け入れません。そのため，転勤の要請は「より洗練された正社員」以上の労働者にのみ割り振られることになります。「より洗練された」と形容される所以です。だからこそ，限定正社員よりも高い賃金を受け取り，より高い地位までの昇進が期待されるのです。

　多様化イコール階層化であることが，そしてそのメカニズムの真ん中に企業別シティズンシップの義務の項目がすわっていることが，おわかりいただけたでしょうか。

4．社会学的不平等研究との関係

　日本における社会的不平等の分析に産業的シティズンシップという概念が必要なのは，これまで社会学が使ってきた不平等の概念，例えば階級といった概念が日本社会の不平等やそれを作り出すプロセスを完全には説明できないからです。階級概念は，K.マルクスの議論から生まれたもので，資本主義社会の勃興に源を持つ不平等は，基本的に（土地や）工場といった生産手段をもっている資本家（ブルジョワ）ともっていない労働者（プロレタリアート）の区分に始まると議論します。この議論は，人びとは資本家・労働者階級・旧中間階級（小規模自営業者や自営農民）・新中間階級（専門職者・管理職者）に分けられるという枠組みとして発展してきました（竹ノ下 2013）。このカテゴリーがその社会の不平等や社会意識や政治意識をも説明すると考えるのです。カテゴリーの分け方にはさまざまなヴァリエーションがあり，ここに紹介したものはごく基礎的なものです。いずれにせよ，欧米社会においては，資本主義社会の発展に基づく社会の不平等をよく説明しているとされています。

　この概念は日本にも持ち込まれ，現在に至るまで日本社会の不平等を分析するための，またそれをその他の社会と比較するためのツールとして，用いられてきました。日本社会の不平等の特徴を国際比較した上で理解できるので，きわめて重要です（例えば Ishida 2001）。階級概念と並走するように発展してきた階層概念に一定の影響は受けていますが，橋本健二の一連の著作（例えば，橋本 2020）も，日本の不平等構造理解に有益な知見をもたらし続けています。

　ところが，日本の社会的不平等研究は，階級という変数だけでは日本社会の不平等を捉えきれないということも発見，確認し続けているのです。どこの社会でも階級変数はジェンダーによる不平等を過小評価してきたと批判されてきましたが，日本もその例外ではありません。しかし日本で重要なのは，階級変数自体の説明力が他社会よりも弱いことで，企業の規模や，最近では雇用形態（正規・非正規）といった変数がより強い説明力をもつことなのです。要するに，欧米諸国では労働者階級に分類される職業に就いている場合，勤め先企業や雇用形態が違っていても，賃金に大きな違いが生まれないけれども，日本では同じような仕事をしていても，企業規模や雇用形態が違うと，賃金が大きく違ってしまうということです。日本についてのこの指摘は，皆さんも常識的によくご存じなのではないでしょうか。

　その結果，日本社会についての不平等分析は，階層分析が主流ということになりました。階層分析は，日本が産業資本主義社会として発展してきたことや，経済の領域を民主主義化しようという運動がもったインパクトを勘案するといった，不平等形成の歴史的プロセスとの対応関係は高くありません。むしろ非歴史的，発見的なアプローチで，不平等の実態に対して説明力の高い変数を探索することに強みを持ちます。階層研究は階級変数にも着目しますが，不平等とはもっと複雑な社会現象だとの着眼から，より多くの変数を分析に用います。もともとは，M. ウェーバーが提示した階級（class），地位（status），党派（party）という三つの変数からスタートしましたが，現在では職業や収入，資産といった経済力を測る変数の他，職業の持つ威信（プレスティージ），政治力，文化的資源やライフスタイルも含めて分析するなど，不平等に対する多元的なアプローチを行っています。

　階層研究の枠組みに基づき行われてきた調査は，日本の不平等について多く
の知見をもたらしてきました。その一つが，1955年以来10年ごとに階層研究者
たちが中心になって行ってきた SSM 調査（「社会階層と社会移動に関する全
国調査」）です。前回調査は2015年に行われましたが，ここからは企業別シ
ティズンシップを構成する雇用と社会保障の組み合わせが，特に1970年代から
90年代に現役世代だった高齢者の人生に大きな影響を与えたことがわかってい
ます。男性に関して言えば，やはり大企業に勤め続けた人びとが，恵まれた賃
金の蓄積や住宅の保有，恵まれた年金に基づいて相対的にリスクの少ない生活
をしており（有田 2021；永吉 2021；竹ノ下 2021），健康意識にまで影響を及ぼし
ています（神林 2021）。女性にとっては男性との婚姻関係が重要であったとい
う事実が指摘されており，日本社会における性別分業の基底的な性格が確認さ
れています（第 8 章参照）。

おわりに

　この章では，「社会人」という言葉を手がかりに，日本社会における不平等
の構造を説明し，その再生産に私たち「社会人」が直接関わっていることを説
明してきました。そこで役立ったのが産業的シティズンシップという概念で，
労働組合の組織単位やその強さが，それぞれの社会における不平等や排除の在
り方に大きな影響があることを示してきました。日本における産業的シティズ
ンシップは企業別シティズンシップと呼ぶべきもので，その形成メカニズムこ
そが，勤め先企業の大小やジェンダー，雇用形態による不平等を形作ってきま
した。この概念は，これまで社会学における不平等研究で重要な役割を果たし
てきた階級概念や階層研究がうまく説明できなかった側面やダイナミックなプ
ロセスを説明しています。とはいえ，国際比較のためにはまだまだ階級概念が
有効なこともありますし，目の前の不平等を理解するためには，階層研究の多
角的な分析がきわめて有効です。

　ライフコースという視点に引き付けると，皆さんが「社会人」になるという
局面で身に着ける規範の社会構造的な意味を問う章でもありました。一人前の

社会人にならなければいけないと思うことには，正社員としての責任を全うできるようになるという含意がありますが，産業的シティズンシップという概念で補助線を引くと，そのこと自体がこの社会の不平等や排除を支えることであることにも気づかされてしまいます。確かに，それを避けることは難しいかもしれません。ただ，今の社会で社会人になることの意味に無批判でいるのではなく，疑いをさしはさむことが可能だということは知っておいてよいでしょう。これまで日本社会で，社会人として身を立てる重要な規範だと思われてきたものが，今やはっきりと，社会に不平等を作り排除を正当化しています。非正規雇用もそうですが，裁量労働制や限定正社員も，企業別シティズンシップの論理に基づいて作られ，多様化という名のもとに，人びとを階層化しています。その過程をしっかりと見定めることができるようになることが重要なのです。

引用・参考文献

有田伸，2021，「稼得歴の推定を通じた男性高齢者の社会経済的格差分析」白波瀬佐和子監修，有田伸・数土直紀・白波瀬佐和子編『シリーズ 少子高齢社会の階層構造3 人生後期の階層構造』東京大学出版会．

Giddens, Anthony, 1982, "Class Division, Class Conflict and Citizenship Rights," in *Profiles and Critiques in Social Theory*, University of California Press, 164-180.

Gordon, Andrew, 1997, "Managing the Japanese Household: The New Life Movement in Postwar Japan," *Social Politics*, 4(2): 245-283.

橋本健二，2015，「戦前・戦中・戦後の日本的雇用慣行」橋本健二編『戦後日本社会の誕生』弘文堂．

橋本健二，2020，『〈格差〉と〈階級〉の戦後史』河出書房新書．

久本憲夫，1998，『企業内労使関係と人材形成』有斐閣．

今井順，2021，『雇用関係と社会的不平等——産業的シティズンシップ形成・展開としての構造変動』有斐閣．

Ishida, Hiroshi, 2001, "Industrialization, Class Structure, and Social Mobility in Postwar Japan," *British Journal of Sociology*, 52(4): 579-604.

Kalleberg, Arne L., 2018, *Precarious Lives: Job Insecurity and Well-Being in Rich Democracies*, Polity Press.

禿あや美，2021，『雇用形態間格差の制度分析——ジェンダー視角からの分業と秩序の形成史』ミネルヴァ書房．

神林博史，2021，「高齢者の健康と社会階層——ライフコース上の様々な不利に注目

した分析」白波瀬佐和子監修，有田伸・数土直紀・白波瀬佐和子編『シリーズ　少子高齢社会の階層構造3　人生後期の階層構造』東京大学出版会.

マーシャル，トーマス H., 1993 [1950]，「シティズンシップと社会的階級」トーマス H. マーシャル・トム ボットモア，岩崎信彦・中村健吾訳『シティズンシップと社会的階級——近現代を総括するマニフェスト』法律文化社.

永吉希久子，2021，「高齢期の経済的脆弱性と雇用・家族の履歴——年金制度と労働市場における脆弱性の重なりに着目して」白波瀬佐和子監修，有田伸・数土直紀・白波瀬佐和子編『シリーズ　少子高齢社会の階層構造3　人生後期の階層構造』東京大学出版会.

野村正實，1998，『雇用不安』岩波書店.

尾高煌之助，1984，『労働市場分析——二重構造の日本的展開』岩波書店.

Streeck, Wolfgang, 1992, "Revisiting Status and Contract: Pluralism, Corporatism and Flexibility," in *Social Institutions and Economic Performance*, Sage Publication.

竹ノ下弘久，2013，『仕事と不平等の社会学』弘文堂.

渡邊勉，2021，「職業経歴の歴史——長期雇用からみる日本の職業経歴の特徴」白波瀬佐和子監修，渡邊勉・吉川徹・佐藤嘉倫編『シリーズ　少子高齢社会の階層構造2　人生中期の階層構造』東京大学出版会.

（今井　順）

119

第7章

職場を変えるには
──ディーセント・ワークと労働運動──

はじめに──労働環境の悪化をくいとめるために

　雇用労働者には，法律で，8時間労働制，最低賃金制度，時間外労働に関する手当（残業代），有給休暇，育児休業などのさまざまな権利が保障されています。法律に明記されている労働者の権利を守っている職場もあるのですが，学生や卒業生から「長く働いてきたのに店長がバイトに有給休暇はないと言ってもらえない」「バイト先のコンビニでは，売れ残ったおでんは連帯責任だとして半額で買取るように言われる」「残業代が全部払われていない」といった職場があることを聞きます。

　こうした違いが生じる理由の一つとして，働く人と雇う人との間の力関係（労使関係）があります。現在，日本の労働法によって保障されている労働者の権利の多くは，労働組合の運動が長い時間をかけて獲得してきたものです。働く人が労働組合に入り，活発に活動している時には，労働者の権利は守られやすくなります。しかし，組織率が低下し，労働組合の力が低下すると，労働者の権利を守ろうとする動きも弱まります。たとえば，バブル崩壊からの脱出に苦慮していた時代，政府は1999年の『年次経済報告（経済白書）』で生産設備，債務，雇用を「3つの過剰」と指摘し，企業もまた「賃金上昇は国際競争力低下につながる」と主張しました。この主張に労働者は対抗できませんでした。他の先進国では労働組合の活動もあって，賃金が上昇していったのですが，日本は気づけば「賃金の高い国から賃金の安い国」になっていました。

　第7章では，国内外で注目される労働組合運動の事例を通して，私たちが主人公となって働き方を変えられることを議論していきます。まず，企業の売買

120

収や私たちの暮らしに直結するサービスを提供する公共部門の縮小，雇用に寄らない働き方の登場といった労働をめぐる変化に対抗する日本の労働運動を紹介します。労働組合の果たす役割と機能について説明した後，アメリカの労働運動の事例を通して，労働者の権利を守る社会的な意味を国際的な動向から考えます。

1．労働組合は何をしているのか──日本での新たな息吹

（1）60年ぶりの百貨店スト──企業統合と売買収の中で

　2023年8月31日。この日，東京・池袋にあるデパート，西武池袋本店は営業日にもかかわらず，終日臨時休業となりました。東京・西武池袋本店で働く労働者が加入する「そごう・西武労働組合」がストに入ったからです。ストとはストライキの略称です。働く人たちが労働組合に結集し，自分たちの労働条件の向上や職場の改善を求めて，一定期間，労働を拒否することを指し，労働組合に認められた法的権利です。デパートのストとしては61年ぶりのことでした。

　発端は親会社セブン＆アイ・ホールディングス（以下，セブン＆アイ）による「そごう・西武」売却計画でした。もともと「そごう」「西武」は別々の会社でしたが，2004年に「そごう・西武」として経営統合，その後，2006年にセブン＆アイが買収し，子会社化した経緯があります。しかし，経営は振るわず，2022年，親会社であるセブン＆アイ・ホールディングスが外資投資ファンドへの売却を進めていることが明らかになります。売却後，外資系投資ファンドは池袋・西武百貨店のフロアの半分をビジネス・パートナーの売り場に変更する計画も聞こえてきました。

　親会社は自分たちの職場や雇用をどうするつもりなのか。職場に不安が広がる中，そごう・西武労働組合は自分たちの使用者，つまり雇用関係にある「そごう・西武」の経営者と団体交渉を行ってきました。使用者には，団体交渉に応じ，誠実に説明，交渉する義務が法律で課せられています。しかし，売却内容や雇用の見通しは，親会社と外資系ファンドが進めていることなので，子会社の「そごう・西武」の経営陣は説明できません。

　そごう・西武労働組合はそこで直接，親会社に団体交渉を求めることにしました。ところが，セブン＆アイはセブン＆アイとそごう・西武の従業員との間には直接的な雇用関係はないとして，団体交渉を拒否，説明もしないままに外資系投資ファンドへの売却を進めたのです。経営のためだと言えば，働く人は何も知らされないままに，経営者が思うままにリストラ，解雇されても仕方がないのでしょうか。そごう・西武の労働組合はあきらめませんでした。組合員にストをするかどうかの意思を確認する「スト権確立投票」を2003年7月に実施し，ストを決定，実行したのでした。

　このストを受けて，親会社セブン＆アイは労働組合との協議に応じました。ただし，その一方で，親会社は売却に慎重だったそごう・西武の社長を交代させ，そごう・西武の売却を発表しています。「売却を止められなかったから，このストは無意味だ」という人もいます。このストの意義はどこにあるのでしょうか（伊藤 2023）。

　第一に，経営側に対して労働組合への説明・交渉が重要であること，従業員は無視できない存在であることを承認させた点にあります。そごう・西武で働く労働者が個人でセブン＆アイに説明を求めたとしても，無視されたでしょう。そごう・西武で働く労働者が労働組合として団結して，団体交渉を求め，スト権を行使した結果として，セブン＆アイは労働組合への説明・交渉の席に着かざるを得なかったのです。もし，権利行使をためらい，沈黙していたら，セブン＆アイは従業員の存在などおかまいなく，何の説明もしないままに，そごう・西武を売却したでしょう。

　第二に，今後，そごう・西武労働組合は新たな経営者となる外資系ファンドを相手に団体交渉をすることになります。この交渉を通じて，従業員の雇用保護やリストラ・退職への対応などが協議することができます。労働組合には，団結権，団体交渉権，団体行動権（スト権）が法的に保障されています。労働者に保障された権利を行使することで，経営側との話し合いの場を確保したのです。

（2）コロナ禍から府民の命を守れ──大阪府職労によるキャンペーン

　2020年3月，世界保健機構（WHO）は COVID-19 パンデミックを宣言，いわゆるコロナ禍が全世界を覆いました。多くの国で医療・感染症対策が大混乱に陥る中，日本も例外ではなく，治療にあたる医療施設，感染症対策の中心である保健所では不眠不休の対応が続けられました。なかでも大阪府下の保健所では危機的な状況で保健師が業務にあたっていました。大阪府政が行政スリム化と公務員数削減を推し進めた結果，2000年には61カ所あった保健所は2020年までに18カ所にまでに減らされ，保健師数も大幅に削減されていたからです。

　濃厚接触者への対応，医療機関との連携，相談対応，情報提供だけでなく，難病疾患や精神保健，母子保健の通常業務もあります。食事をとる時間もなく，保健師は時間外労働ひと月100時間を超える長時間労働を続けました。交替するだけの職員がいないため，帰宅後も携帯電話を握りしめ，枕の横に携帯電話を置いて対応するという日々です。朝5時半に起き，帰宅は午前2時という激務の中で，通勤の運転中に襲ってきた睡魔にひやりとしたという保健師もいます。けれども，保健師・保健所職員の間には「しかたない」という無力感が浸透していました。2008年の橋下徹府知事の誕生以降，人件費の削減と公共サービスの縮小が断行され，公務員・公務労働組合は「恵まれた」労働条件に甘えている集団というレッテルを張る「公務員バッシング」によって，いくら労働組合が団体交渉で保健師の増員を求めても無視されてきたからです。

　それでも，保健師を含む大阪府の公務員の労働組合である大阪府職労は保健師，保健所職員増員キャンペーンに打って出ることにしたのです。大阪府職労の青年部担当はこう話しました。「保健師さんの仕事すごいなって思って。これを見て，誰がバッシングするねん。で，それは何のためにがんばっているかといえば，府民のためにがんばっている。なんで府民にバッシングされなきゃならんのかって，すごく理不尽というか。」

　注目したのはバラク・オバマ元米大統領も影響を受けた社会運動家ソウル・アリンスキーやマーシャル・ガンツらによるコミュニティ・オーガナイジングの手法でした。大阪府と直接的な団体交渉ではなく，保健師増員の必要性や現状を保健サービスの利用者である府民に知ってもらい，働く人と府民との間に

「保健師増員」への支持や理解を広げていきました（大阪府関係職員労働組合・小松編 2021）。感染を避けるために，対面での抗議集会など従来型の運動が展開できない中，SNS やインターネットを活用しました。保健師の労働実態や保健所の果たしている機能を発信，インターネットで署名を集め，「保健師増員しよう」と訴えたのです。

　キャンペーンを通じて，保健師達の労働，その社会的役割への注目が高まり，またたくまに約 6 万筆の署名が集まりました。2021 年 1 月，この署名を吉村府知事に提出した後，大阪府職労は記者会見に臨みました。保健師自身が自らの労働環境を訴え，保健所機能が人手不足で低下し，十分なコロナ対応ができていない窮状を訴えました。記者会見に臨んだ保健師は「あとで上司から仕返しをされるのではないか」「インターネットで公務員バッシングされるのではないか」という恐怖と闘っての訴えでした。コロナ禍の大阪で命を守る最前線の活動を破綻させないために，共に働く保健師達のために，労働組合に団結して，連帯して，現状を変えようとしたのです。

　保健師への仕返しなどはありませんでした。圧倒的な世論の支持を背景に大阪府は各保健所に 1 名の増員を決定しました。大阪府職労はこのキャンペーンによって保健師の増員を実現して，コロナ対応を担う保健師の過重労働軽減を実現しました。

（3）労働者とは誰か――ウーバー・イーツ・ユニオンの挑戦

　フード・デリバリー・サービスや個別配送サービスが急拡大しています。それに伴い，フード・デリバリー・サービスや個別配送サービスで働く配達員は「労働者」なのか，という問題が議論されるようになっています。どういうことなのでしょうか。

　日本の法制度では現状，労働基準法上の「労働者」と認められれば，雇用保険や労災保険をはじめ，労働基準法で定められている労働時間，賃金，休暇，育児・介護休業制度等に関する権利や保護の対象となります。ここでいう労働基準法上の労働者とは「職業の種類を問わず，事業又は事務所に使用される者で，賃金を支払われる者」（労働基準法 9 条）のことで，業務を行う上での指揮

命令や監督なども踏まえて，総合的に労働者かどうか（労働者性の有無）を判断しています。一方，個人事業主や自営業者など「労基法上の労働者にあたらない」と分類されると，原則として労働基準法，労災保険や最低賃金法，育児介護休業法の対象ではなく，法的な保護は限定されることになります（第5章参照）。一方，フード・デリバリーや個別配送の配達員が労働者ではなく，個人事業主に分類されれば，配達途中で事故にあっても「自己責任」となり，労災保険は基本的に適用されません。配達1件ごとの出来高払いなので，最低賃金も保障されません（詳細は西谷 2020，第2章参照）。

　実際，ウーバー・イーツは配達員を個人事業主であり，雇用関係はないと主張しています。ウーバー・イーツは食事を配達してほしい人と食事を提供する業者をアプリで結び，注文があれば，ウーバー・イーツ側の AI がアプリに登録した配達員のうちから最短ですぐに配送できる人を選び配達要請を行います。ウーバー・イーツは配達員と雇用契約も結んでいないし，配達員は AI からの配達要請を自分の裁量で断ることができると主張しているのです。

　この経営側の姿勢や主張に対して，2019年10月，ウーバー・イーツの配達員達が労働組合法に基づき，労働組合「ウーバー・イーツ・ユニオン」を結成しました。配達員はウーバー・イーツの指示に従って配達業務を行っています。顧客からのクレームが入るなどすると，配達員のアカウントが停止されることもあります。実態としてウーバーの強い影響下にあるというのがユニオン側の主張です。事故やケガの補償，アカウント停止基準の明確化などの運営の透明性，報酬体系の適切化・透明化の3点を求め，ユニオンは，ウーバー・イーツに団体交渉を申し入れています。

　一方のウーバー・イーツは団体交渉を拒否し，2022年11月に東京都労働委員会が配達員はユニオンを「労働組合法上の労働者（労組法上の労働者）」であると認め，ウーバー・イーツに団体交渉をおこなうように命じていたことに対し，決定を不服として中央労働委員会で係争中です。今後，もし団体交渉が行われれば，ウーバー・イーツはユニオンに対して，ブラックボックス化しているアカウント停止基準の明確化や報酬体系を説明しなくてはなりません。

　労働組合の活動が広がるにつれ，変化の兆しも見えます。2022年9月，ウー

バー・イーツの配達員に追突されて負傷した女性が損害賠償を求めていた訴訟で，ウーバー・イーツは配達員と連帯で被害女性に解決金140万円支払い，和解しています（日経新聞，2022年10月14日朝刊）。使用者責任を一部認めた格好です。アマゾンの下請け運動会社と委託業務契約で働いていた男性にも2023年9月，配送業務中のけがに対する労災が認定されました。声をあげた Amazon の配達員を東京ユニオンやアマゾン労働者弁護団が支援したのです（日経新聞，2023年10月4日朝刊）。日本で個人事業主として働く人たちは2019年におこなわれた内閣府の調査で約341万人と推計され，同じ2019年におこなわれた中小企業庁の調査では472万人と推計されています（伍賀 2022）。その後，2022年におこなわれた就業構造基本調査では，自営業主として約511万人いるとしています。ITとプラットフォームビジネスの拡大がもたらした新たな働かせ方に対して，労働組合を通じて働く人たち自身が労働条件を改善しうることを示してくれています。

2．労働組合とは何か

（1）労働三権と労働組合の種類

　資本主義社会において，誰を雇用するか，賃金をいくらにするかの主導権は使用者にあります。使用者と労働者との間には圧倒的な力の格差があるため，労働組合や労働法がなかった19世紀，イギリスでは労働者が自発的に結集し，団結して自らの労働条件を守ろうとしました。職種毎に労働組合を作り，団体交渉（集合取引）をし，自分たちで決めた賃金以下で働かせようとした使用者のもとから去り，仕事をすることを拒否して（ストライキ），労働条件を守りました。また，仕事をすることを拒否している間の賃金保障として，失業保険を労働組合主導で運営しました。

　現代では労働時間や賃金，解雇等に関して労働者に法的な権利と保護を法律で保障し，対等に交渉するために労働三権を認めています。労働組合を結成する「団結権」，使用者との交渉を行う「団体交渉権」，ストなどを実行する「団体行動権」です。日本では労働組合法と憲法でこの労働三権が保障されており，

労働者が 2 人以上集まれば自由に結成することができます。

　労働組合には組織編成上，いくつかの種類があります（第 5 章・第 6 章参照）。職能別組合（クラフト・ユニオン）は同じ職種・職業に従事する労働者（大工，機械工など）で結成，組織されます。歴史的にはイギリスに源流がある最も古い編成形態です。産業別労働組合は同じ産業（自動車産業，鉄鋼産業など）で働く労働者で結成，組織されます。欧米では労働者が働いている企業や団体を越えた組織横断的な職能別組合，特に産業別組合が主流です。それに対して，日本では企業別労働組合が主流です。特定の企業の従業員で結成し，職種に関係なく組織されます。ただし，組合加入の対象を正社員に限定する場合がほとんどです。前節で見た「そごう・西武労組」の組織編成も企業別組合です。これ以外に一般組合があります。一般組合は地域，産業，職種，所属企業にかかわらず，労働者であれば加入できる労働組合のことです。日本では個人加盟労組，コミュニティ・ユニオンなどの名称でよばれています。前節で取り上げたウーバー・イーツ・ユニオンもそのひとつです（木下 2021）。

　図 7 - 1 は労働運動，団体交渉における産業別労働組合と企業別労働組合との違いを見たものです。産業別労働組合の場合，同じ産業に従事する企業はお互い競争関係にありますが，産業別労働組合の内部にはその競争は直接，持ち込まれることはありません。同じ産業に従事する労働者として組織を越えて協力し合い，産業別労働組合の各支部の労働者が一斉にストライキを打つことも可能になります。一方，企業別労働組合は，企業間競争に労働組合が巻き込まれ，労働組合同士の協調行動をとりにくくさせます。たとえば，ある労働組合がストを打っている間に，その企業の製品シェアを別の企業が奪うといったことが起きます。そうすると，企業別労組同士の連携は難しくなる一方，経営上の事情が優先される「協調的な」労使関係になりやすいといえます。

　日本で企業別組合が主流になった背景として，兵藤（1997）は次の 3 点を指摘しています。第 1 に，戦前の日本社会は欧米が出発点とした職人組合（職能別組合）の伝統を持っていなかったこと，第 2 に戦時下の国家総動員法によって労働組合を解体し，代わって国によって結成された産業報国会の組織を媒介して，戦後の労働組合が組織化されたこと，第 3 に戦前の企業ではブルーカ

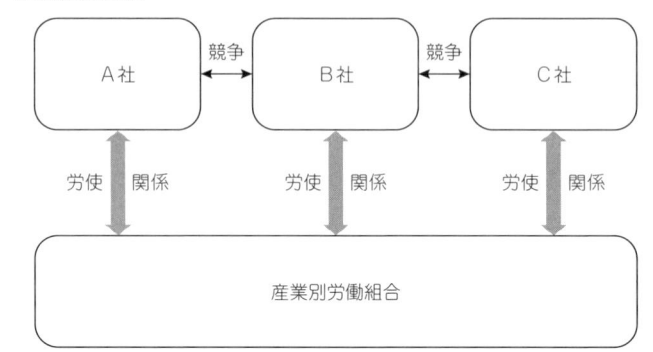

産業別労働組合

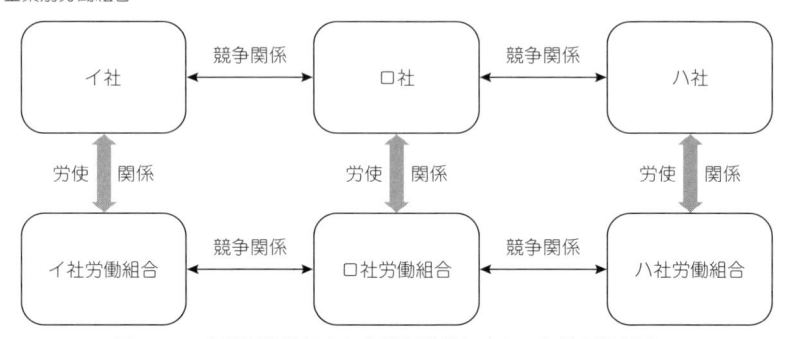

企業別労働組合

図 7 - 1　産業別労働組合と企業別労働組合との組織形態相違

出所：伊藤（2019）。

ラーとホワイトカラーの処遇格差が大きかったことから，戦後，企業内部の職工身分差別の撤廃をもとめる労働者意識が強かったことです（第 6 章参照）。

（ 2 ）戦後日本社会のライフコースと労働組合運動

　日本でも労働条件の改善を求める労働者の闘争には長い歴史がありますが，労働組合運動としての歴史は日本の近代資本主義の基盤が確立した明治以降のことです。しかし，戦前の労働組合の歴史は軍国主義と日中戦争，太平洋戦争によって終止符が打たれました。労働組合運動が息を吹き返したのは敗戦後のことです。GHQ の占領下，労働組合法が1945年12月に制定され，翌46年 3 月

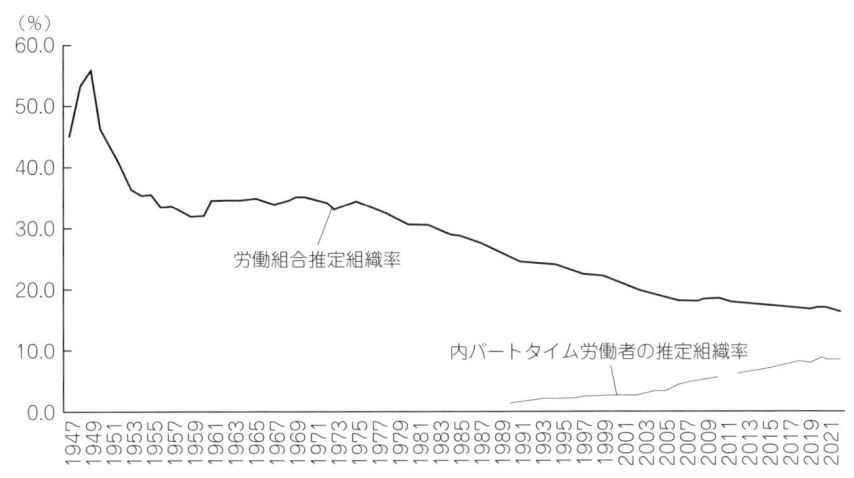

図 **7 - 2**　**労働組合推定組織率の推移（1947－2022年）**

注 1 ： 1952年以前は単位労働組合員数を用いて計算されている。
　　 2 ： パートタイム労働者の推計組織率は2012年までは旧定義，2013年からは新定義によるもの。
出所 ： 労働政策研究・研修機構 HP より。

に施行されました。労働組合法および日本国憲法の施行によって，日本で初め
て労働組合の法認と労働三権が確立しました。戦後日本は50％を超える労働組
合組織率で幕を開け（図7-2），労働組合運動は戦後日本社会において大きな
影響力を持ちました。

　図 7 - 3 は，男性標準労働者（学校卒業後同じ企業に勤務し続けている労働
者）の賃金カーブです。賃金が年齢とともに上昇しているのがわかります。こ
の賃金の上がり方は男性のライフ・ステージを前提としたものです。20歳前後
では単身者賃金ですが，結婚，子どもの誕生，子どもの成長にともなって必要
となる食費の増加や教育費といったファミリー・イベントに応じて昇給し，
50〜54歳をピークに低下していきます。こうした賃金のありかたを年功賃金と
呼びますが，その土台にあるのは「生計費原則」です。この原則は労働者とそ
の家族の生活を維持できる賃金を確保することを意味していますが，男性を
「一家の稼ぎ手」として位置づけており，女性は対象となっていませんでした。
これは日本独特の考え方ではなく，欧米でも男性が家族を扶養することを前提
にした家族賃金という考え方が長らく影響をもっていました（第 8 章参照）。

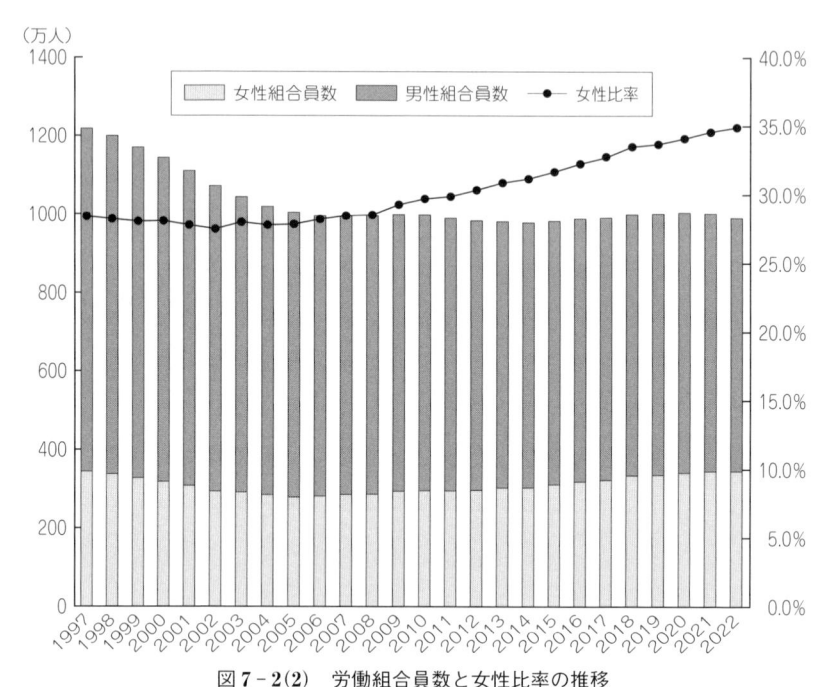

（万人）

図 7 - 2(2)　労働組合員数と女性比率の推移

出所：労働組合基礎調査各年版より作成。

　この年功賃金の考え方の源流は電算型賃金にあると言われています。電産型賃金とは1946年に日本電気産業労働組合（電産）が要求した「生活給賃金（最低生活保証賃金）」のことです。餓死と隣り合わせの戦後の混乱期に，電力労働者は賃金に安定的な生活保障の機能を見出し，年齢や家族構成ごとの詳細な生計費調査に基づき賃金制度を作成したのでした。電産はこの賃金制度の実現をかかげ使用者との団体交渉に臨みましたが，労使交渉は幾度も決裂し，電産は 5 分間という短時間ながら電気を停止させるストライキをおこないました。この事態に GHQ も驚き，中央労働委員会の仲介もあり，使用者側も電産型賃金を受け入れました（伊藤 2019）。

　その後，電産型賃金は労働組合運動を通じて日本企業に広がり，1955年から始まる「春闘」（企業別組合の交渉力を高めるために毎春に一斉に賃上げ要求を行う運動）は1970年代初頭まで大幅賃上げに寄与しました。年功賃金の考え

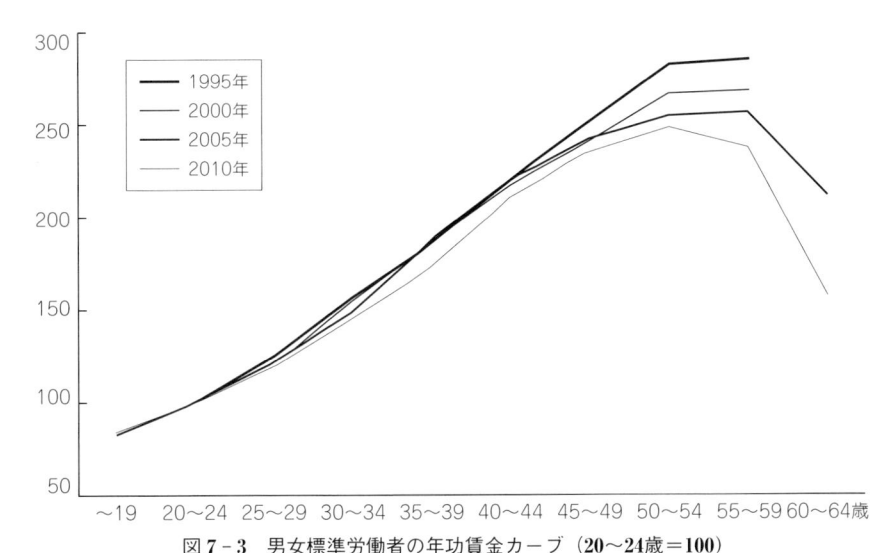

図7-3　男女標準労働者の年功賃金カーブ（20〜24歳＝100）

注1：標準労働者とは学校卒業後直ちに企業に就職し，同一企業に継続勤務しているとみなされる
　　　労働者のこと。
　2：数値は，産業計の男性労働者による所定内給与を中学卒，高校卒，高専・短大卒，大学卒を
　　　それぞれのウェイトで合算し，学歴計としたもの。
出所：厚生労働省（2011：231）。

方の根底にあった「男性が家族を養う」という価値観を会社組織全体で共有することにもつながり，正社員としての男性の標準的なライフコースを定着させることになりました（第8章参照）。一方，労働組合の在り方としても，企業別組合は男性正社員による，男性正社員のための，組織運営のありかたにさほど疑問を持つことはありませんでした（第6章参照）。その結果，女性労働者の課題を周辺化し，パート，アルバイト，派遣労働者などの非正規雇用労働者や外国人労働者を排除することにもつながりました。これら企業別組合から排除された人たちにとって，地域や職種，雇用形態にかかわらず一人で加入できる個人加盟の労働組合が存在感を増している理由です。

　興味深いことに，「男性が稼ぎ家族を養う」という考え方に疑問符を付けたのも労働組合運動でした。実は日本の育児休業制度の出発点は1965年，電電公社（現：NTT）とその従業員の労働組合である全国電気通信労働組合（全電通）との間に取り交わされた育児休職協約です。この労働協約は子どもの2歳

になるまでの休業とその後の職場復帰を定めた協約で，女性を対象としていた
という点を除けば，現行の育児休業制度の土台となる画期的な制度でした。自
動ダイヤル化で電話交換手のリストラを進めようとする電電公社に対し，全電
通は男女がともに組織をあげてこの制度の協約化を目指しました。女性が出産，
育児を経ても働き続けられる職場の確立と，育児休職の制度化を前提に欠員を
組み込んだ職員体制を維持し女性の職場を守るという両面作戦だったのです
（萩原 2008）。この協約化後，育児休業の制度化が企業に広まり，国も法整備に
乗り出し，現行育児休業制度として多くの人に受け入れられているのです（第
8章参照）。

（3）三者構成原則と産業民主主義

　労働組合は労使関係だけでなく，広く労働関連の政策決定プロセスにも組み
込まれています。たとえば最低賃金の決定には弁護士や大学教員からなる公益
委員，使用者の代表である使用者委員，そして労働者の代表である労働者委員
からなる審議会で決定されています。まず中央最低賃金審議会で最低賃金額の
目安を決定し，その額を目安に各地方最低賃金審議会で都道府県毎の最低賃金
水準を決定するのです。

　これを三者構成原則と言います。労働関係の立法・政策決定プロセスで三者
構成原則を前提とするのは以下のような考え方があるからです。労働者と使用
者は労働力取引の当事者です。しかし，労使二者は本質的に利害が相対立して
いるだけでなく，せっかく労使が合意してもそれを守らない行動に出る可能性
もあります。そのため，労使間の利害対立を調整し，さらに労使間での合意事
項を法的関係として強制力を持たせる存在が必要になります。それが政府（国
家）を含む政労使による三者構成，あるいは公益，使用者，労働者という三者
構成になります（濱口 2008）。

　この三者構成には特徴があります。通常，議会制民主主義のもとでの立法・
政策決定のプロセスには選挙で選ばれた議員が参加，決定されます。しかし，
労働関係の立法・政策決定プロセスでは当事者の意見を反映させなくてならな
い，という認識を背景に，選挙によって選ばれていない労働者側，使用者側が

立法・政策決定プロセスに参加してきました。このように，労働組合を社会全体の意思決定過程における不可欠の構成メンバーとして組み入れていることを産業民主主義とも呼んでいます（第 6 章参照）。今から100年以上前の1897年，労働組合の研究をテーマに出版したイギリスのウェッブ夫妻の著書『産業民主制論』が用いた言葉です。産業社会の変化とともに産業民主主義の解釈も変化していますが，経営者との関係や労働立法・政策決定において労働者の発言力や参加を強化していくことを目指すものです。

　産業民主主義と三者構成原則の下では，国による法律，使用者による就業規則，労使交渉での合意や取り決めである労働協約はどのような関係にあるのでしょうか。

　労働基準法第 1 条では「この法律で定める労働条件の基準は最低のものであるから，労働関係の当事者は，この基準を理由として労働条件を低下させてはならないことはもとより，その向上を図るように努めなければならない」としています。つまり，第 1 に法律で定めている労働条件は最低限の基準であり，これを下回る労働条件は違法であること，第 2 に「労働関係の当事者」である使用者と労働組合は法律で定めている労働条件を上回るよう努力しなくてはならないことを言っています。

　最低賃金でいえば，使用者は国が定めた最低賃金を下回る賃金設定はできません。しかし，最低賃金を上回る水準を使用者と労働組合が話し合って決定することはできます。この使用者と労働組合の交渉によって決定された内容は，労働協約とよばれ，最も強い効力を発揮します。労働基準法では一日 8 時間労働としていますが，労働協約がこの基準を上回る 7 時間と取り決めた場合，その職場では労働協約の労働時間が最優先されます。その会社の就業規則も 7 時間より長くすることはできません。国は労働基準の最低限を取り決め，それを上回る労働条件を使用者と労働者の交渉と労働協約によって決定します。このようにして，産業民主主義のもとで，労使自治が機能するのです。

3. 社会的正義を求める運動の展開——米の労働組合運動から

（1）高まる労働組合への関心——UAW ストから

　労働組合の組織率が低下しているのは日本だけではありません。多くの先進国で労働組合の組織率は長期的に低下する傾向にあります。主な理由として，産業構造の変化によって伝統的に労働組合の地盤だった製造業が縮小したこと，組織化しにくい非正規雇用労働者や外国人労働者の増加，個人自営と分類される「労働者」の登場，雇用者総数の増加と経営側の反労組対策の巧妙化が挙げられます。

　ところが，組織率の低下とは別に，国際的にみると，労働組合への支持や関心が高まっています。その代表的な事例がアメリカです。アメリカの組織率は2022年，10.1％と過去最低を記録し，約40年前の半分になっています。しかし，ギャラップ世論調査（MacCarthy 2023）によれば，アメリカ人の約70％が労働組合を支持しています。リーマンショック後の2009年の最低値48％から急上昇しました。

　この変化を象徴するのが，2023年9月15日から10月30日まで46日間にわたって米・三大自動車メーカーに対して UAW（全米自動車労組）が行ったストへの反応です。三大自動車メーカーとは GM，フォード，ステランティス（旧クライスラー）のことです。この三社は2008年のリーマンショックによって経営危機に陥りました。なかでも，GM とクライスラーは2009年に経営破綻し，アメリカ政府が税金を投入し，再建させた経緯があります。その際，UAW は労働者の労働条件を大幅に切り下げようとする三社に対抗し，デモ行進などを通じて市民の共感に訴えましたが，税金で救済されてなお労働条件を維持しようとする労働組合の姿勢は多くの市民からの支持を得ることはできませんでした。

　その後，3大自動車メーカーは売上高や利益率ともに回復し，CEO の報酬は2013年から2022年にかけて約40％大幅に増加しました。それに対して，自動車製造労働者の平均実質時給は2008年以降，約20％減少し，労働者はインフレによる生計費の高騰にさらに苦しめられる状況に陥っていました（Hirsh 2023）。

2023年に UAW 会長に就任，労働協約の交渉とストを指揮したショーン・フェイン氏は労働者の賃金の300倍にのぼる経営幹部の報酬を批判し，今回のストの意味を「ただの賃上げ闘争ではなく，ビリオネア（億万長者）と労働者との階層闘争だ」（日本経済新聞，2023年10月12日夕刊）と語っています。

　一部の経営者や階層に富が集中するアメリカの格差社会への挑戦という強いメッセージを掲げた UAW のストは，市民の共感を呼び，ギャラップ世論調査でも75％が「支持」と回答しました。ストとその後の交渉を経て，UAW は4年間で約25％の賃上げ，生活費調整の再導入，年金や健康保険などの企業福祉の充実を勝ち取りました。金融危機後に採用した労働者の賃金など労働条件を金融危機前に採用された労働者よりも低く設定する2階層労働条件を撤回にも成功しました。リーマンショック後に締結した労働協約の最も不公平な部分を解消させたのです。

　同時期の2023年7月，全米俳優組合も映画会社を相手にストライキに突入しましたが，ギャラップ世論調査ではやはり70％近い人たちが「支持」しました。11月に両社は合意，動画配信サービスによる報酬の引き上げや，生成 AI による映画作成の規制などが取り決められました。2021年から2022年にかけて，スターバックスやアマゾン，アップル・ストアでも相次いで労働組合が誕生しました。これらは労働組合の結成は難しいといわれてきた職場です。物価上昇による生活水準の低下だけでなく，コロナ禍を通じて社会を維持する労働者の存在や労働組合の意義が社会的に認識されたことが背景にあります。

（2）社会的正義の実現へ──コミュニティと労働組合との共闘体制

　労働条件の維持向上は，労働組合の目的です。けれども，なぜ労働条件を向上させるのか。それは単に自分たちの利益のためだけではなく，差別や格差是正など社会問題の解決や社会的正義の実現につながることを明確にすれば，労働組合の外側にいる人たちも共感し，支援が広がります。また，その目標を達成する運動や活動にはさまざまな組織やコミュニティとの連携・共闘体制が必要です（遠藤・筒井・山崎 2012）。こうした視点に立った労働運動のありかたを社会運動型ユニオニズムと言い，労働組合運動への支持を生み出す土台となっ

ています。

　その代表的な事例が最低賃金15ドルを求めるキャンペーン「ファイト・フォー・フィフティーン（Fight for $15）」です。2012年，ニューヨークで，マクドナルドやピザハットをはじめとするファストフード店で働く100人を超える従業員が生活できる賃金を求めてストを行いました。多くは女性，有色人種や移民労働者です。働いているのに生活保護に頼らざるを得ない賃金の実態を訴えたのです。このキャンペーンに，ファストフードなどのサービス業，ヘルスケア，公共サービスの労働者を組織する「SEIU（全米サービス従業員組合）」を中心に，ニューヨーク最大規模の市民運動団体「ニューヨーク・コミュニティー・フォー・チェンジ」など幅広い市民団体や組織が支援しました。キャンペーンは瞬く間に全米へ，介護や小売店の従業員にも広がっていきました。

　アメリカの最低賃金制度は，連邦最低賃金，州別最低賃金，都市別最低賃金の３層構成になっており，最も高い水準の最低賃金額が当該地域の最低賃金になります。連邦最低賃金は時給7.25ドルですが，このキャンペーンによってロサンゼルス，サンフランシスコ，シカゴなどでは都市別最低賃金が上昇，カリフォルニア，ニューヨーク，ワシントン，マサチューセッツなどは州別最低賃金を15ドル以上に引き上げました。2014年には連邦政府の請負業者に最低賃金10.10ドルを命じる大統領令も出されました。これら最低賃金の引き上げによって労働力人口の16％にあたる2600万人が1500億ドル以上の収入増を実現し，そのうち女性は1300万人，黒人やラテン系，アジア系が1200万人と推計されています（Lathrop et al. 2021）。

　公立学校の教員による労働運動も市民との幅広い共闘体制で成功した例です。アメリカでは義務教育レベルに企業が参入し，公立学校の予算削減や貧富による教育格差が問題となっています。2018年２月，ウェスト・ヴァージニア州で公立学校の教員がストライキに突入し，州内全ての学校を閉鎖しました。教員の給与改善だけでなく，求めたのは予算不足で劣悪の一途をたどる学習環境の改善でした。ウェスト・ヴァージニアでは公務員にスト権はなく，いわば「違法ストライキ」でしたが，保護者をはじめ多くの市民の支援を得て，教員を含

む公務員給与の引き上げに成功しました（McAlevey 2020）。

この後，教員の処遇改善と学習環境の改善を求める教員ストは全米 8 州に広がりました。ロサンゼルスでは教員が学校ごとに保護者との地道な話し合いを重ね，保護者の支援をバックに，労働条件の改善だけでなく，学習環境改善，学校の「緑地化」などコミュニティにとっての公教育の価値をあげることに成功しています。

おわりに――権利を生み出す原動力と未来の歴史へ

現在，私たちは 8 時間労働制など多くの権利に守られながら働いています。しかし，この権利は先人たちの平和で豊かな社会を築く努力と労働組合に参加した労働者が長い年月をかけて形作ってきた権利です。労働者を取り巻く権利は，ただわたしたちの眼前に「ある」のでなく，歴史の中から生み出された権利なのです。

イギリス労働組合の歴史は労働者の力を弾圧しようとする政府との闘いの歴史でもありました。1799年に制定された団結禁止法は労働組合の活動を刑事罰（犯罪行為）の対象としました。労働組合によるストライキも1875年不法共謀・財産保護法で刑事罰の対象外とされるまで刑事罰の対象でしたし，1901年にはストライキによって生じた損害を労働組合に民事上の賠償を負わせるというタフベール判決によって，労働組合のスト権を規制していました。労働組合に対する弾圧を巻き返すため，イギリスの労働組合は1900年に後のイギリス労働党となる政党を組織し，議会へ進出，1906年に労働争議法成立させました。こうしてようやく団体交渉（集合取引），相互保険，スト権を確立したのです（小宮 2001）。

アメリカでは1890年のシャーマン反トラスト法が労働組合をトラストの一つとして規制し，労働者による労働組合運動の封じ込めを計っています。アメリカで労働組合が法認されたのは，世界恐慌後の1935年ワグナー法（全国労働関係法）を待たなくてはなりませんでした（濱口・海老原 2020）。

これら世界史規模での労働組合の法認・制度化に大きな役割を果たしたのが

ILO（国際労働機関）です。1919年の設立時に採択された ILO 憲章は「世界の永続する平和は，社会正義を基礎としてのみ確立することができる」と謳い，労働条件向上や貧困の撲滅を通して社会正義を基礎とした世界平和の確立に寄与することを掲げています。

その後，ILO は第 2 次世界大戦末期の1944年にフィラデルフィア宣言を採択し，次のように記しています。「(a)労働は，商品ではない。(b)表現及び結社の自由は，不断の進歩のために欠くことができない。(c)一部の貧困は，全体の繁栄にとって危険である。(d)欠乏に対する戦は，各国内における不屈の勇気をもって，且つ，労働者及び使用者の代表者が，政府の代表者と同等の地位において，一般の福祉を増進するために自由な討議及び民主的な決定にともに参加する継続的且つ協調的な国際的努力によって，遂行することを要する」。

ILO は21世紀の労働に向け，1999年の総会で「ディーセント・ワーク」の実現を提唱しました（ILO 2000）。ディーセント・ワークとは「働きがいのある人間らしい仕事，より具体的には，自由，公平，安全と人間としての尊厳を条件とした，全ての人のための生産的な仕事」のことです。権利を生み出す原動力は，人間らしい働き方をしたいという労働者の根源的な要求に根ざしています。もちろん，個人ではとても実現できません。だからこそ労働者は団結して，連帯して，要求を実現してきました。皆さんもその歴史を作り上げる未来の労働者なのです。

引用・参考文献

伊藤大一，2019，「労使関係」石畑良太郎・牧野富夫・伍賀一道編著『よくわかる社会政策 第 3 版』ミネルヴァ書房.

伊藤大一，2023，「ストライキの社会的意義──そごう・西武とアテネ・フランセを例に」『世界』2023年11月号.

遠藤公嗣・筒井美紀・山崎憲，2012，『仕事と暮らしを取りもどす－社会正義のアメリカ』岩波書店.

大阪府関係職員労働組合・小松康則編，2021，『仕方ないからあきらめないへ──コロナ対応最前線 大阪府の保健師，保健所職員増やしてキャンペーン』日本機関紙出版センター.

木下武男，2021，『労働組合とは何か』岩波新書.

伍賀一道，2023，「コロナ禍の働き方・働かせ方をめぐって――「雇用によらない働き方」を中心に」『労働総研クォータリー』124：2-26.

厚生労働省編，2011，『平成23年版労働経済の分析』厚生労働省.

小宮文人，2001，『イギリス労働法』信山社.

西谷敏，2020，『労働法 第 3 版』日本評論社.

萩原久美子，2008，『「育児休職」協約の成立――高度成長期と家族的支援』勁草書房.

濱口桂一郎，2008，「労働立法プロセスと三者構成原則」『日本労働研究雑誌』571：12-16.

濱口桂一郎・海老原嗣生，2020，『働き方改革の世界史』ちくま新書.

兵藤釗，1997，『労働の戦後史〈上〉』東京大学出版会.

Hirsh, Adam, 2023, "UAW-automakers negotiations pit falling wages against sky-rocketing CEO pay", Economy Policy Institute.
https://www.epi.org/blog/uaw-automakers-negotiations/（2024年 1 月18日アクセス）

ILO, 2000，『第87回 ILO 総会事務局長報告　ディーセントワーク』ILO 東京支局.

Lathrop, Yannet., Lester, T. William., and Wilson, Matthew, 2021, *Quantifying the Impact of the Fight for $15: $150 Billion in Raises for 26 Million Workers, With $76 Billion Going to Workers of Color*, National Employment Law Project.
https://www.nelp.org/publication/quantifying-the-impact-of-the-fight-for-15-150-billion-in-raises-for-26-million-workers-with-76-billion-going-to-workers-of-color/（2024年 1 月18日アクセス）

MacCarthy, Justin, 2022, "U. S. Approval of Labor Unions at Highest Point Since 1965" Gallup.
https://news.gallup.com/poll/398303/approval-labor-unions-highest-point-1965.aspx（2024年 1 月18日アクセス）

McAlevey, J., 2020, *A Collective Bargain: Unions, Organizing, and the Fight for Democracy*, Ecco.

（伊藤大一）

第8章

理想のライフコースは実現できるか
——就労とケア——

はじめに——子どもができても，ずっと職業を続ける方がよい？

　「女性が職業を持つことについて，あなたはどうお考えですか」。これは内閣府が数年おきに実施している「男女共同参画社会に関する世論調査」の質問項目です。2022年の結果では，「子どもができてもずっと職業を続ける方がよい」との回答（59.5％）が「子どもができたら職業をやめ，大きくなったら再び職業を持つ方がよい」（27.1％）を大きく上回りました。「子どもができてもずっと職業を続ける方がよい」との回答が男女ともに最も多くなったのは2004年のことです。以来，女性が働き続けるライフコースへの支持が一貫して増え続けています。

　私たちの人生には年齢やそれに応じてのライフイベントのタイミングがあり，そのタイミングとともに，これまでとは異なる役割への移行を経験し，その役割に応じた活動や労働を遂行していくことが求められます。同じタイミングで一時に複数の役割が競合することもあります。特に子育て期では男性は「職業人」であり，家では「夫」「父」であり，女性もまた「職業人」「妻」「母」としての役割に応じた複数の労働が求められることになります。晩婚・晩産化が進む現在では子育て期に，「娘」「息子」として親の介護を担うダブルケアのケースも増えています。

　競合する役割の調整は，競合する複数の労働の調整でもあります。この競合する労働を日本社会はどのように編成し，男女のライフコースを形作ってきたのでしょうか。本章は無償労働と有償労働（後述）をキーワードに，男女の就労パターンの変遷，役割と労働時間，労働の調整をめぐる制度・政策の課題を

取り上げて考えていきます。

　ところで，先の調査はなぜ女性に関してだけ職業継続の是非を質問するのでしょうか。1950年代後半から60年代にかけて欧米でベストセラーになり，スウェーデンをはじめ戦後の女性政策に影響を与えた『女性の二つの役割』という本があります。その中で，著者のアルヴァ・ミュルダールとヴィオラ・クラインは，女性にのみ職業継続の意思を問うのは夫が妻を養っていることを前提にしているからであって，不当な質問だと批判しています。では，うかがいます。あなたは「男性は子どもができたら職業をやめ，大きくなったら再び職業を持つ方がよい」ですか。それとも「男性は子どもができてもずっと職業を続けることがよい」でしょうか。

1．「理想のライフコース」をめぐる労働の実情

（1）男女の就労パターン

　結婚という言葉からどんなライフコースを連想しますか。結婚しないで働き続ける「非婚就業」，それとも「専業主婦／夫」でしょうか。国立社会保障・人口問題研究所「第16回出生動向基本調査（独身調査）」によれば，2020年代の未婚女性（18〜34歳）が選ぶ理想のライフコースの第一位は家庭／育児と仕事の「両立コース」（34％）です。未婚男性（18〜34歳）がパートナーに望む理想のライフコースも「両立コース」（39.4％）です。2010年代には男女ともに一番人気だったのは，結婚・出産で離職，子育て一段落後に仕事を持つ「再就職コース」だったことを考えれば，現代の人生設計に女性の就労継続がますます重要な要素になってきたことがわかります。

　高校や大学での教育期を終えた後，働き始め，そのまま高齢期になるまで働き続ける。この就労パターンは日本をはじめ先進諸国では男性の一般的な就労パターンです。年齢階層別の労働力率で見ると，教育期の終了時期にあたる20〜24歳で労働力率がぐっと上昇し，そのまま労働力率は高いまま維持され，65歳以上の高齢期に下降していきます（図8-1(1)）。「両立」しているかはともかく，男性は働くのです。

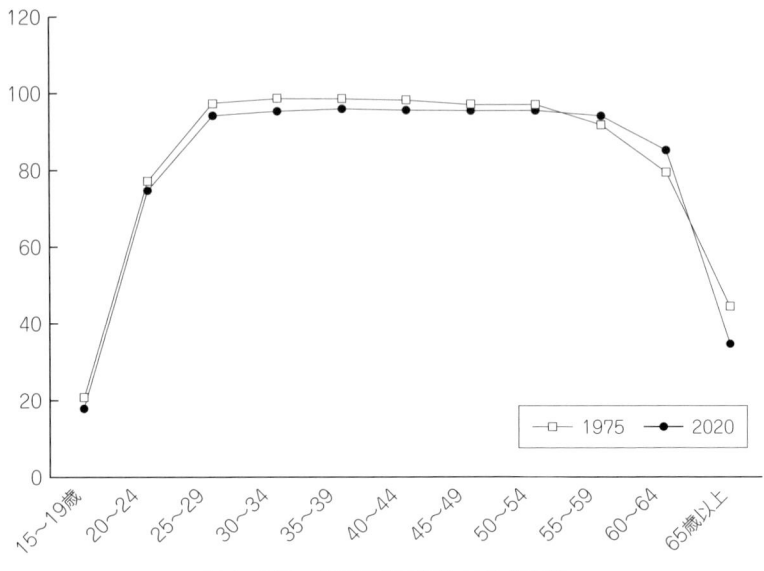

図8-1(1)　年齢階級別労働力率（男性）

出所：労働力調査。

　一方，日本の女性の働き方は「M字型カーブ」に特徴があるとされてきました。年齢階級別で見たときの女性の労働力率が結婚・出産年齢にあたる30歳前後に落ち込んでいき，育児がひと段落した40歳前後から再度，上昇するというパターンを描くからです（図8-1(2)）。欧米でもかつては出産・育児期以降，就労することをやめてしまうパターン（L字型）や出産・育児期に仕事をやめ再就職するパターン（M字型）を描く時代がありました。しかし，北欧，フランスでは1980年前後に，英米では1980年代後半にこのパターンを脱却し，男性と同様の台形を描く「女性は働く」社会へと移行しました。先進諸国の動向から見ると日本は性別で異なる就労パターンを根強く維持してきた国なのです。

（2）日本社会とM字型カーブ

　M字型就労パターンは昔から続いてきた女性の働き方ではありません。女性全体の労働力率は1950年代から1960年代初頭まで55％前後で推移していました。この数値は2020年前後の女性の労働力率とほぼ同レベルです。女性は働いてい

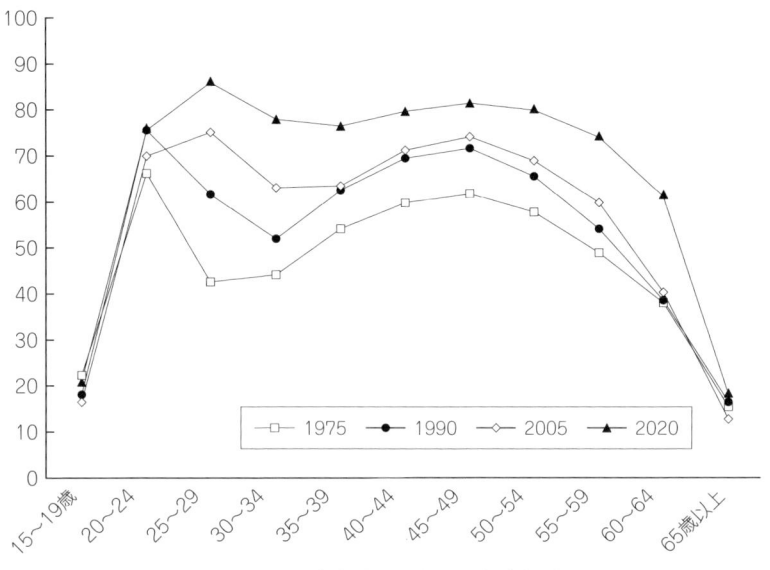

図8-1(2)　年齢階級別労働力率（女性）

出所：労働力調査。

たのです。しかし，女性の労働力率は1970年代半ばまで一貫して低下していきます。ひとつには農業や自営業の家族従事者が減少したことです。一方，工場・会社で雇用されて働く女性が増加しましたが，高度成長期に企業で結婚退職制度や出産退職といった雇用管理が広まったからです（大森 2021）。その結果，結婚・出産を機に退職する／退職させられる女性が増加したことも労働力率の低下につながっています。

　それとともに，高度成長期にはブルーカラー，ホワイトカラーを問わず，いわゆるサラリーマンの所得が上昇し，「夫が稼ぎ，妻は家事・育児」という家族生活を維持する経済的基盤が確保できたことも見逃がせません。特に大企業を中心に，結婚や子どもの誕生，進学といった家族のライフイベントにあわせて賃金が上昇する給与体系やマイホームの取得を促す企業内福利が整備されました。戦後復興期から高度成長期へと至るまでの貧しさや労働の厳しさを知る若い女性にとっても，戦前は高所得層や経済的に余裕のある中間層の女性にしか許されなかった「専業主婦」は戦後の豊かで新しいライフスタイルとして受

け入れられ，大衆化していったのです（落合 2019）。

　ただし，同時期に，結婚・出産を経てなお働くライフコースを目指した女性たちもいました。キャリアや就労継続を目指して地域の保育所作りや職場の両立支援制度の整備を進めた多くの女性たちがいたことは記憶しておくべきでしょう（浅倉ほか 2018）。この潮流が後の男女雇用機会均等法，育児介護休業法の施行につながっていくからです。

　さて，こうしてM字型就労パターンは団塊の世代（1946-50年生）を中心に定着していきます。1975年には女性の労働力率は45.7％と戦後最低となり，M字の底も最も深くなります。しかし，この時期から女性全体の労働力率はゆっくりと上昇し，M字の底が徐々に上がっていきます。1970年代初頭のオイルショックによって高度成長期から低成長期へと移行した日本社会では，物価高への家計対応や生活水準の維持のために，女性たちは結婚・出産でいったん「専業主婦」になるけれども，子どもの手が離れたら「主婦パート」として再就職するライフスタイルが広がっていくのです。

（3）政策が誘導する男女のライフコース

　1980年代に定着した「再就職コース」「主婦パート」は女性が積極的に望んだものだったのでしょうか。女性の就労パターンの変化を考える時，日本社会がどのように性分業を維持してきたのかを見る必要があります。性分業とは，男性は会社で稼ぎ，女性は家の仕事をするなど性別によって仕事や労働を割り当てることです。その性分業を推し進める力として，ここでは政策に着目します。

　戦後復興から高度成長期へと移行する過程で，日本で年金・医療を中心に社会保障の整備が進みます。1970年代にはすでに急速な高齢化への対応が問題となっていたこともあり，国はさらなる整備拡充に向け，1973年に「福祉元年」を宣言します。ところが，それもつかの間，オイルショックでの景気後退を受けて，緊縮財政を余儀なくされ，福祉予算の削減が課題となりました。当時の政権与党，自由民主党は『日本型福祉社会』『家庭基盤の充実に関する対策要綱』（1979年）を発表します。日本型福祉社会は安定した家庭，企業や地域によ

る福祉を基盤とし，それで対応できない場合にのみ国家が対応するのだという福祉構想です。その構想において同居家族，特に女性は福祉の担い手であると位置づけられます。日本の安定的福祉供給の基盤には家庭で育児・介護を無償で担う女性の存在があるとしたのです。

　これを受け，1980年代，サラリーマンの専業主婦世帯を支援する政策が登場します。税制では配偶者控除の拡大，配偶者特別控除の導入が行われます。妻の年間給与額が「夫が妻を扶養している」と認められる範囲であれば，夫の給与に税控除が適用される制度です。サラリーマンへの減税措置ではありますが，見方を変えれば，妻が有償労働を抑制する動機になります。この税控除の範囲内で働けば，夫の所得は減税，世帯としては妻の収入分が増えるからです。しかも，「扶養家族」であれば保険料を払わなくても夫が加入している健康保険の適用がなされます。さらに年金制度にも新たに第三号被保険者制度が導入されました。配偶者の年間給与額が「扶養している」と認められる範囲であれば，会社員・公務員の配偶者を持つ人は自分で年金保険料を支払わなくても国民年金を受け取れる制度です。

　これらの税制，年金制度を背景に，使用者側にとってみれば，主婦パートは夫に養われており，年金や医療の社会保険料を負担しなくていい，安価な労働者になります（本田 2010）。異動や残業もいとわない能力を備えた男性正社員（第5章参照）と違って，主婦パートは家事に育児，介護にと時間的空間的に拘束的されており，家計補助的な働き方を望んでいる労働力だ――。そんな使用者側の解釈は正社員とは異なる労働力として，非正規雇用の低処遇や正社員との労働条件の格差を正当化する論理のひとつにもなっていきます（第5章参照）。

　これら一連の「男性稼ぎ主型」を維持する政策は男女の就労とライフコースに影響を与え，ジェンダー平等の実現を遠ざけていきました（大沢 2020）。既婚女性が正社員として復職したいと思っても，勤続年数や男性が家族を養うという価値観が影響する賃金体系では夫と同じ程度稼げるわけでもなく，思うような求人もないために，「主婦パート」へと誘導されていきます。稼ぎ主として社会的にも政策的にも位置づけられた男性正社員の「過労死」が認知されるようになったのも1980年代のことです（森岡ほか 2019）。

（4）M字型就労パターンの解消を読む

　1980年代に展開された政策の根底にあるのは「夫は働き，妻は家事育児」という伝統的な性分業観です。ところが，この同じ時期に，雇用における男女の均等待遇を目的とする男女雇用機会均等法が施行されます（1986年）。同法により，結婚・出産による退職制度，女性の若年定年制は禁止され，1992年に施行された育児休業法によって育児期の就労継続が実現可能な選択肢となりました。女性の就労に関して異なるベクトルを持つ政策が並列したまま，90年代後半，バブル崩壊後の「失われた10年」を迎えることになります。

　「夫が稼ぎ，妻は家事育児」という性分業家族は経済的に非現実的なライフスタイルとなり，共働き世帯数が専業主婦世帯数を超え，共働き世帯が主流となっていきます。未婚率の上昇，晩婚化もあり，徐々にM字の底が引き上げられ，2020年代に入って女性の労働力率が台形に近づいてきたのです。

　では，M字型就労パターンの解消は女性が働きやすい社会へと向かっていることを意味するのでしょうか。ここは慎重に検討する必要があります。労働力率が描くカーブの中身を労働力調査から確認してみましょう（図8-2）。2022年段階の男性全体の労働力率は71.4%です。若年層で「パート・アルバイト・その他」が厚みを増していますが，どの年齢階級でも25歳から54歳までの男性のほとんどが正社員です。

　一方，女性全体の労働力率は54.2%です。年齢階層別での労働力率は台形に近づいています。しかし，ここには二つの特徴があります。第一に，この労働力率カーブには，正社員が出産・育児期に就労から離れてしまうL字型カーブが埋め込まれることです。第二に，女性労働者の二人に一人が非正規雇用です。女性の労働力率の上昇は女性の非正規雇用化なのです。

　加えて，正社員の男性の賃金（月額）を100とすると正社員の女性で約4分の3，非正社員の女性では約半分です（賃金構造基本統計調査，2020年）。正社員と非正規雇用労働者との間には職場の身分制と呼ばれるほど賃金の格差があります。非正規雇用労働者に対する不合理な待遇差が禁止されてはいるものの（労働契約法，パートタイム・有期雇用労働法），同じ職務についていても，手当などの労働条件，福利厚生の差も解消していません。

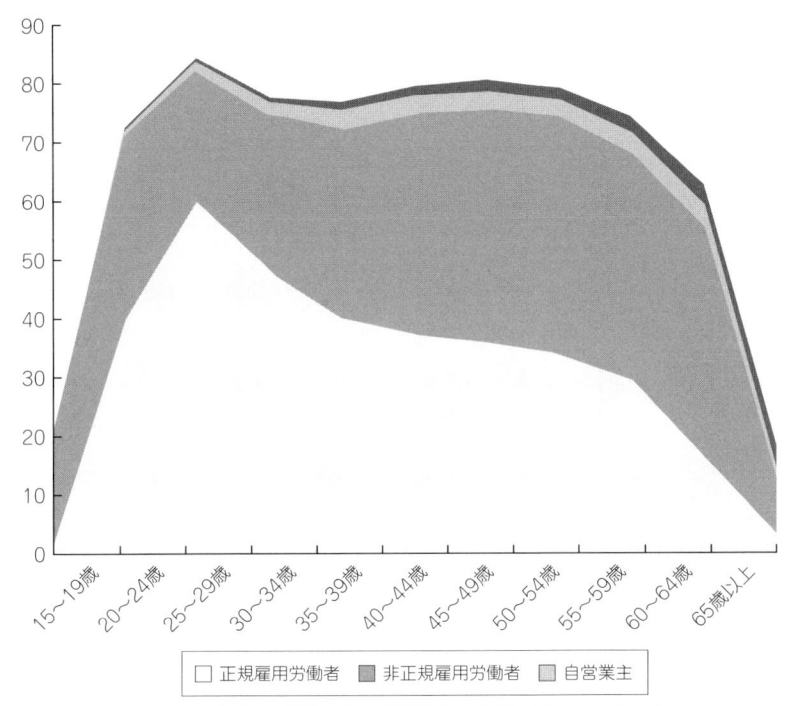

図 8 - 2　年齢階級別で見た就業形態の内訳（女性・2022年）

出所：労働力調査。

　就業形態の性別構成もほとんど変化していません。男女雇用機会均等法が施
行された1986年以降，正規雇用の性別構成は男性約70％，女性約30％，非正規
雇用の性別構成は男性約30％，女性約70％のまま推移しています。非正規雇用
はその間，約700万人から約2100万人へと増加したにもかかわらず，です。「再
生産労働（筆者注：無償の家事労働，出産，育児）を事実として担っている者，
担うとみなされている者が正社員から排除されていった」（三山 2011：46）の
です。

　これら「男性稼ぎ主型」を維持する政策の枠組みを維持したままの均等法体
制は今なお根強く維持され，男性の就労パターンは「生涯フルタイム」で変わ
らず，女性のライフコースは雇用の場での男女格差を前提にした「両立」コー
ス，「再就職」コース，「非婚就業」コースへと多様化したというのが実情です。

2．"労働"時間と役割——その不協和音とジェンダー

（1）日本の労働時間——有償労働と無償労働

　一般に，労働，働くというと，私たちは会社で雇用される，お金を稼ぐことを連想します。けれども，私たちの生活は賃金が支払われる労働（有償労働／ペイドワーク）だけでなく，私たちの生活の維持や豊かな人間関係の形成，コミュニティの存続，ひいては将来にわたっての社会の維持にとって欠かせない労働があります。育児，介護，看護などのケア，日々の家事，町内会の活動やNPOでの活動であり，これらの多くは賃金が支払われない労働（無償労働／アンペイドワーク）です。

　では，社会は賃金が支払われる有償労働（ペイドワーク）と賃金が支払われない無償労働（アンペイドワーク）をだれに，どのように割り振っているのでしょうか。共働き世帯が主流となった現在，この二つの労働を家族や個人はどのように調整し，どのように担っているのでしょうか。

　生活時間の国際比較から，日本の特徴を見てみましょう。OECD が15〜64歳の男女を対象に生活時間の国際比較のデータをまとめています（表8-1）。週全体の平均で1日あたりの有償労働／無償労働にかける時間を見たものです。

　有償労働時間の OECD 平均（1日）は男性317分，女性218分です。これに対し，日本は男性452分，女性272分で，平均を大きく上回っています。一方，無償時間の OECD 平均は男性136分，女性262分なのに対し，日本の男性は41分という短さです。しかも，女性の無償労働時間（224分）は男性の5.5倍に上ります。各国と比較しても，無償労働時間の男女格差が際立って大きいのがわかります。

　日本での状況をさらに，6歳未満の子どもをもつ男女の1日の労働時間（週全体平均）で確認してみましょう（表8-2）。1日の仕事時間では，専業主婦世帯の夫439分，共働き世帯の夫441分，妻214分となっています。一方，共働き世帯の夫（96分）の1日の家事育児時間は専業主婦世帯の夫（87分）よりも10分程度，長いだけです。仕事時間と家事・育児時間を有償労働時間と無償労

表 8 - 1　国際比較　無償労働時間と有償労働時間（1 日当たり，週全体平均）

無償労働時間（分）

	女性	男性	差
日本	224	41	183
韓国	215	49	166
フランス	224	135	89
アメリカ	271	166	105
ドイツ	242	150	92
スウェーデン	220	171	49

有償労働時間（分）

	女性	男性	差
日本	272	452	180
韓国	269	419	150
フランス	175	235	60
アメリカ	247	332	85
ドイツ	205	290	85
スウェーデン	275	313	38

注：無償労働には「家事」「買い物」「世帯員および非世帯員のケア」「ボランティア活動」「家事関連活動のための移動」「その他の無償労働」を含む。
　　有償労働には「有償労働」「通勤・通学」「学校等での授業等」「調査・研究」「求職活動」「その他の有償労働」を含む。
出所：OECD Stat, Time Use（2021.2.18 updated）より作成。

表 8 - 2　6 歳未満の子どもを持つ男女の一日の
労働時間（週全体平均・分）

		仕事	家事・育児	計
専業主婦世帯	夫	439	87	526
	妻	1	522	523
共働き世帯	夫	441	96	537
	妻	214	359	573
ひとり親世帯	男性	465	76	541
	女性	328	237	565

出所：社会生活基本調査（2021）。

時間として合計すると，共働き世帯の妻の労働時間がもっとも長く573分に上ります。

　世帯類型で見ると，ひとり親世帯では，男性の仕事時間465分，家事育児時間76分，女性の仕事時間328分，家事育児時間237分です。日本での労働の配分は男女で差があるだけでなく，子育て世帯では共働きの妻の総労働時間，ひとり親世帯の仕事時間が長いことがわかります。

（2）性分業のリスクとケアの危機

　夫が有償労働を担い，妻が無償労働を担う——。伝統的な性役割規範にのっ

とった家族であっても，夫婦間でお互いに協力し，各々の役割に満足していれば問題ないのではないかと思われたかもしれません。しかし，ここでの問題は無償労働をもっぱら女性が担わせることを前提とする政策，社会が女性に経済的社会的リスクを背負わせていることです。

　女性にとってのリスクという点から考えましょう。第一に，女性の有償労働へのアクセスを制限します。家族の出勤・登校時間にあわせての食事の用意，ゴミ出しの日など一定のリズムでこなさなくてはならない無償労働を担い，育児や介護，看護では時間に関係なく相手のニーズに合わせて対応が求められます。無償労働に費やす時間が多ければ，その分，有償労働に費やす時間は制約されます。勤務地も職種も制約されるでしょう。「主婦パート」の登場と女性の非正規雇用化で見たように，社会は女性全般を制約の多い，使いづらい労働力としてみなし，女性を労働力として低く位置付ける性分業が維持されることにつながっていきます。

　第二に，女性の社会保障は婚姻関係に依存することになります。失業や育児・介護に必要な休業を取得するときの所得保障を受ける雇用保険，病気になった時の医療保険，老後の生活の基盤となる年金保険は原則，保険に加入し，保険料を支払っていることが前提です。2020年段階でもなお夫の扶養家族であることで，妻の社会保険へのアクセスが確保されています。そのため，離婚すれば経済的に脆弱になるだけでなく，年金受給額や社会保障において不利になります。育児や介護を理由とする就労・雇用中断期間を年金受給期間に含めることや，個人として社会保険への加入権を保障することが求められる所以です。

　第三に，日本型福祉社会構想で見たように，育児や介護は個々の家族の責任であり，家庭で女性が引き受けるべきものという考えを打ち出すことで，女性が無償労働を担うことを前提に，国は保育や介護をはじめとするケアの社会的基盤整備を抑制します。発達や教育機会の保障，労働権の保障をはじめとする人権保障に対する公的責任が脆弱化します。

　性分業を前提とした制度や社会は男性の生き方にも跳ね返ってきます。性分業を肯定する価値観は，女性の労働をもっぱら家庭に結び付けるだけでなく，男性の労働をもっぱら職場にのみ結びつけ男性性（男らしさ）を評価すること

につながるからです。職場が男性性を発揮する場である以上,「男性は女性よりも優位に立たねばならず,男性は職場を優先すべきだ」という価値観が男性同士を互いに縛りつけます。過労死者数のみならず,自殺者数も女性より男性の方が圧倒的に多いのです。厚生労働省「自殺の統計」(2022年)によれば30歳から60歳未満の自殺原因の上位三つは「健康問題」(27.5%)に続いて,「経済・生活問題」(24.6%),「勤務問題」(17.1%)です。

「家事も育児も介護も妻任せ」にできる時代でもなくなっています。国立社会保障・人口問題研究所は2030年には50歳時点で男性の3人に1人は生涯未婚者になると推計しています。介護を担う「息子」「夫」の割合も増加しており,介護離職者約9万9千人(就業構造基本調査・2017年)の4分の1が男性です。

男性の有償労働は,女性がほとんどを担っているケア,無償の労働に依存して成りたってきました。経済活動は,出産,育児という労働力の再生産やケア労働を無償あるいは低コストで利用するがゆえに,有償労働よりも価値の低いものとしてみなしたのです。それが,質の高いケアを提供する力を社会から奪い,介護や保育,看護などの人材不足というケアの危機を引き起こしているのです(Tronto 2013)

3. 労働の調整をめぐる政策と課題

(1) ワーク・ライフ・バランス政策

有償労働と無償労働をめぐる時間的配分やジェンダー不平等がもたらす不協和音は日本のみならず,多くの国で問題となってきました。それでは,政策や企業はどのような労働の調整を提案してきたのでしょうか。そのひとつが1990年代半ば以降,英米の企業から広がった「ワーク・ライフ・バランス」という取り組みです。これは,従業員の職場での労働時間だけでなく,職場以外の時間や活動も尊重する人事労務管理の考え方や働き方の導入のことです。女性の雇用労働力化が進めば,企業は従業員の家事,育児,介護を無視して仕事を割り当てるわけにはいきません。技術革新やグローバル化で「いつでもどこでも」対応を求める働き方やテレワークなどで仕事と家族の区別があいまいに

なっており，企業として休暇制度の工夫や就業時間の柔軟化，仕事の割り当ての見直しを進めることで，だれもが働きやすい職場を目指そうという取り組みです。

　日本では，「ワーク・ライフ・バランス」が英米で企業成長と生産性の向上に寄与したとの評価とともに紹介され，注目されました。さらに，この取り組みは女性が働きやすい職場つくりにつながり，ひいては合計特殊出生率（一人の女性が生涯産む子供の数）の上昇をもたらすとの期待からも関心が高まりました。こうして生産性と合計特殊出生率の向上を目指して，2000年代初頭には政策領域として「ワーク・ライフ・バランス」が登場し（萩原 2009），2007年には政労使合意による「仕事と生活の調和（ワーク・ライフ・バランス）憲章」が策定されました。

　憲章では「ワーク・ライフ・バランス」を「国民一人ひとりひとりがやりがいや充実感を感じながら働き，仕事上の責任を果たすとともに，家庭や地域生活などにおいても，子育て期，中高年期といった人生の各段階に応じて多様な生き方が選択・実現できる社会」と定義しています。この定義に基づいて「行動指針」が策定され，男性の育児休業取得率や年休消化率の目標値を定め，その進捗状況が管理されてきました。経営戦略として取り組む先進的な企業も増えており，厚生労働省のホームページ「女性の活躍・両立支援総合サイト」（https://positive-ryouritsu.mhlw.go.jp/）が参考になります。

　「ワーク・ライフ・バランス」というカタカナ語はわかりやすく，「仕事と家庭の両立を進めること」「仕事だけでなくプライベートの時間が確保されていること」など直感的な理解をしてしまいます。しかし，この用語は有償労働と無償労働の混在・混同，ライフの中に無償労働や余暇の活動などが混在しているといった概念上の課題があり，政策目的にあわせて融通無碍に解釈される問題があることも指摘されています（Gregory 2015）。つまり，「ワーク・ライフ・バランス」には一貫した定義はなく，次々と新しい定義や新たな用語が登場することになります。政府も憲章でのワーク・ライフ・バランスの定義を2020年に見直し，介護と自己啓発という政策課題を加筆して「子育て・介護の時間や，家庭，地域，自己啓発等にかかる個人の時間を持てる健康で豊かな生

活」としました。

　概念上の問題はあるものの「ワーク・ライフ・バランス」という用語が一般に受け入れられたのは，現在の有償労働と無償労働の時間配分のありかたに問題があるからです。無償労働に対する低い経済的社会的評価が個人の目指すライフコースの障壁となり，社会全体の維持再生産に負の影響をもたらしていることのあらわれでしょう。

（2）働き方改革——労働時間の規制と規制緩和の併存

　ワーク・ライフ・バランス政策に続き，登場したのが「働き方改革」です。2018年に休日確保と長時間労働の是正を目的に，労働基準法をはじめとする関連法が一挙に改正されました。

　まず休日確保に関しては，年次有給休暇の時季指定を導入しました。年次有給休暇は年休，有休ともよばれ，半年以上の雇用期間と一定の勤務日数を満たす労働者が取得できる有給での休暇のことです。有給休暇の取得率が低いことから，改正によって10日以上の年休が与えられる労働者に対して，会社側に時季を指定して毎年5日間の年休を取得させることを義務付けました。こうして，年休の取得率は2000年代の40％後半から施行後には50％後半へ上昇しました。けれども，会社から日を指定されて休むことと，働く人が自主的に必要な休日を取得するのとでは意味が異なります。しかも，日本は有給休暇について定めた国際労働機関（ILO）第132号条約を批准できていません。同条約では1年勤務すれば3労働週以上（5日勤務の場合には15日以上）を付与，2労働週以上（10日以上）を連続で取得することを定めているからです。

　長時間労働の是正については，時間外労働に上限規制が定められました。罰則規定もあります。実は日本では長らく残業時間に上限規制がなく，罰則規定がありませんでした。法改正で，月45時間，年360時間を原則としました。一日あたりでは2時間程度の残業となり，この点は前進です。しかし，日本の法律が法定労働時間を越えて働いてもよいとしている問題には踏み込みませんでした。

　労働基準法が定める「法定労働時間」は1日8時間，週40時間です。この通りなら残業が当たり前の職場は違法になるはずです。ところが，労働基準法第

36条は経営者と従業員との間で時間外労働や休日・深夜労働に関する労使協定——いわゆる「36協定」（サブロク協定）を締結すれば法定労働時間を越えて働かせることを認めています。働き方改革で盛り込まれた時間外労働の上限規制とはこの労使協定で決める時間外労働の上限を指しています。実は，臨時的な特別の理由がある場合には「特別条項」の締結によって，時間外労働の上限規制は年間720時間まで，繁忙期には1月100時間未満，6か月までの複数月の平均で80時間まで緩和されます。この水準は過労死の労災認定ラインです。

　働き方改革は労働時間を一切，規制しない働き方も導入しました。「高度プロフェッショナル制度」です。高度専門職で一定以上の所得要件を満たす労働者を，労働基準法で定められた労働時間や休憩，休日・深夜の割増賃金等の規定の対象から外してもよいという制度です。2024年度段階では省令で年収1075万円以上，① 金融商品の開発業務，② 金融商品のディーリング業務，③ アナリストの業務（企業・市場等の高度な分析業務），④ コンサルタントの業務（事業・業務の企画運営に関する高度な考案または助言の業務），⑤ 研究開発業務に限定されています。時間外労働の上限規制もなく，休日・深夜働いても手当は出ない働き方は「働かせ放題」と批判されています（第6章参照）。

　「働き方改革」は長時間労働の是正を目指してはいますが，企業活動の維持と生産性の向上の範囲での労働時間規制という側面があります。有償労働以外の人びとの暮らしに必要な時間を保障するという視点には乏しい改革と言えるでしょう。

（3）両立支援制度の動き——育児休業制度を中心に

　子どもを産み育てる。仕事と育児という二つの労働の調整には，子どもをケアする基盤と子どもとの暮らしを維持する経済的基盤の双方に目を向けなくてはなりません。言い換えれば，ケアから解放されて有償労働に従事することと，有償労働から解放されてケア（無償労働）に従事することとが，同時に親に要求されるからです。この二つの労働を同時に追求する際の矛盾に対して，両立支援制度があるのです。

　妊娠・出産・育児の働き方や健康管理については，労働基準法，男女雇用機

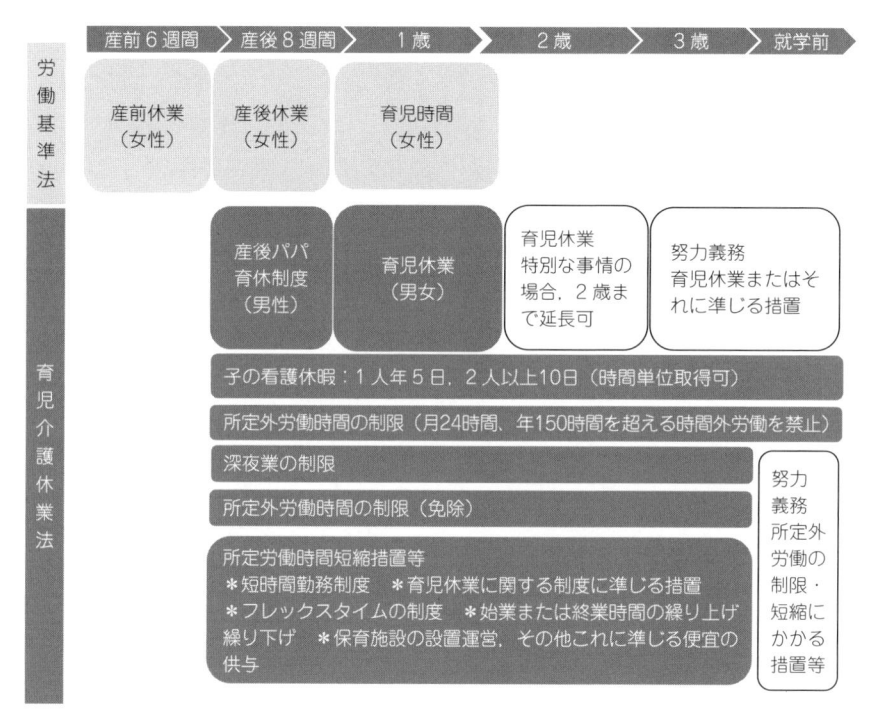

図8-3 両立支援に関する法制度の概要

出所：厚生労働省資料等から作成。

会均等法，育児介護休業法でさまざまな制度や措置が保障されています（図8-3）。特に育児介護休業法を中心に，2000年代以降，両立支援制度の法整備は大きく進展しました。主要な政策的関心は合計特殊出生率上昇にありますが，特に男性の育児休業取得率の上昇はワーク・ライフ・バランス政策の目標にも組み込まれ，推進が図られてきました。育児介護休業法には育児休業制度をはじめ，就学前の子どもをもつ労働者を対象とする看護休暇（年間5日間），3歳未満の子どもをもつ労働者を対象とする時間外労働や深夜労働の制限，1日6時間まで勤務時間を短縮する短時間勤務制度が盛り込まれています。これらの制度を利用するにあたっては本人の申請が必要ですが，法律で定められた労働者の権利です。

　なかでも国が重視してきたのが育児休業制度です。この制度は原則子どもが

1歳になるまで労働者が育児に専念するために取得できる休業です。当初は正社員が対象でしたが，現在は一定の条件を満たせばパート，派遣社員など非正規労働者も対象です。休業期間中は所得保障として，育児休業取得前の所得の67%（7か月以降は50%）にあたる「育児休業給付」が雇用保険から給付されます。休業期間中の社会保険料も免除されます。休業期間の弾力化も進んでいます。両親ともに育児休業を取得する場合には1歳2か月まで延長できる「パパ・ママ育休プラス制度」や子どもが保育所に入所できず復職できないなど特別な事情の場合は2歳まで延長できます。

　政府は特に2025年の男性育児休業取得率30%達成を目指して，制度の拡充を進めてきました。その結果，2010年代前半まで2－3%台を推移していた取得率は2020年代に入って20%前後までどうにか伸びています。しかし，取得日数は短く，女性が半年以上取得しているのに対し，男性は「2週間未満」が半数を占めているのが実情です。

　一方，雇用形態による格差は広がっています。国立社会保障・人口問題研究所の「第16回出生動向基本調査（夫婦調査）」(2021)によると，2015年から2019年の間に出産をした正規職女性の正規職員としての就業継続率は74.8%で，うち68.3%が育児休業を利用しています。その一方，非正規女性の就業継続率は就業形態等が変化した人を含め38.8%，うち21.2%しか育児休業を利用していません。育児休業給付の初回受給者をみると，2020年，パート等「期間雇用者」が占める割合はたった4.8%，男性の初回受給者の割合11%を下回っています。男女の賃金格差を反映して育児休業給付の平均給付月額も男性約18万円に対し，女性約13万円です。女性の雇用における不利はそのまま育児休業制度における不利となり，両立支援制度が男女，女性間の階層化を促しています（萩原 2010）。

　育児休業は親を有償労働から解放し，育児に従事することを一時的に保障してくれる重要な制度です。とはいえ，それは一時的なものです。男性の育児休業取得はケアのために一時的に有償労働から解放されるのであって，男性がその後も育児を継続するかどうかは別の課題です。事実，厚生労働省「雇用均等基本調査（2021年度）」によれば，3歳未満の子どもを持つ労働者に認められ

た短時間勤務制度の利用者は「女性のみ」という事業所が94％を占めています。

　ユニセフの調査によると，制度としての充実ぶりでは日本の育児休業は先進国41か国中トップにランクされています（Gromada and Richardson 2021）。しかし，制度としての保育への評価はアクセス31位，質22位です。日本の両立支援の特徴は，有償労働からの一時的解放（育児休業）への偏重と，有償労働にアクセスするためのケアからの解放（保育制度）の貧しさにあると言えそうです。このような両立支援制度内部の不均衡によって，女性は出産後，あるいは育児休業によってケアに専念できても，その後の有償労働へのアクセスが制限されるか，有償労働への参加が抑制されます。ジェンダー不平等な雇用管理と職場慣行が重なり，女性をケアへと差し向ける構造的な要因となっています。

4．理想のライフコースをグローバルな視点から考える

　この章では，無償労働と有償労働をキーワードに，女性，男性のライフコースが内包するさまざまな問題について考えてきました。これまで，国家は政策を通じて，会社はその雇用管理を通じて，無償労働と有償労働を性別によって不均衡に配分してきました。その結果，男性のライフコースから家事やケアを遠ざけ，職場の要請に無条件で応じることを求める一方，女性には有償労働へのアクセスを制限することで女性のライフコースに経済的社会的なリスクを埋め込むことになりました。

　では，二つの労働の不均衡で不平等な配分を乗り越え，就労とケアの両立が可能なライフコースをどのように展望できるのでしょうか。例として，ナンシー・フレイザーによる「総ケア提供者モデル」（フレイザー 2003）をヒントにしてみましょう。総ケア提供者モデルとは，男女ともに全員が家族の経済的基盤を担い，ケアを担っていることを前提とするアプローチのことを指しています。

　まずケアと就労を両立するために，育児や介護を担う労働者を有償労働から一時的に解放するというアプローチについて考えてみましょう。このアプローチは育児や介護に安心して臨めるよう，さまざまな制度や所得保障を用意しますが，こうした労働者を一般の労働者とは違う，例外的な存在にしてしまいま

す。ケアに専念できても，有償労働での不平等，特に雇用における男女間の不平等は是正されません。日本はその一例といえそうです。

　一方，労働者が就労継続をするために，育児や介護の負担から解放するアプローチをとる場合，有償労働へのアクセスは強化され，男女ともに経済的リスクは軽減されます。けれども，このアプローチは有償労働にのみ社会的経済的な価値を与え，無償労働は価値の低い，多くの場合は低賃金でやってもらうべき労働として周辺化される可能性があります。保育や介護サービスのために大量に安くケア労働力を得るために，アメリカなど豊かな先進国が発展途上国の不利な立場にある女性移民労働者で安く雇う国境を越えたケア移転も広がっています。

　ケアからの解放，就労からの解放を矛盾なく追求できる社会とはどんな社会なのか。「総ケア提供者モデル」の実現にはどのような働き方が必要なのか。個人が理想とするライフコースを実現する。それは深く社会正義の問題とつながっています。その変革は始まったばかりです。

引用・参考文献

浅倉むつ子・萩原久美子・神尾真知子・井上久美枝・連合総合生活開発研究所編，2018，『労働運動を切り拓く——女性たちによる闘いの軌跡』旬報社.

フレイザー，ナンシー，仲正昌樹監訳，2003，「家族賃金のあとに——脱工業化の思考実験」『中断された正義』御茶の水書房.

Gregory, Abigail, 2015, "Work-life balance," in *The SAGE Handbook of the Sociology of Work and Employment*, SAGE Publications.

Gromada, Anna; Richardson, Dominic, 2021, *Where Do Rich Countries Stand on Childcare?, Innocenti Research Report*, UNICEF Office of Research.

萩原久美子，2010，「両立支援とジェンダー」木本喜美子・大森真紀・室住眞麻子編著『社会政策のなかのジェンダー』明石書店.

萩原久美子，2009，「ジェンダー視角からの「ワーク・ライフ・バランス」政策（2003〜2007年）の検討」『女性労働研究』53：60-74.

三山雅子，2011，「誰が正社員から排除され，誰がのこったのか」山田和代・藤原千沙編著『女性と労働』大月書店.

森岡孝二・大阪過労死問題連絡会編，2019，『過労死110番——働かせ方を問い続けて30年』岩波ブックレット.

落合恵美子，2019，『21世紀家族へ──家族の戦後体制の見から，超えかた　第4版』有斐閣．

大森真紀，2021，『性別定年制の史的研究──1950年代～1980年代』法律文化社．

大沢真理，2020，『企業中心社会を越えて──現代日本を〈ジェンダー〉で読む』岩波現代文庫（＝時事通信社，1993年）．

Tronto, Joan C., 2013, *Caring Democracy: Market, Equality and Justice*, NYU Press.

（萩原久美子）

Ⅲ 「暮らす」

親元を離れるのかとどまり続けるのか。結婚するのかしないのか。いつ誰と結婚するのか。親元から離れ，自分自身の家族を作ることは子どもを持つことともかかわり，人生の節目とされてきました。ところが，若者は親元を離れたいと思いながらもとどまるようになり，結婚しない人も増え，結婚したとしてもタイミングも遅くなっているなど，人びとの行動は変わってきています。

　見合い結婚の減少と恋愛結婚の増加，また核家族化は戦後の大きな変化の一つですが，結婚の内実はどうでしょうか。離婚・再婚は増えていますが，同棲は少なく，夫婦別姓・通称使用，同性婚も日本では法的に位置づけられていません。ここから，私たちの社会が結婚という制度をどのように位置づけているかがうかがえます。

　第Ⅲ部「暮らす」では，子ども・青年期〜ポスト青年期から高齢期までを視野に入れて，「自立」して家族を形成することのいまを取り上げます。ライフコースにおけるリスクに対処するために家族が大きな負担を背負わされてきたことを考察しましょう。大正期に端を発した日本の「近代家族」は戦後の高度経済成長期を支えてきましたが，産業構造や人口構造が変わった現在では新しいリスクに耐えられなくなっています。とりわけ「愛情」という名のもとで女性が多くのケアを無償で負担してきたことは，冷静に振り返る必要があります。他方で，1997年には介護保険法が成立し，「介護の社会化」が曲がりなりにも実現しました。これは家族を福祉の含み資産と考えてきた流れに一石を投じるものですが，まだ課題はあります。

　この議論の出発点として，第9章では，「親元を離れること」を取り上げます。親元にとどまるほうが合理的になった背景には若者向けの住宅政策の不在があります。そのなかで自立をめぐる理想と現実との葛藤をみていきます。第10章では結婚の変化を中心に，どのようなパートナーシップの未来が考えられるのか，将来を展望します。第11章では自殺について考えます。若者の「自立」が困難になったなかで，子どもや若者の自殺が増えていますので，あえて取り上げました。第12章は介護です。世界に先駆けて超高齢社会となった日本での介護の変遷と今後の課題をみます。介護の問題は自分自身が介護を受ける少し先のことだけではありません。ヤングケアラー・きょうだい児などの言葉に象徴されるように，すでに存在している問題です。

第9章

一人暮らしと住まいの現在

はじめに——消えた若者？

　あなたは誰と暮らしているでしょうか。親やきょうだい，祖父母でしょうか。友達同士で寮やシェアハウスに住んでいる人もいるかもしれませんね。ほかにも恋人や配偶者などパートナーと一緒に暮らす，離婚して子どもと暮らすなどさまざまな暮らしのかたちがあります。一人暮らしをしたことはありますか。一人暮らしをしたいけれど迷っている人，親きょうだいと暮らしていてとくに困っていない人，一人暮らしをしたけれどいろいろな事情で親元に戻った人，一人暮らしをしないまま結婚した人もいるでしょう。

　一人暮らし＝若者というイメージは間違っているわけではありませんが，データをみると様子は少し変わっているようです。政府の統計によれば一人暮らしをする人（単独世帯）の数は増加の一途をたどっていますが，特に65歳以上の高齢単独世帯が増えています。結婚しないまま一人暮らしを続けたり，夫と死別したあとに子どもと同居しない高齢女性が増えたりしたことが背景にあります。「サザエさん」「ドラえもん」「ちびまる子ちゃん」「クレヨンしんちゃん」などにみる日本の家族と現実のずれは大きくなっています。

　さて，一人暮らしの若者はどこに行ってしまったのでしょうか。これが本章で取り上げるテーマです。家族社会学や人口学では生まれ育った家族（定位家族）を離れて，結婚したり子どもをもったりして自分の家族（生殖家族）を作ることを家族形成といいます。このプロセスでは子どもから夫・妻，そして親というような社会的役割の変化を伴いながら人は子ども期，青年期，そして大人期に移行すると捉えられてきました。進学，就職，離家，子どもをもつこと

（親なり）などライフコースにおける重要な転機となるライフイベントがいくつも発生します。子どもが親の家を離れて別の世帯を設けることを離家（りか）といいます。子どもが親と離れて生活するようになっても連絡を取り合ったり，帰省したり仕送りをしますが，住まいや家計は別になるので，重要なライフイベントの一つです。離家をする／しないとは，親と別居／同居し続けることと言い換えることもできます。

　現代社会に生きる私たちは，離家をする／しないをはじめ，自分の希望に近い選択肢を選びながら主体的に自分の人生を作り上げていくことを求められています。しかし，ときに個人の努力では埋めがたい機会の格差，すなわちさまざまな制約条件に直面します。まず，生まれた国や時代を無視することはできません。戦争，リーマンショックなどの社会的なイベントのために夢を諦めたり，方向転換をしたりした人は昔からいました。新型コロナウィルス・パンデミックの影響は記憶に新しいところです。つぎに地理的制約があります。たとえば，自分のやりたいことができる学校や職場が親の家の近くにあれば通うことができますが，なければ親の家を離れるか，親の家から通うことができる学校や職場を選ばざるをえません。親の家を離れられるかどうかには経済的制約もかかわってきます。最初に引っ越し代，敷金・礼金を支払い，家具や家電製品も揃えなくてはなりません。月々の家賃は需給バランスで決まります。交通の便が良く買い物が便利なエリアにある物件，「新築」「築浅」物件は家賃が高くなります。2年ごとに契約更新料がかかることもあります。親の仕送りが充分だったり，奨学金を借りられたりするならばなんとかなりますが，収入が足りなければアルバイトをすることになります。しかし勉強が忙しいと，アルバイトの時間もないといった制約も無視できません。このようにいろいろ大変なことは承知のうえで，それでも家を出たいと思うような家庭の雰囲気もあるかもしれません。とはいえ，マンションやアパートを借りるには保証人が必要なので，（保証会社もありますが）親に頼まざるをえないというジレンマがあります。そのほかにはジェンダーやきょうだい関係も重要な要因です。「女の子だから地元の短大でいいでしょう」と親や祖父母に言われたとか，「長男だから地元に帰らなきゃ」という事情を聞くことは今でも珍しくありません。この

ような制約条件が離家をする／しないの選択に影響します。

　本章で考えたいのは，①離家の実態はどうなっているのか，②最近の若者はなぜ離家をせず，親と暮らし続けるようになったのか，③今後，どのようなことが予想され，どうすればよいか，の3つです。第2節では戦後を振り返りながら離家の実態を確認します。第3節と第4節では親と同居する若者が増えた理由を説明し，「自立」をめぐる現実と葛藤を明らかにします。そして，親子が同居し続けることによる影響とそれにどう対処すればよいのかを提案します。なお，本章では若者と子どもを同じような意味で用いる場合があることをおことわりします。

1. 時代とともに変化する若者の離家

　若者が親の家を離れるときは，地域間の移動（地理的移動）を伴うことがしばしばあります。ここでは中澤（2019）をもとに歴史を振り返りましょう。いまよりも交通機関が発達していない近代でも，戦前や戦時中にかけて北海道や海外の植民地，南米に移動した人たちがいました。海外から日本に移動してきた人たちもいます。生活のためだけではなく，政治的な理由（亡命）もあったようです。国内については疎開，軍需工場での勤労奉仕のために地方から都市に移動したこともあったようです。よりよい教育機会を求めて移動した人たちもいますが，それはごく一部の恵まれた層に限られていました。戦争が終わり，戦地・植民地や旧宗主国にいた人は出身国に戻ったり，とどまったり，さらに別の国に移住したりしました。高度経済成長期までの若者の多くは，結婚までは親元にとどまって農業を手伝っていました。

（1）戦後の産業構造・人口構造の変化と人の移動

　ところが，高度経済成長期（1955〜73年）になると国内の非大都市圏から国内の大都市圏へと若者が大量に移動しました。図9-1は戦後の非大都市圏から大都市圏への移動を示したものです。1960年代中ごろの東京圏では転入者が転出者を大きく上回りました。農業の省力化が進み生産性は向上したものの収

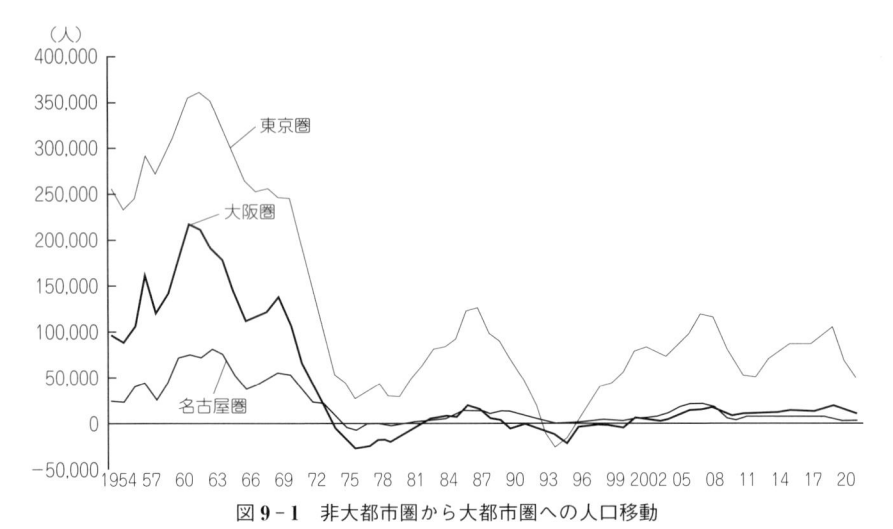

（人）

図 9-1　非大都市圏から大都市圏への人口移動

注：日本人についてのみ。
　　東京圏：埼玉，千葉，東京，神奈川。名古屋圏：岐阜，愛知，三重。大阪圏：京都，大阪，
　　兵庫，奈良。
出所：「人口統計資料集」

入が多くなったとは限りません。他方，大都市の製造業・商業・サービス業は人手不足で賃金が高かったので，中卒・高卒の10代男性（非あとつぎ）はよりよい生活を求めて地方から国内の大都市へと移動しました。

　1930年ごろから日本の出生率は減少し始めますが，1950年になるとさらに急激に低下します。明治維新以前を多産多死期（または多産多死世代），明治時代から1950年代半ばまでを多産少死期・世代，それ以降を少産少死期・世代と分類します。多産少死期には子どもはたくさん生まれましたが，乳幼児死亡率が低下したので人口が増えます（いわゆる第一次ベビーブーマー・団塊（だんかい）の世代も含みます）。長男以外の子どもたちは家を継ぐことができないので，親の家を離れなくてはなりませんでした。仕事の機会だけではなく，当時都会で流行していた音楽も都会への憧れをかきたてました（大山 2021）。なお，この世代の女性は男性よりも少し遅れた20歳代前半になって結婚を機に親の家を離れます。参考までに，「世代」という概念には複数の意味があります。この節で用いるように出生（しゅっしょう）コーホート（同じ年または同じ時

期に生まれた集団）を指すことが一般的ですが，親世代・子世代などのように世代間関係を指すこともあります。日常的には，均等法世代・バブル世代・氷河期世代など，ある共通の社会的経験をした集団を指すこともあります。

　今のような就活サイトがない時代でしたが（第4章参照），集団就職という仕組みがありました。若者が共産主義思想に染まらないようにしたり治安が悪化したりすることを防ぐためには，若者が学校から職業にスムーズに移行することが有効だと考えられたので，学校と企業の連携を強くする法律ができ，全国規模の新規学卒労働市場が整備されました。

　ところが，高度経済成長の終わりとともに大都市圏への人口流入は急激に減少します。これはオイルショックが発生して景気が悪くなったためというよりも，1950年代になると出生率が低下して非大都市圏から大都市圏に移動できる（あるいは，移動しなくてはならない）人が減少したからと中澤は説明します。

　大都市圏に流入した若者たちは結婚して子どもをもち，より広い持家を求めて郊外に移動しました。交通網も発達し，大都市圏に流入した若者たちの子どもは親の家から学校や職場に通うことができるようになります。このように，離家には歴史的な背景も大きく影響します。

（2）公的統計からみる離家の実態

　現在では若者が一人暮らしをしなくなり，離家が遅れていることは数々のデータからも裏づけられています。ここでは国立社会保障・人口問題研究所の「世帯動態調査」を中心に，離家の実態を確認しましょう。

① 離家の遅れとジェンダー差

　図9-2は調査年別・年齢別・男女別にみた離家経験割合です。この図からわかることは3つあります。第一に，2時点を比べると20歳代前半での離家は男女とも減少しています。つまり，離家が遅れています。これは高学歴化を反映しています。第二に，男女とも25〜29歳で離家を経験した割合が増えることです。第三に，20代前半までは男性のほうが女性よりも離家経験者が多いのですが，20代後半から30代前半には追いつき，30代後半になるとむしろ女性の離

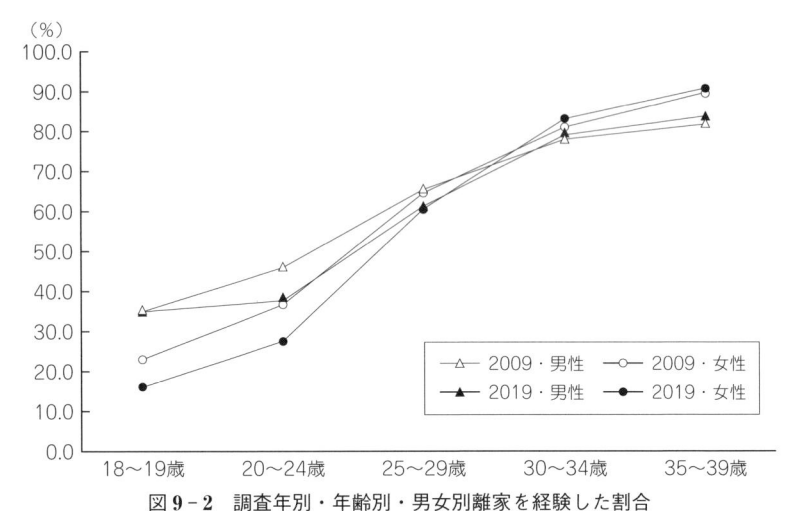

図9-2 調査年別・年齢別・男女別離家を経験した割合

出所:「世帯動態調査」

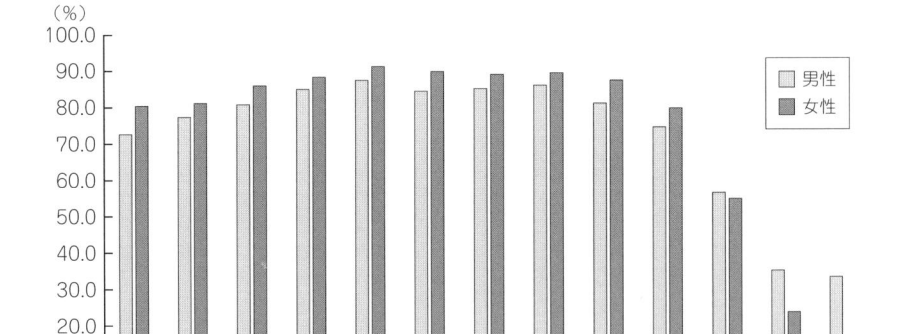

図9-3 コーホート別・男女別離家経験率

出所:「世帯動態調査」

家経験割合は男性を上回ります。男性のほうが家にとどまるといえます。

　つぎに，生まれた年（出生コーホート）別にみましょう（図 9 - 3）。1944年までに生まれたコーホートよりもそのあとに生まれたコーホートのほうが，離家経験率が高くなり，1960〜64年生まれのコーホートでピークを迎えます。その後に生まれたコーホートは経験率が低くなり，1990〜94年生まれのコーホートは50％強，1995〜99年，2000年生まれのコーホートは40％を下回っています。1995〜99年，2000年生まれのコーホートは調査時点において20代前半から半ばとまだ若いため，就職や結婚を経験せず親元にとどまっているためです。なお，1989年生まれコーホートまでは女性のほうが男性より離家を経験した割合が多いのですが，それよりも若いコーホートでは女性よりも男性のほうが離家を経験しています。これは，女性は進学よりも結婚をきっかけとした離家が多いのですが，若いコーホートではまだ結婚をしていないからと説明できます。

② 離家のきっかけのジェンダー差

　離家のきっかけは図 9 - 4 に示す通りです。まず男女を比べると，いずれのコーホートでも男性は入学・進学等や就職・転勤等による離家が多いのに対し，女性は結婚による離家が多いことが読み取れます。このようなジェンダー差は最近のコーホートほど小さくなってるものの依然として残っています。女性が結婚まで親元にとどまる理由としては，一般に女性のほうが男性よりも収入が低いため家賃負担が高くなることを避けて親元にとどまること，そして女性は非正規で働くことも多く社宅や寮の入居資格がないことが挙げられます。

　このような出生コーホートやジェンダー以外の影響について，社会階層と社会移動全国調査（SSM 調査）を用いて詳しく分析したのが林（2021）です。林によれば，出身地の人口が少ないことは進学や就職をきっかけとした離家を促します。人口が少なければ，教育や仕事の機会も少ないからです。きょうだい数が多いことは離家を促す一方で，長男であることは離家を抑制します。ひとり親家庭で育った男女は，若いうちに離家をする傾向がありました。ただし，その理由は進学でも就職でもありません。他方，親の学歴が高いと子どもは進学や就職を理由として離家します。この傾向も男女共通です。さらに，林は父

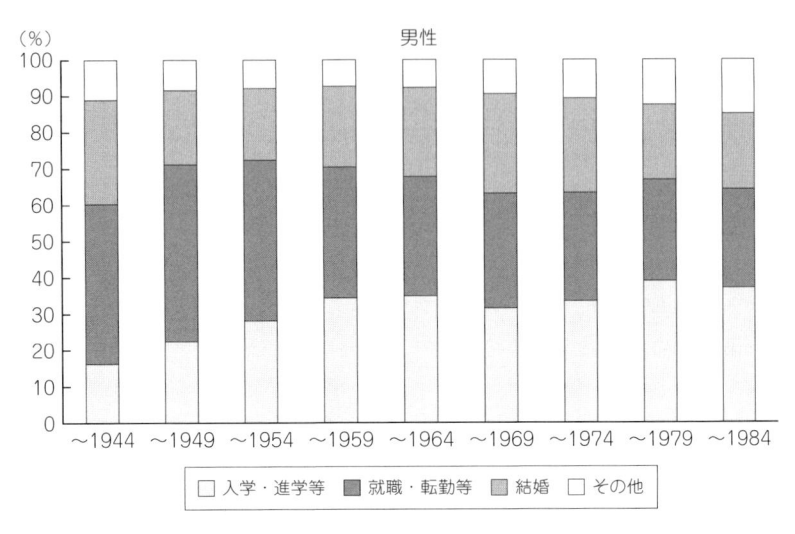

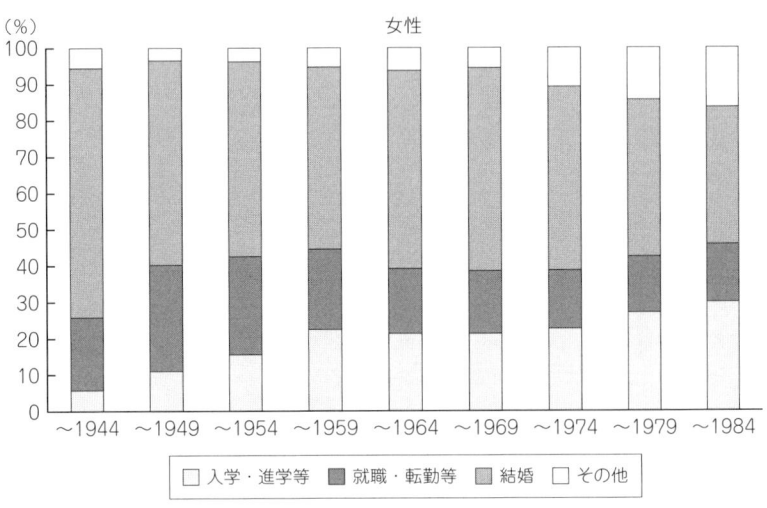

図 9-4 出生コーホート別・男女別離家のきっかけ

出所：「世帯動態調査」

親の学歴が高いと子ども（娘）の学歴も高くなり（第2章参照）結婚まで親元にとどまりますが，ひとり親家庭で育った子ども（娘）のうち早く離家しなかった子ども（娘）は結婚せず親元にとどまりやすいと指摘します。以上の結果をまとめると，出身地の人口の少なさ，きょうだい数の多さ，長男であるか

どうか，そして出身家庭の状況が子どもの離家に影響します。

③ 親との同居と再同居

　離家をしたかどうかにかかわらず親と同居している人の数を年齢層別にみると，若年未婚者（20〜34歳）は908万人，このうち基礎的生活条件を親に依存している可能性のある人は134万人，壮年未婚者（35〜44歳）は288万人，このうち基礎的生活条件を親に依存している可能性のある人は52万人，高年未婚者（45〜54歳）は158万人，このうち基礎的生活条件を親に依存している可能性のある人は31万人です。過去の数字と比べて減少または微増にとどまっている理由はそもそもこれらの年齢層の人口が減少していることもありますが，完全失業率の改善，そして生活困窮者自立支援制度，労働者派遣法や労働契約法改正の効果があったからのようです（西 2017）。

　子どもが親の家を離れても，再び同居することがあります。親が高齢になると健康状態が悪くなったり，配偶者と死別したりするので子どもと再同居する傾向があります（国立社会保障・人口問題研究所 2021）（第12章参照）。

　これに対して，親子とも若い時期での再同居もあります。子どもが都市部の大学に進学して卒業した後に，出身地やその近くに戻って働くことはⅠターン・Ｊターン・Ｕターンなどと言われ，以前から一定数存在しました（吉川 2019 や郭 2021 参照）。

　しかし，最近の新しい動向として注目されるのは，子ども自身の収入が減少したり，無職または非正規雇用など不安定な就業状況になったりすること，そしてパートナーシップ（含む交際相手）の解消です。親と再同居することで，親からの経済的サポート，情緒的サポート，さらに家事サポートを受けられることを子どもは期待しています（俣野 2019；不破・柳下 2017）。

2．親と暮らす若者が増えた理由

　なぜ若者の離家が遅れているのでしょうか。ニューマン（2013）によれば，その原因は社会経済的要因と文化的要因に大別できます。順番にみていきま

しょう。

（1）社会経済的要因——グローバル化と産業構造の変化

　農林漁業で働く人が多かった第一次産業中心の社会から，製造業など第二次産業が中心の社会へと変わりました。現在では，多くの国は商業，金融業，医療・福祉・教育などのサービス業，情報通信産業など第三次産業が中心になりました。このような産業構造の変化は製造業で働く男性の雇用を減らす一方で，外で働く女性を増やしました。変化のタイミングは国によって異なりますが，日本では1970年代半ばに女性の労働力率が低くなり，性別役割分業と「子ども中心主義」を特徴とする「近代家族」が普及しました（落合 2019）。その後，1990年代後半には共働き世帯の数が専業主婦世帯の数を上回り現在に至っています。

　話は戻りますが，1970年代にはオイルショック（中東の産油国による原油価格の引き上げ）やニクソンショック（アメリカのニクソン大統領が金とドルの交換の停止を宣言し，その後固定相場制から変動相場制へ移行）は世界経済に混乱をもたらし，日本をはじめ先進国の経済成長は鈍化しました。出生率も減少し始め，このような危機的な状況に対応するためには社会保障を削減することが必要だと主張する政権がイギリス，アメリカ，日本で1980年ごろに誕生しました。1990年代に入ると経済はグローバル化し，国家も企業も個人も厳しい競争に巻き込まれるようになりました。どの国でも企業は人員を削減したり，非正規雇用者を増やしたりするようになり，若者がしわ寄せを受けましたが，日本はとくにその傾向が強かったといいます。一家の稼ぎ手として妻子を養う中高年男性の雇用を守るため，新規学卒者の雇用が削減され，非正規雇用が増えました。男性より女性が，そして学歴が高い人より低い人のほうがより厳しい状況におかれました。「失われた30年」という言葉に象徴される景気の低迷と雇用の不安定化のため，若者の経済的自立が難しくなったのです（第5章参照）。

　しかも，より高い学歴が求められるようになり，教育期間は長くなりました。このような時代には一人暮らしをするよりも親と一緒に暮らすほうが生活水準

を維持することができます。それが，日本に限らず若者が親元にとどまるようになった背景です（ジョーンズ＆ウォーレス 2002；ニューマン 2013）。社会保障が不十分な時代には子どもが親の面倒をみることが一般的でしたが，いまは親が子どもの面倒をみるようになりました（第12章参照）。

（2）文化的要因

① 家族やジェンダーに関する価値観の変化

　人びとの価値観も変わりました。第二次世界大戦が終わり，多くの国は経済成長を果たして豊かになったため，家族やジェンダーに関する人びとの価値観は伝統的で権威主義的なものから革新的で寛容な方向へと変わりました。親自身が1960年代のアメリカから世界中に広がった対抗文化，そして学生運動やフェミニズムの洗礼を受けていますし，人びとの日常生活を律していた宗教の影響力も弱まりました。それまでは結婚すれば親の監視下から逃れて自由に行動できるようになったのですが，今では若い女性も好きな時に外出できるようになり，結婚前の性体験も許されるようになりました。男性は家族を養うもの，子どもは早く自立するものといった伝統的な規範からくるプレッシャーが減り，離家の遅れは逸脱だとはみなされなくなりました（イングルハート 2019；ニューマン 2013）。

　日本では自宅から通勤できることが女性社員を採用する条件とされた時代がありました。女性社員に支払う給料や福利厚生費を低く抑えるためだけではありません。その当時は社内結婚も多かったので，男性社員の結婚相手となる女性社員は性体験が（多く）ないほうが望ましいという規範もあったようです。

　このような「男らしさ」「女らしさ」が厳しかった時代に比べると，現代は自由になりました。ファッションや好きなものを共有する「友達母娘」という言葉もあります。ニューマンもポップカルチャーという共通体験が親子を結びつけていると指摘します。このように親子関係が厳格なものからフラットなものになり，子どものための部屋もあるので家は居心地の良い場所になり，子どもは離家をする必要性を感じなくなったのです。

② 大人観・自立観の変化

　「大人になる」ことの意味も変わりました。かつては就職や結婚など客観的な指標が「大人になる」条件として人びとに共有されてきましたが，現代の若者は「大人になった」あるいは「（なにかに）責任を持てるようになった」といった心理的・主観的・感覚的な状態を「大人の条件」と考える傾向があります（ニューマン 2013）。

　日本でも親とは別に暮らすこと，学校教育を終えること，就職すること，結婚すること，子どもをもつことなど古典的で客観的な条件を「大人の条件」として選んだ人は少なく，なかでも親とは別に暮らすことを選んだ人は2割を切っています。そのかわり，「自分の行動の結果に責任を持つこと」「親から経済的に自立すること」「自分の感情をいつもコントロールできること」を選ぶ人がそれぞれ9割超，9割弱，7割弱と多くなっています（複数回答）（林 2024）。

3．セーフティー・ネットとしての家族

（1）弱い福祉国家とアコーディオン・ファミリー

　成人した（主に未婚の）子どもと親からなる複数世代の同居世帯（多世代家族）をニューマン（2013）は「アコーディオン・ファミリー」と名付けました。住居費をはじめとする生活費や家事など「基礎的な生活条件を親に依存する」若者を指す「パラサイト・シングル」（山田 1999）と通じるものがありますが，ニューマンはいったん離家しても親の家に戻りたいという子どもがいれば受け入れ，子どもが離家をすれば見送る家族のあり方をアコーディオンのじゃばらの伸び縮みにたとえています。

　現代では，学校を卒業して就職し，親の家から巣立って結婚して子どもを持ち，マイホームを持って「一人前」といった社会的役割の移行，つまり「大人への移行」は困難になりました。ライフステージの移行は一方向とは限らず，行ったり来たりしますし，そもそも誰もが卒業・就職，離家・結婚などのライフイベントを経験するとは限らなくなりました（久木元 2009）。10代を越えて

伸びている親への依存の時期を「ポスト青年期」と呼びます（ジョーンズ＆ウォーレス 2002）。将来が見通せない時代に学校と職業の間を行ったり来たりし，親の家を出たり戻ったりする子どもを受け止めるのがアコーディオン・ファミリーです。

　若者の雇用環境の悪化と大人への移行の遅れは多くの先進国に共通しますが，ニューマンの調査対象となった6カ国のうちスウェーデン・デンマークの北欧諸国ではアコーディオン・ファミリーは少なく，日本・スペイン・イタリアでは顕著に増えており，アメリカはその中間でした。このような違いが各国の若者向け政策と文化的価値観・親の受け止め方に由来することをニューマンは突き止めます。北欧諸国は高等教育の費用が安く，教育手当や失業給付，さらに家賃補助や家賃が安い公営住宅など若者が自立できるような政策が充実していることが，アコーディオン・ファミリーがあまりいない理由です。

　他方，日本のように若者向け政策が充実していない国では，親がさまざまな費用を負担します。親が究極のセーフティー・ネットであり，それ以外に子どもが頼れる選択肢があまりありません。このような社会では，社会経済的状況が厳しい家族にとっては親子が同居してそれぞれの資源を持ちよってプールすることは，家族の社会階層（社会経済的地位）の低下を避けるための合理的な戦略になります。スペインやイタリアも日本と同じく若者向けの政策は充実していませんが，親は子どもとの同居を肯定的に受け止める傾向があります。しかし，日本ではそうではありません。子どもと同居し続けていることについて，親は自分自身または子どもを責めることもあります。ときに親以外の大人が「自立していない」と若者を批判することもあります（郭 2021）。若者にとってもっとも「生きづらい」国は日本かもしれません。

　ニューマンは弱い福祉国家と表現していますが，多くの論者も日本を家族主義が強い国だと分類しています。日本ではできるだけ「福祉のお世話」にならずに，自分たちで家族の問題に対処することが求められています。そのため，日本の親たちは「自立」が難しい子どもを受け入れるので，日本ではアコーディオン・ファミリーが増えているというわけです。超高齢社会の日本では若者の就職内定率は回復したものの，雇用は不安定なままです。なお，アメリカ

では親に経済的なゆとりがある場合は，子どもの目標達成をサポートするために子どもと同居するようです。

（2）自立をめぐる現実と葛藤

　ニューマンによれば，日本の親は子どもとの同居をかならずしも肯定的に受け止めていません。では，なぜ子どもは親と同居し，離家しないのでしょうか。統計分析の結果はすでに触れましたので，ここではおもにインタビュー調査の結果をみてみましょう。

　労働条件が厳しく仕事と生活の両立が難しいケースがあることを伊藤（2017）は明らかにしますが，やはり大きいのは経済問題です。フルタイムで何年も働き続けていても，子ども自身の収入を家計に繰り入れたり，きょうだいの学費を負担したりすることを「支え合う家族」規範に基づく同居だと伊藤は描きます。次に，貸与型奨学金の返済や仕事を安定させるためのダブルスクールの学費，地方では不可欠な自動車ローン・維持費がかかっているケースもあり，経済的に自立しようとした結果として離家による生活的自立が難しくなるというジレンマがあります。そのほか結婚式のご祝儀や震災による収入減・貯蓄減などもありました。このような「重層的な支出」が若者の離家を妨げているというのが伊藤の指摘です（第3・5章参照）。

　「支え合う家族」規範に関連したものとしては，ケアが必要な家族成員がいる場合，あるいは子ども（若者）自身が病気や障害を抱えておりケアが必要な場合にも親子が同居しやすいようです。責任を感じている親は，子どもをケアするストレスを抱えながらも子どもと同居しますが，それは子どもの望む社会参加を妨げている可能性もあります（伊藤 2017；小山田 2021；樋口 2024）。きょうだいが次々に離家したので自分がいないと親が寂しがるといった理由から同居しているケースもあれば，長男が結婚して親と同居するので自分は家を出ていくといった地方特有の理由もあります（郭 2021）。郭が調査対象としたのは高学歴シングル女性ですが，自分のライフプランにあった職場や結婚相手と巡りあっておらず，自立に対する矛盾した感情を抱えています。男性については，結婚が難しい社会経済的状況にある男性ほど，「大人の条件」として結婚を重

視しがちだそうです（林 2024）。

　離家を望んでいて実現できたケース，離家を望んでおらず親元にとどまっているケースは希望と現実が一致していますが，離家を望みながら実現できていないケース，離家を望まなかったにもかかわらず離家せざるをえなかったケースは希望と現実が一致していません。「やりたいこと」の追及を誰もが求められる現代社会では（第4章参照），希望と現実が一致していない人びとには「自立」に関する理想と現実をめぐる葛藤があるのではないでしょうか。

4．若者の「自立」と住まい——住宅政策の空白地帯

　ここまでみてきたように，時代背景，出身地の人口の少なさ，きょうだい数の多さ，長男であるかどうかといった社会人口学的な要因や出身家庭が恵まれているかどうか，そしてケアが必要な家族がいるかどうかといった要因が複雑に絡み合って，若者が離家をするか／しないかの選択に影響します。では，地方に生まれたら，長男として生まれたら，きょうだいが多かったら，ひとり親家庭で育ったら，親の収入が低ければ，自分または家族の誰かに病気や障害があればいろいろなことを我慢しないといけないのでしょうか。本章で言いたいことは，そうではありません。むしろ正反対です。

　たしかに親子同居は有効な家族戦略の一つですが，未婚の子どもが親と一緒に住み続けると親子関係満足度が低くなります（村上 2021）。プライバシーがなく，親子とも疲れます。また，出費が増えるために老後の生活費を十分に準備できず，高齢になっても働く親が増えるとニューマンは予想します。日本でも同様のことが起こるでしょう。

　これまで日本で家族が重要なセーフティー・ネットとして機能してきたのは，親世代の多くが持家に住んでいて，経済的に豊かだったからです。その反面，若者が離家して親から自立できるような住宅政策は不在でした。日本では1950〜55年に住宅金融公庫と日本住宅公団と公営賃貸住宅が相次いで整備され，戦後の住宅政策を支えてきました。ところが，住宅金融公庫が単身者向け融資を開始したのは1980年代になってからです。公団住宅の大半は家族向けでした。

公営賃貸住宅が単身者の入居を認めたのは1980年代からですが，若者は想定されていませんでした（平山 2008；川田 2023）。生活保護の住宅扶助や住居確保給付金は支給対象や支給期間が限られています。ヨーロッパとは異なり，日本で住宅手当（家賃補助）を支給するのは勤務先の企業なので，大企業に勤めている人ほど有利です。社宅や寮も大企業ほど整備されています（村上 2023）。住宅に限ったことではありませんが，恵まれている人がさらに恵まれるようになり，そうではない人との不平等が拡がる現象を社会学者のロバート・マートンは聖書の一節をとって「マタイ効果」と名づけました。日本でもそのような現象がみられます（第6章参照）。

　ジョーンズ＆ウォーレス（2002）は，イギリスの持家推進政策・規制緩和や都心再開発による住宅不足，家賃の上昇，住宅手当の廃止などの要因が若者の離家を妨げていると指摘します。しかし，それでもなお，イギリスの若者は年齢を重ねるにつれて親との同居を解消し，パートナーと同居したり，友人とシェア居住をしたり，1人暮らしをするようになり，30代前半になるとカップルで住むことを示した海外の研究を小玉徹（2017）は紹介しています。筆者が滞在していたオランダも同様でした。大学生はまず大きな寮の小さな個室に住みます。次に2〜4人の友人とシェア居住をし，カップルで賃貸住宅に暮らし，家を買います。このような住み方ができるインフラも日本には不足しています。

　日本でも若者を住宅政策の対象に含め，若者が自立できるためのインフラの整備が必要です。とはいえ，日本政府も若者向け住宅政策の重要性を認識しはじめているので，今後に期待したいところです。個人でできることとしては，進学時に学生寮の有無を調べてもよいでしょう。筆者はどちらかといえば若者には離家を勧める立場ですが，むやみに勧めるわけではありません。離家のタイミングが重要です。十分な資源がない若いうちに離家をせざるを得ないことは，その後のライフコースにマイナスの影響を及ぼす可能性があるからです。若者が大人に移行する際にさまざまな資源を活用して20代初めまでにアイデンティティの問題を解決できればよいのですが，そうでないと社会的・経済的に排除されやすくなり，情緒面での健康がそこなわれるとのコタ（2014）の指摘は無視するべきではありません。アイデンティティの問題は消費をすることで

も解決できますが（ジョーンズ＆ウォーレス 2002），そのためには経済的資源が必要です。「大人になる条件」が主観的なものになっているとはいえ，親の家を離れて結婚したり子どもをもったりすることは，本人または親にお金があるかどうかに左右されます（第10章参照）。ここに世代内での機会の不平等という課題があります。

　社会的排除と情緒面の健康は，子どもや若者の自殺が多い日本では改めて検討すべき課題でしょう（第11章参照）。ホームレスに近い状態にある若者の実態把握も緊急の課題です。

　なお，「自立」する若者という理想のライフコースから逸脱することを認め，多様な生き方や多様な自立観をもつ方向に社会が変わるべきとの意見もあります。この考えには筆者も基本的には賛成ですが，若者を排除してきた住宅政策からもうかがえるように，日本は「標準家族モデル」（夫婦と子どもからなる「近代家族」）が有利になる社会の仕組み（税制や社会規範）があります。この仕組みが残ったままでは，多様な生き方や多様な自立観を実現できるのは社会経済的資源に恵まれた人だけになります。日本の高度経済成長期には適合的だった「近代家族」モデル以外の暮らしも保障する社会に変えていくために，投票，新聞や SNS での投書，デモなど，あきらめずに私たちが声をあげることも必要でしょう。

引用・参考文献

コタ，ジェームス，溝上慎一・松下佳代訳，2014，「アイデンティティ資本モデル——後期近代への機能的適応」溝上慎一・松下佳代編『高校・大学から仕事へのトランジション』ナカニシヤ出版，141-81.

不破麻紀子・柳下実，2017，「離死別者の親同居」東京大学社会科学研究所　パネル調査プロジェクトディスカッションペーパーシリーズ，No. 103.
　　https://csrda.iss.u-tokyo.ac.jp/panel/dp/PanelDP_103FuwaYagishita.pdf（2024年3月31日取得）

林雄亮，2021，「離家の変化と出身階層による格差」白波瀬佐和子監修，中村高康・三輪哲・石田浩編『シリーズ　少子高齢社会の階層構造1 ——人生初期の階層構造』東京大学出版会，203-23.

　　———，2024，「『自分は大人である』という認識と『大人である』ことの条件」東

京大学社会科学研究所 パネル調査プロジェクトディスカッションペーパーシリーズ，No. 173.
https://csrda.iss.u-tokyo.ac.jp/panel/dp/PanelDP173_Hayashi.pdf（2024年3月31日取得）

樋口麻里，2024，『精神障害のある人を排除する社会でよいのか——国際比較調査からみる人間の価値』ナカニシヤ出版.

平山洋介，2008，「若年層の住まいの全体像」日本住宅会議編『若者たちに「住まい」を！—格差社会の住宅問題』岩波書店，5-35.

イングルハート，ロナルド，山﨑聖子訳，2019，『文化的進化論——人びとの価値観と行動が世界をつくりかえる』勁草書房.

伊藤秀樹，2017，「親元にとどまる若者——のしかかる『重層的な支出』」石田浩監修／佐藤香編／東京大学社会科学研究所附属社会調査・データアーカイブ研究センター編集協力『格差の連鎖と若者3 ライフデザインと希望』勁草書房，83-106.

ジョーンズ，ジル／クレア・ウォーレス，宮本みち子監訳，鈴木宏訳，2002，『若者はなぜ大人になれないのか——家族・国家・シティズンシップ 第2版』新評論.

郭麗娟，2021，『ポスト青年期を生きる高学歴独身女性たち』晃洋書房.

川田菜穂子，2023，「若者の住まいと住宅政策」末富芳・秋田喜代美・宮本みち子監修，宮本みち子編『若者の権利と若者政策』，91-115.

吉川徹，2019，『学歴社会のローカル・トラック 新装版』大阪大学出版会.

小玉徹，2017，『居住の貧困と「賃貸世代」——国際比較でみる住宅政策』ミネルヴァ書房.

国立社会保障・人口問題研究所，2021，「世帯動態調査」
https://www.ipss.go.jp/site-ad/index_Japanese/ps-dotai-index.html（2024年3月31日取得）

————，2023，「人口統計資料集2023年 改訂版」
https://www.ipss.go.jp/syoushika/tohkei/Popular/Popular2023RE.asp?chap＝0（2024年3月31日取得）

久木元真吾，2009，「若者の大人への移行と『働く』ということ」小杉礼子編『叢書 働くということ 第6巻 若者の働き方』ミネルヴァ書房，202-227.

俣野美咲，2019，「パネルデータからみる若者の自立と親子関係」東京大学社会科学研究所 パネル調査プロジェクトディスカッションペーパーシリーズ No. 110
https://csrda.iss.u-tokyo.ac.jp/panel/dp/PanelDP_110Matano.pdf（2024年3月31日取得）

村上あかね，2021，「未婚・離死別女性の親子関係からみる現代日本の世代間関係——居住関係と家計に注目して」比較家族史学会監修／小池誠・施利平編『家族研究

の最前線 5 ——世代間関係』日本評論社，151-72.

———，2023，『私たちはなぜ家を買うのか——後期近代における福祉国家の再編とハウジング』勁草書房.

中澤高志，2019，『住まいと仕事の地理学』旬報社.

ニューマン，キャサリン，萩原久美子・桑島薫訳，2013，『親元暮らしという戦略——アコーディオン・ファミリーの時代』岩波書店.

西文彦，2017，「親と同居の未婚者の最近の状況（2016年）」，総務省統計局
https://www.stat.go.jp/training/2kenkyu/pdf/parasi16.pdf（2024年3月31日取得）

落合恵美子，2019，『21世紀家族へ——家族の戦後体制の見かた・超えかた 第4版』有斐閣.

大山昌彦，2021，「ロックンロールからロカビリーへ——アメリカ音楽文化の普通化と国家意識」遠藤薫編『戦中・戦後日本の〈国家意識〉とアジア——常民の視座から』勁草書房，143-66.

小山田健太，2021，「今日の若者にとっての『自立』に関する考察——若者の『生きがい』に焦点化して」東京大学社会科学研究所 パネル調査プロジェクトディスカッションペーパーシリーズ，No. 130.
https://csrda.iss.u-tokyo.ac.jp/panel/dp/PanelDP130_Oyamada.pdf（2024年3月31日取得）

山田昌弘，1999，『パラサイト・シングルの時代』筑摩書房.

（村上あかね）

第10章

結婚できるとすれば，あなたは結婚しますか？

はじめに――現代日本の結婚

　結婚と聞いて何を思い浮かべるでしょうか。何歳くらいまでには結婚したい，相手が同性であったり，夫婦別姓を希望するので今の法律では結婚できないなどさまざまあると思います。この章ではライフコースにおいて重要なイベントである結婚について考えます。家と家との結婚・つり合いが重要だった時代，大半の人が結婚していた時代から，現代では結婚するかどうか個人が決める個人化が進んでいます。一方で，結婚は法的・社会的制度に組み込まれています。現実にはいろいろな形がありますが，本章では結婚は二人の異性によるものと想定します。

　なぜ人生を考えるうえで結婚は重要なのでしょうか。まず，多くの人にとって結婚はしてもしなくても重要なライフイベントです。出生動向基本調査によれば「一生結婚するつもりはない」と回答する人が増加傾向にあるものの，未婚者の8割は「いずれ結婚するつもり」と回答しており大部分の人は結婚すると考えています（国立社会保障・人口問題研究所 2023b）。また，結婚は相手の親やきょうだい・親族，結婚相手の友人など新たなつながりを作り出し，維持することに加え，結婚していないカップルから生まれる子ども（婚外子）の数が少ない日本では，結婚が子どもをもつ前提となっています。これらの理由から結婚は重要なライフイベントです。

1．結婚の現状

（1）結婚の動向

① 婚姻件数

　結婚の動向を確認しましょう（図10‐1）。婚姻件数は結婚しやすい年齢層の人口規模に影響される点に注意が必要ですが，結婚の生じやすさの簡便な指標です。図をみると，2000年までは年間の婚姻件数が80万件弱だったのが，2020年は52.5万件と2000年とくらべ3割以上減少しました。次に50歳時点の未婚率がどのように変化したのかも参照しましょう。男性では2000年は12.6％，2020年には28.3％と16ポイントほど未婚率が上昇しました。女性では2000年は5.8％，2020年には17.8％と12ポイントほど未婚率が上昇しました。婚姻件数と50歳時点の未婚率からみて結婚する人が減ったことがわかります（国立社会保障・人口問題研究所　2023c）。

② 平均初婚年齢

　それでは結婚する人たちは何歳ごろに結婚するのでしょうか。図10‐2に平

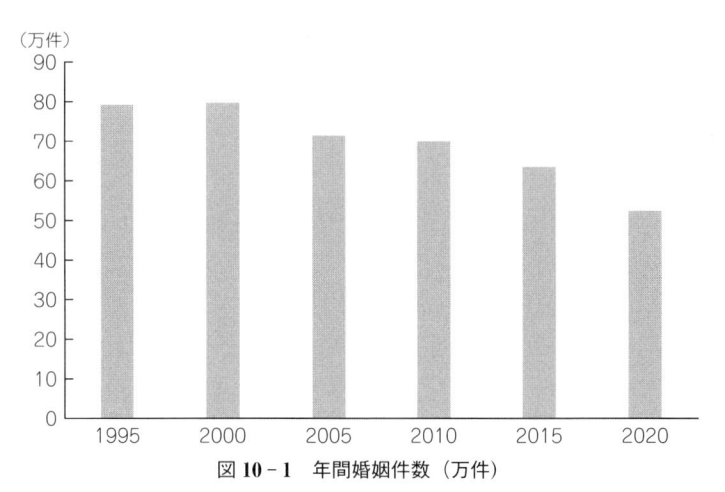

図 10‐1　年間婚姻件数（万件）

出所：「人口動態調査」

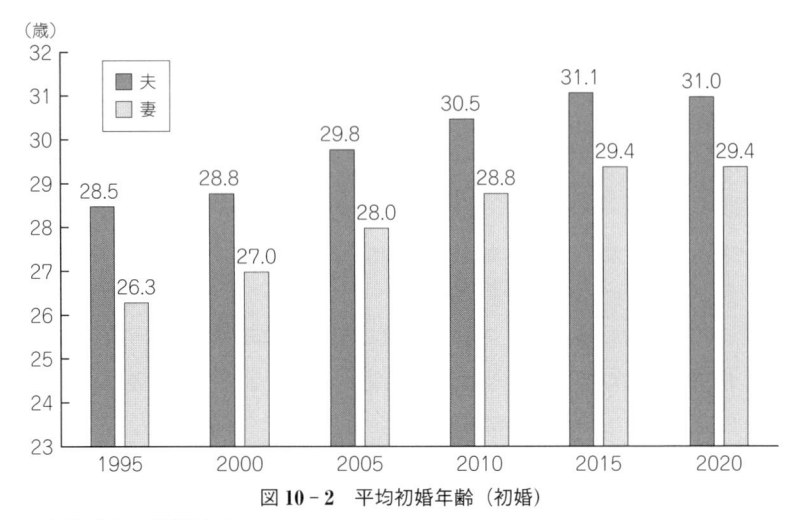

図 10 - 2　平均初婚年齢（初婚）

出所：「人口動態調査」

均初婚年齢を示しました。男性では1995年に28.5歳であったのが2020年には31歳となり，2.5歳ほど初婚年齢が高くなりました。女性では1995年に26.3歳であったのが，2020年には29.4歳と3歳ほど初婚年齢が高くなりました。初婚年齢が高くなったということは結婚するタイミングが遅くなったことを意味します。男性と女性で平均初婚年齢に差があるのは女性より男性の年齢が高い組み合わせのカップルが多いためです。

（2）誰が結婚しやすいのか

　結婚しない人も増え，結婚年齢も上昇しましたが，どのような要因が結婚のしやすさに関連するのでしょうか。2009年までのデータを分析した佐々木（2012）の結果によれば，男女とも年齢が高くなるにつれて結婚しやすくなりますが，一定の年齢を境に結婚しにくくなります。また，15歳の時の生活水準が高いと結婚しやすくなりますが，これは女性だけにみられる現象で，男性には影響していませんでした。親と同居していると結婚しにくい傾向があります。学歴について，若いうちは高卒のほうが大卒よりも結婚しやすいのですが，次第に逆転して年齢が高いと大卒のほうが高卒よりも結婚しやすくなります。男

性については非就労・自営・非正規よりも正規雇用のほうが結婚しやすいことが示されています。なお佐々木の分析では，カップルの女性の妊娠がわかると極めて結婚しやすいです。いわゆる「できちゃった」結婚ということでしょう。婚外子を出産することを避けようとする社会規範が日本では強いことがうかがえます。また，結婚しようと考える人ほど（結婚意欲が高い人ほど）結婚しやすくなります（三輪・田中 2020）。

　結婚意欲を定期的に尋ねた国立社会保障・人口問題研究所（社人研）の調査では，結婚意欲は低下傾向にあることがわかっています。2021年の最新の調査では「いずれ結婚するつもり」と考える18〜34歳の未婚者は性別，年齢や生活スタイルにかかわらず減少しています。それでも，男女とも8割を超える人たちが「いずれ結婚するつもり」と考えています。未婚男女の8割に結婚意欲があるということです。結婚意欲があるにもかかわらず結婚していない人たちがいる現状から，山田・白河（2008）が「就活」からヒントを得て「婚活」という言葉を提唱しました。「婚活」とは結婚相手を見つけるために積極的に行動するというものです。「婚活」は流行語大賞にノミネートされ，デートやパーティーのための「婚活ファッション」，野球場やサッカースタジアムで試合を観戦しながら出会いをみつける「婚活シート」といった言葉も生まれました。一言で「婚活」といってもさまざまな種類があります。生活のなかで出会ったり，知人の紹介のような人のつながりを通した「婚活」より，結婚相談所のようП によりフォーマルな婚活のほうが結婚しやすいそうです（三輪・田中 2020）。

　また「婚活」では個人が結婚を目指して行動するにとどまらず，政府や自治体が「婚活」事業を行うようになりました。政府や自治体が「婚活」事業をするということに違和感を覚える人がいるかもしれません。実際，政府や自治体が個人の選択に介入することは妥当なのか，税金の支出に見合った効果があるのかといった議論がなされています（斉藤 2017）。

2．結婚・離婚・再婚──結婚の意味とその変化

（1）結婚とは何か

　結婚は一般的に共有される社会的意味をもつ法的関係であり，配偶者は互いに法的な権限と義務を負います。日本では結婚すると同居・協力・扶助の義務や貞操義務，相続権などが伴います。結婚の社会的意味とは，結婚しているということは性的な関係があり，経済や世帯内での協力があり，関係を維持するコミットメントを互いにもっていると社会において多くの人は考えるということです（Wedgwood 2016）。注意しておきたい点は，日本では憲法第24条や民法第4編第2章に規定があるように，結婚は国家もしくは市民社会の基礎とされる公的なものです。

　では，何のために結婚するのでしょうか。アメリカの家族社会学者チャーリンは結婚では名誉や何かを個人で成し遂げたという象徴的な意味が重要になりつつあると論じています（Cherlin 2004）。また，ランドバーグらは，高学歴の人にとっての結婚は子どもに長期的・安定的に教育投資をするためのツールと議論します（Lundberg et al. 2016）。日本では，社人研が結婚の利点について継続的に尋ねている調査によれば，1987年と2021年で5ポイント以上減少した項目は，男性では「社会的信用を得たり，周囲と対等になれる」「親を安心させたり周囲の期待にこたえられる」，女性では「精神的な安らぎの場が得られる」「現在愛情を感じている人と暮せる」でした。5ポイント以上増加した項目は男女とも「経済的に余裕がもてる」「自分の子どもや家族をもてる」となり，結婚の目的が大きく変化したことがわかります。2015年とくらべ2021年調査では「自分の子どもや家族をもてる」との回答は減少したとはいえ，日本では結婚の目的は子どもをもつためという傾向が強いです。これらから，安定的なカップル関係をもったり，子どもを育てたりするために多くの人は結婚するのでしょう。

　結婚すれば離婚することもあります。日本では戦後，離婚が増加する傾向にありましたが，現代では一定の水準に落ち着いています。図10-3に有配偶女

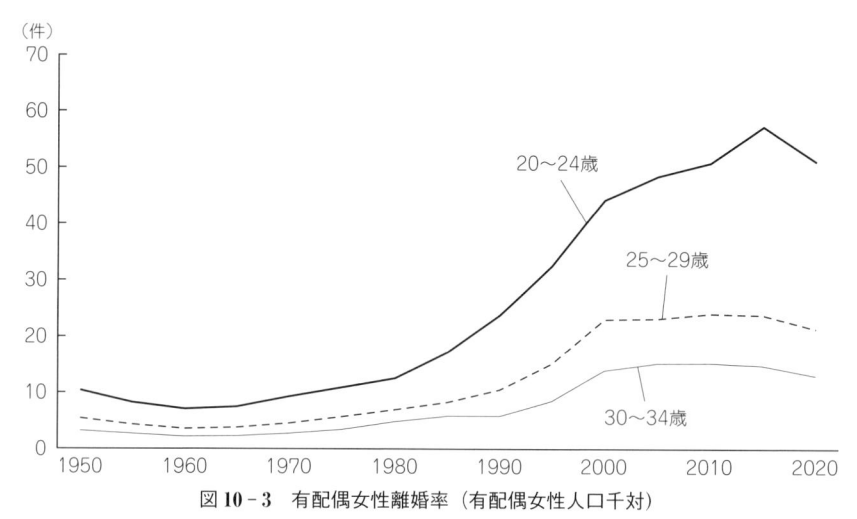

図10-3　有配偶女性離婚率（有配偶女性人口千対）
出所：「人口動態統計特殊報告」

性離婚率を示しました。20〜24歳の離婚率は各年齢層の中で最も高く，25歳以上では1990年ごろから上昇傾向にありましたが，その後は一定のレベルで推移しています。結婚から20年以内に3割弱が離婚するといわれており，離婚も一般的になったといえるでしょう（レイモ・岩澤・バンパス 2005）。学歴が低い，経済的に苦しい，あるいは離婚しても構わないと考える場合には離婚しやすくなります（福田 2005；Raymo et al. 2013）。

　再婚についてみると，2020年では婚姻届けを出したカップルの一方または両方が再婚というケースが約4件に1件となっています（内閣府男女共同参画局 2022）。結婚に占める再婚は多いですが，離死別を直近で経験した人や男性で学歴が低いと再婚しにくいようです（余田 2014）。

（2）変化する結婚のありかた

　結婚が不安定になっているのかと疑問に思う人もいるでしょう。先述したチャーリンは，アメリカでは結婚の脱制度化の傾向がみられると指摘しています。脱制度化前のアメリカの結婚制度の変化についてチャーリンは三段階に分けて説明しました。20世紀以前の結婚は「制度的結婚」でした。男性が家長と

して権力をもち，妻は夫に従属し，恋愛は結婚の重要な要素ではない結婚です。次が1940年代以降の結婚で「友愛結婚」の段階です。愛・友情や性的な満足が重視されました。夫が仕事をもち，妻は主婦という性別分業が主流でした。三つめが共働き化にともなう1960年代以降の「個人主義的結婚」です。自己の能力の開発，柔軟な役割，オープンなコミュニケーションが特徴とされます。それでは結婚の脱制度化とは何でしょうか。チャーリンは個人主義的結婚以降に生じた，男は仕事，女は家庭といった性別分業の弱まりや婚外子の増加，1980年代以降に同棲が結婚の代替となったこと，90年代以降の同性婚の出現といった変化が結婚の脱制度化——パートナーの行動を左右する社会規範の弱化——を引き起こしたと述べています（Cherlin 2020a, 2020b, 2004：848-849）。

　日本でも交際中の人と婚姻届けを出さずに同居する同棲は従来よりみられるようになりましたが，25〜29歳の未婚者で同棲の経験があるのは男性で10.9％，女性で12.9％と一割程度です。18〜34歳の未婚者で「現在同棲している」と答えたのは男性で2.5％，女性で3.6％と少数です（国立社会保障・人口問題研究所2023b）。日本では同棲は結婚の代わりではなく，近いうちに結婚を予想するカップルが結婚に向けて準備するためのようです（不破 2010）。

　戦後日本の結婚の変化については，親が相手を決めるという見合い婚から，個人で相手をみつけるという恋愛結婚へ移行したという理解が一般的です（中村 2016；国立社会保障・人口問題研究所 2023b）。出会い方が見合いでなくなったことで結婚が変化したのかをみるため，恋愛結婚の中身を具体的に検討しましょう。

　「恋愛結婚」であるとするための条件は二つあります。まず，相手が好きであるという確信や愛情があることです（谷本 2008）。谷本は「好きであるという感情がないわけではない」のであれば，恋愛結婚に分類されるといいます。2つ目の条件は交際相手を積極的に探し，カップル単位でさまざまな活動を行うカップル文化に適合するかどうかです（阿藤 1997）。ここでは結婚前にとどまらず結婚後もカップルで活動することが「当たり前」とされます。一番目の条件は多くの人が通例と考えるでしょう。では二番目はどうでしょうか。

　「恋愛結婚」と呼ばれる結婚にはさまざまな出会い方を含み，職場などでお

ぜん立てされたものが多かったそうです。「街中や旅先で」「アルバイトで」出会って結婚するといった，主体的に相手を探して行動した結果，結婚するタイプは一割に満たない少数派といいます（中村 2016：52）。日本社会では交際も低調で，18〜34歳の未婚者で交際相手がいるのは，男性で2割，女性で3割弱です。また日本では夫婦単位の行動は一部にとどまっています。全国家庭動向調査によれば，20代では夫婦だけで出かけることがあると答えたのは58.7％，夫婦間のスキンシップは88.5％，夫婦間の性交渉は72.1％ですが30代では大きく減少します（国立社会保障・人口問題研究所 2023a）。カップル文化が根付いていれば時間的余裕がなくても子どもをもつためでなくても，カップルのみで一緒に時間を過ごすはずです。しかし，実態はそうではありません。

　カップル文化が根付いていないため，「恋愛結婚」の第二の要素は日本では行動で示されにくいです。日本では「恋愛結婚」が増えたといいますが，相手を探すことへの積極性や，カップルのあり方については見合い結婚が主流であった時代からあまり変化していない部分もあるのではないでしょうか。

3．社会の変化と結婚相手選び・結婚相手との協調

（1）結婚相手に誰を選ぶ／選ばれるか

　結婚するためには相手を見つけなければなりません。ここでは社会の経済状況の変化に伴って，相手探しはどのように変わったかをみるために3つの重要な仮説を紹介します。第一はゲーリー・ベッカーの女性の経済的自立仮説，第二はイースタリンの相対所得仮説，第三はオッペンハイマーのつり合い婚仮説です。

　ベッカーの女性の経済的自立仮説は女性が働くようになることを重要とみなします（Becker 1993）。ベッカーは結婚によって夫婦の片方が市場で働き，もう片方が家事や育児などをする分業により，結婚しないよりも世帯としての生産を最大化することで効用（満足感など）が高まるため人びとは結婚すると想定します。ベッカーはさらに前提を加えることで，男性が市場で働き，女性が家事育児を担当する性別分業型の結婚になると論じました。女性が働き経済的

に自立するようになると，女性が結婚によって得られるメリットが少なくなるので結婚を選択しなくなり，未婚化が進むとベッカーは考えました。

　これに対してイースタリンは親世代と子世代の経済的豊かさを比較します（Easterlin 1987）。重要なことは夫婦が協力すれば親世代と同じような豊かさを実現できそうかという見通しです。景気が良い時代に育った子どもは豊かさの基準が高くなります。その子どもが成長したとき，景気が良ければ結婚後も自分が希望する豊かさを維持できそうなので結婚しますが，景気が厳しい時代では豊かになれそうにないので結婚しにくくなると想定します。ベッカーとイースタリンの仮説は未婚化を説明する議論になっていますが，相手をどう選ぶかについてはベッカーの考え方に基づけば分業が効率的になるためには自分と異なる相手が望ましく，イースタリンの考え方に基づけば収入が高い相手が望ましいということになります。

　これに対して，オッペンハイマーが提示したつり合い婚仮説の興味深い点は，経済が不透明な時代には収入が高い女性のほうが収入が低い女性よりも結婚しやすくなると議論した点です（Oppenheimer 1988）。収入が高い女性のほうが収入が低い女性よりも結婚相手として選ばれやすいのは経済的な見通しが持てるためです。

　ベッカーとイースタリンの議論では結婚相手を選ぶプロセスが不明瞭ですが，オッペンハイマーは仕事探しの議論を結婚相手探しに応用しました。仕事を探すときは，給与がどれくらいか，休みはどのくらいか，勤務地はどこなのか，最低限譲れない条件（留保水準）を設定するのが一般的でしょう。結婚生活は長く続くものですから現在の収入だけでなく将来的にどのくらい稼げるかも重要です。定年まで一つの企業に雇用され，年功序列で賃金が上がっていくと信じられた過去の日本であれば，将来は見通しやすかったはずですので，結婚に踏みきれたのでしょう（第5章参照）。ところが，経済状況が不透明になり10年後であっても将来が見通しにくくなった現在では，すぐに結婚すると自分が望む最低限の基準すら満たせない結婚になるかもしれません。そうなることを防ぐための解決策はもう少し結婚を待って相手探しを続ける／相手をみきわめることなので，晩婚化となります。

　このような傾向が日本・韓国・中国・台湾など東アジアでみられることを，チャン・キョンスプはリスク回避的個人化と名づけました。これは「ひとりで生きる期間を延長するまたはそれに戻ることによって，近代生活における家族関連リスクを最小化しようとする諸個人の傾向」です（張 2013：44）。「うまくいきそうな結婚」をより確実に追い求めるためにうまくいかないかもしれない結婚や交際を忌避することで，結婚が難しくなります。東アジアの福祉レジームが家族主義的といわれることと関係します（第9章参照）。

（2）配偶者選択と結婚後の協調のどちらを重視するか

　オッペンハイマーはもう一つ重要な指摘をしています。それは結婚前の配偶者選択を重視するのか，それとも結婚後の協調のどちらを重視するのかという点です（岩澤 2010）。リスク回避的個人化が社会の基調となっている場合には配偶者選択が重視されます。しかし，最善の配偶者候補が現れるとは限りませんし，現れたとしてその相手に自分が選ばれるかどうかもわかりません。そこで，交際時から相手とどのような関係をライフコースにわたってもちたいのか，婚姻届けを出すのか出さないのか，家事分担はどうするのか，性行為はどうするのか，子どもをもつのかどうか，どこに住むのか，仕事はどちらのキャリアも優先するのか，それとも一人のキャリアを優先するのか，子どもをもったとすれば育児休業をどのようにとるのかなど，さまざまな点についてカップルですり合わせたり変更したりして，やっていけそうなら結婚し，難しいようであれば結婚しないという選択がありえます。こういった点について，お互いに考えていること，譲れないポイントを共有し，それが変化すれば変化したでパートナーに伝え，ライフコースにわたって，自分も変わりながらパートナー関係を作り上げていくという協調を重視する関係です。

　これと対比される協調を重視しない関係とは，なんとなく何歳までに相手を見つけて，何歳までに結婚し，何歳までに子どもをもつ，結婚とはこういったものだという社会的規範をお互いがもっていると信じて疑わず，結婚前も結婚後も相談しないというものです。データをみても，日本では結婚相手との協調は低調です。夫婦で出産について話し合っていないのが1割弱ですが，妻の就

労については2割，家事分担は4割，そして生活方針は3割と，話し合っていない夫婦が一定数います（門野 1995）。近年でも，子どもの保育所への入所について配偶者に相談していないのは，男性正社員の3割強，女性正社員の1割を占めます（厚生労働省 2018）。相談しなければ協調は難しいでしょうから，こうした夫婦では夫婦であっても個人が分離した状態にあります。

　これは日本の結婚が協調を重視せず，男性が収入を得て，女性が生殖を提供する図式を踏襲し続けているからではないでしょうか（不破 2020）。ブリントン（2022）も男性は仕事を続け，女性は子どもの手が離れたらパートで働く，あるいは育児休業などをとりながら子どもを育てるというのが一般的なカップル，という規範に日本の社会は縛られているといいます（第7章参照）。

　少し話が飛躍するようですが，このようにカップルの協調が少ないことは，未婚化・晩婚化に大きな影響を及ぼしているのではないでしょうか。協調よりも配偶者選択を重視している現状では，「なんとなく結婚してもやっていけそうな人」でなければ，結婚相手候補として選ばれにくいからです。そのため，子どもをもちたいとは思わない女性や収入が低い男性はそもそも結婚をあきらめて結婚市場に現れず，現れたとしても選ばれない可能性が高いのではないでしょうか。日本の結婚のあり方が変わるとすれば，配偶者選択だけではなく結婚後の夫婦の関係性や協調にも高い関心と努力が注がれるようになる時かもしれません（岩澤 2010）。日本社会はまだ規範が強いとはいえ，仕事や家事の分担，夫婦だけではなく親との関係も含めた結婚のあり方について希望が多様化している可能性があります。

4．これからのパートナーシップ

　ここまで，婚姻届けを役所に提出し，受理される法律婚を前提に話を進めてきました。しかし，個人の人生のなかでは恋人をもったり，同棲することもあるでしょう。また，事実婚，同性婚など多様なパートナーシップがあります。さまざまなパートナーシップと結婚について興味がある人はハルワニ（2018＝2024）を参考にしてください。こうした多様なパートナーシップの日本での実

態を短く確認しましょう。現状では夫婦別姓を望むため事実婚を選ぶ人は極めて少ないです。

　本章では経済が不透明な時代には女性であっても収入が高いと結婚相手として選ばれやすいという議論を紹介しましたが，日本でも従来とは異なり最近は長期的・潜在的な稼得力がある女性のほうが結婚しやすいことが示されています（木村 2022）。どのような相手と結婚するか，夫婦の組み合わせも変わってきました。学歴・職業・収入，階級・階層，国籍，人種や民族，宗教などいろいろな基準がありますが，学歴について厳密に分析すると女性からみた学歴下方婚が増えています（Fukuda et al. 2021）。ただし，社会全体で大卒者が増えているので，どのような大学を卒業したのかといった大学の違いに注目して分析したほうが実態がよく理解できるのでそうすべきとの議論もあります（Uchikoshi 2022）。マッチングアプリで結婚相手を探す人も一定数いるなど，出会い方や結婚相手の選び方に変化がみられます。

　また，婚姻を解消したひとり親世帯の貧困問題や離婚後の共同親権に注目が集まっています。離婚すると低所得層の女性の収入が大きく減り，正規雇用で働いても再婚してもその影響は消えません（木村 2023）。離婚がめずらしくなくなった現在，離婚は生じるものとしてさまざまな社会制度を整える必要があります。

　カップルの両方が同性である結婚（同性婚）は日本ではまだ法的に位置づけられていません。公営住宅への入居や入院時の面会など実生活での課題を緩和するために，同性パートナーシップ制度を導入する自治体が増えており人口カバー率は8割を超えたと報道されています。市町村数でみれば1,718ある市町村のうち，導入は453自治体にとどまります（2024年4月時点）。さらに，これらは国の法律ではなく各自治体の条例であるためパートナーシップ制度の内容は自治体によって異なりますし，その効果は限定的です。現状は同性カップルに対して相続や親権など異性婚と同等の法的保護を与えない差別的取り扱いを許容しています。

　また，自分の名字を維持したまま結婚するという選択的夫婦別姓についても，内閣府の2017年の調査では「婚姻をする以上，夫婦は必ず同じ名字（姓）を名

乗るべきであり，現在の法律を改める必要はない」と答えた者の割合が3割弱，「夫婦が婚姻前の名字（姓）を名乗ることを希望している場合には，夫婦がそれぞれ婚姻前の名字（姓）を名乗ることができるように法律を改めてもかまわない」と答えた者の割合が4割強，「夫婦が婚姻前の名字（姓）を名乗ることを希望していても，夫婦は必ず同じ名字（姓）を名乗るべきだが，婚姻によって名字（姓）を改めた人が婚姻前の名字（姓）を通称としてどこでも使えるように法律を改めることについては，かまわない」と答えた者の割合が2割5分でしたが，質問項目が変わった2021年の調査では「現在の制度である夫婦同姓制度を維持した方がよい」と答えた者の割合が3割弱，「現在の制度である夫婦同姓制度を維持した上で，旧姓の通称使用についての法制度を設けた方がよい」と答えた者の割合が4割強，「選択的夫婦別姓制度を導入した方がよい」と答えた者の割合が3割弱となっており，2017年と2021年で旧姓使用と選択的夫婦別姓への賛否の差が大きいです。朝日新聞の報道によれば2021年に質問文が変更された背景には自民党右派への政治的配慮があったといいます（阿部ほか 2022）。

　日本国憲法第24条第1項には「婚姻は，両性の合意のみに基いて成立し，夫婦が同等の権利を有することを基本として，相互の協力により，維持されなければならない」，第2項には「配偶者の選択，財産権，相続，住居の選定，離婚並びに婚姻及び家族に関するその他の事項に関しては，法律は，個人の尊厳と両性の本質的平等に立脚して，制定されなければならない」とあります。

　結婚は私的な事柄のように思われますが，市民社会のあり方にかかわります。日本社会では少子化対策などにみられるように国が主導して政策や制度が変更されてきた経緯があります。少子化対策からみた結婚では，個人とさまざまな支援をする国家というように，国家を維持することを目的として，さまざまな支援がなされ，支援をめぐって個人や集団が争うということが生じかねません。日本は民主主義社会です。国家と個人といった関係だけでなく，市民社会において民主主義社会における結婚やそれを取り巻く制度についての議論を通じて，個人の人権を基礎として結婚という社会制度をよりよいものにするという視点を欠かさないことが重要です。完璧な結婚ができる社会が到来するのを待つの

ではなく，結婚できるのであればまずは結婚してみて，さまざまな議論を通して結婚やそれを取り巻く制度の変革を求めていくという方向性もあります。

引用・参考文献

阿部彰芳・戸田政考・三輪さち子，2022，「『保守派との関係でもたない』夫婦別姓の調査めぐり政府内で対立」朝日新聞デジタル．
　　https://www.asahi.com/articles/ASQ8M6RWWQ82UTFK01C.html（2024年5月8日取得）．

阿藤誠，1997，「『少子化』に関するわが国の研究動向と政策的研究課題」『人口問題研究』53(4)：1-14.

Becker, G. S., 1993, *A Treatise on the Family Revised Edition*, Harvard University Press.

ブリントン，メアリー，池村千秋訳，2022，『縛られる日本人』中公新書．

張慶雯，2013，「個人主義なき個人化」落合恵美子編『親密圏と公共圏の再編成』京都大学学術出版会，39-65．

Cherlin, A., 2004, "The Deinstitutionalization of American Marriage," *Journal of Marriage and Family*, 66(4)：848-61.

Cherlin, A., 2020a, *Public & Private Families: An Introduction 9th Edition*, McGraw-Hill College.

Cherlin, A., 2020b, "Degrees of Change: An Assessment of the Deinstitutionalization of Marriage Thesis," *Journal of Marriage and Family*, 82(1)：62-80.

ハルワニ，ラジャ，江口聡・岡本慎平監訳，2024，『恋愛・セックス・結婚の哲学』名古屋大学出版会．

Easterlin, R. A., 1987, *Birth and Fortune*, University of Chicago Press.

福田節也，2005，「離婚の要因分析」家計経済研究所編『リスクと家計 平成17年版』国立印刷局，49-63．

Fukuda, S., S. Yoda and R. Mogi, 2021 "Educational Assortative Mating in Japan," *Journal of Population Studies*, 57: 1-20.

不破麻紀子，2010，「同棲経験者の結婚意欲」佐藤博樹・永井暁子・三輪哲編『結婚の壁』勁草書房，77-96．

―――，2020，「職場のワーク・ライフ・バランス環境とパートナー関係」石田浩・有田伸・藤原翔編著『人生の歩みを追跡する――東大社研パネル調査でみる現代日本社会』勁草書房，171-194．

岩澤美帆，2010，「職縁結婚盛衰からみる良縁追及の隘路」佐藤博樹・永井暁子・三

輪哲編『結婚の壁——非婚・晩婚の構造』勁草書房，37-53.

門野里栄子，1995，「夫婦間の話し合いと夫婦関係満足度」『家族社会学研究』7：57-67.

木村裕貴，2022，「女性の稼得力が結婚形成と配偶者選択に及ぼす影響の変化」『家族社会学研究』34(2)：93-106.

————，2023，「離婚を通じた不利の累積」『社会学評論』74(2)：262-79.

国立社会保障・人口問題研究所，2023a，『第7回全国家庭動向 調査結果の概要』.

————，2023b，『第16回出生動向基本調査 報告書』.

————，2023c，『人口統計資料集 2023年 改訂版』.

厚生労働省，2018，「平成30年度 仕事と育児等の両立に関する実態把握のための調査研究事業報告書 労働者アンケート調査結果」.

————，2022，「令和4年度 人口動態統計特殊報告 離婚に関する統計 表14 年次・夫妻・別居時の年齢（5歳階級）別有配偶離婚率（有配偶人口千対，同年別居）昭和25～令和2年」.

————，2023a，「人口動態調査 人口動態統計 確定数 婚姻 表9-1」.

————，2023b，「人口動態調査 人口動態統計 確定数 婚姻 表9-11」.

Lundberg, S., R. Pollak, and J. Stearns, 2016, "Family Inequality," *Journal of Economic Perspectives*, 30(2): 79-102.

三輪哲・田中茜，2020，「どのような『婚活』が結婚へと導くのか」石田浩・有田伸・藤原翔編『人生の歩みを追跡する——東大社研パネル調査でみる現代日本社会』勁草書房，151-170.

内閣府男女共同参画局，2022，『男女共同参画白書 令和4年版』.

中村真理子，2016，「出会いと結婚の半世紀」平井晶子・床谷文雄・山田昌弘編『出会いと結婚』日本経済評論社，45-70.

Oppenheimer, V. K., 1988, "A Theory of Marriage Timing," *American Journal of Sociology*, 94(3): 563-91.

レイモ・ジェームズ／岩澤美帆／ラリー・バンパス，2005，「日本における離婚の現状——結婚コーホート別の趨勢と教育水準別格差」『人口問題研究』61(3)：50-67.

Raymo, J., S. Fukuda and M. Iwasawa, 2013, "Educational Differences in Divorce in Japan," *Demographic Research*, 28: 177-206.

斉藤正美，2017，「経済政策と連動する官製婚活」本田由紀・伊藤公雄編『国家がなぜ家族に干渉するのか——法案・政策の背後にあるもの』青弓社，85-120.

佐々木尚之，2012，「不確実な時代の結婚——JGSS ライフコース調査による潜在的稼得力の影響の検証」『家族社会学研究』24(2)：152-164.

谷本奈穂，2008，『恋愛の社会学』青弓社.

Uchikoshi, F., 2022, "Explaining Declining Educational Homogamy," *Demography*, 59 (6): 2161-86.

Wedgwood, R., 2016, "Is Civil Marriage Illiberal?" E. Brake ed., *After Marriage: Rethinking Marital Relationships*, Oxford University Press, 29-50.

山田昌弘・白河桃子，2008，『婚活時代』ディスカヴァー・トゥエンティワン.

余田翔平，2014，「再婚からみるライフコースの変容」『家族社会学研究』26(2)：139-150.

（柳下　実）

第11章

変化する社会のなかの子ども・若者の自殺

　20歳代の若者，40歳代の中年，60歳代の高齢者のうち，いまの日本社会で自殺する危険性がもっとも高いのは誰だと思いますか。人間が自ら死を選ぶ理由はさまざまですが，日本では健康問題を理由にした自殺がもっとも多いです（厚生労働省 2023）。このことを知っている人は，60歳代の高齢者を選ぶかもしれません。また，「過労死」「過労自殺」という言葉があるように，日本の労働環境には過酷な面があることは否定できません。このことから，働き盛りの40歳代を選ぶ人もいるでしょう。

　では，20歳代はどうでしょうか。若者は高齢者ほど深刻な健康問題は抱えていないでしょうし，まだまだ仕事上で重い責任を負うこともありません。いろいろなことに挑戦し，自分自身の可能性を広げる時期でもあり，自殺とはもっとも関係が薄い年代にみえます。

　しかし，いまの日本社会では，どの年齢であっても，自殺の危険性に大きな差はありません。20歳代の若者，40歳代の中年，60歳代の高齢者が自殺する危険性はほぼ同じなのです。まずは自殺に関する公的統計から，年齢層別にみた自殺動向の推移を読み取っていきましょう。

1．年齢層別にみた自殺動向の推移

（1）自殺に関する公的統計

　自殺に関する主要な公的統計（政府・地方自治体などの公的機関が作成して

いる統計）として，警察庁の「自殺統計」（令和○年における自殺の状況）と
厚生労働省の「人口動態統計」があります。いずれも厚生労働省の『自殺対策
白書』にその概要がまとめられています。『自殺対策白書』には両者の違いが
あげられていますが（厚生労働省 2023：15），特に重要なのは次の2点です。

　第1に，外国人の自殺の扱いが異なります。警察庁の「自殺統計」には外国
人の自殺も含まれているのに対し，厚生労働省の「人口動態統計」には外国人
の自殺は含まれていません。そのため，2つの統計の自殺者数は原則として一
致しません。

　第2に，自殺を計上する地点が異なります。A県に住む人がB県内で自殺を
図り亡くなった場合，「自殺統計」はB県の自殺として記録しますが，「人口動
態統計」ではA県の自殺として記録します。そのため，2つの統計では都道府
県別自殺者数にも差が生じることになります。

　このほか，統計がカバーしている時代的範囲も異なります。「自殺統計」は
1978年までしか遡ることはできません。これに対して，「人口動態統計」は
1899年から統計を作成しているため，長期にわたる自殺動向を把握することが
できます。

　両者の使い分けについてですが，上記のように，1978年以前の自殺動向につ
いて知りたい場合は，厚生労働省の「人口動態統計」を活用するしかありませ
ん。これに対して，1978年以降の自殺動向を知りたい場合で，特に日本人の自
殺に限定する必要がないのであれば，警察庁の「自殺統計」を用いた方がよい
でしょう。ただし，2つの統計には年齢や職業の区分など細かな点で違いが多
いため，知りたいことに応じて使い分けることが大切です。

（2）年齢による自殺死亡率の差の縮小

　以下では警察庁の「自殺統計」から，1990年以降の自殺動向について簡単に
触れておきましょう。1990年代初頭の自殺者数は2万人台前半であり，比較的
自殺が少ない状況でした。しかし，長引く不況を背景として，日本の自殺者数
は1997年から1998年にかけて約2万2千人から約3万人へと急増しました（澤
田ほか 2013）。その後も自殺者数は高止まりを続け，2011年まで13年連続で自

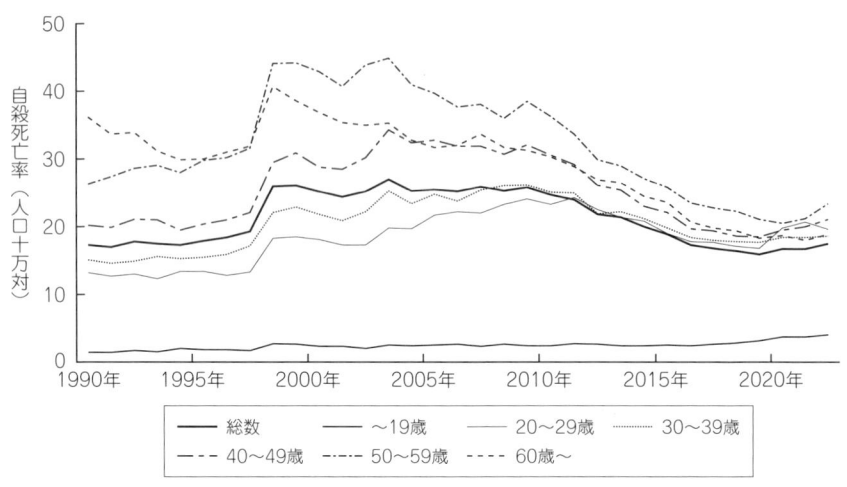

図 11-1　年齢層別にみた自殺死亡率の推移（1990年〜2022年）

注：自殺死亡率は警察庁の「自殺統計」に基づく。

出所：『令和5年版自殺対策白書』

殺者数が3万人を超えていました。2010年代に入り自殺者数はようやく減少傾向を示し，2019年の自殺者数は2万169人と1978年以降でもっとも少なくなりました。その後，自殺者数はコロナ禍の2020年に微増し，2021・22年も同様の傾向が続いています。

　しかし，年齢層別にみると，また異なった状況を読み取ることができます。図11-1には年齢層別の自殺死亡率の推移を示しました。なお，ここでの自殺死亡率（suicide rate）とは，「人口10万人あたりの自殺者数」を意味します。年齢層によって人口規模（人数）が異なるため，単純に自殺者数の推移をみるだけでは，どの年齢層で自殺が発生しやすいのかを読み取ることができません。そこで人口を10万人に揃えたうえで，自殺者数を比較します。なお，慣例的に人口10万人あたりの自殺者数を自殺死亡率とすることが多いですが，人口1万人あたりでも100万あたりでも特に問題はありません。

　図11-1に戻りましょう。60歳以上の高齢層は1999年，40歳代・50歳代の中年層は2003年をピークとして，コロナ禍前の2019年まで自殺死亡率は一貫して低下傾向を示しています。これらの年齢層の自殺死亡率の低下は顕著であり，

2019年の自殺死亡率はピーク時からだいたい半減しています。

　これに対して，20歳代・30歳代の自殺死亡率は，1990年から2010年前後まで一貫して上昇を続けています。その変化は大きく，20歳代は1990年の13.2からピーク時の2011年の24.3まで80％以上も上昇しており，30歳代は1990年の15.1から2009年の26.2まで70％以上も上昇しています。その後，自殺死亡率は低下傾向を示したものの，20歳代・30歳代の自殺死亡率は2019年時点でも自殺急増前年の1997年の自殺死亡率よりも高いのです。

　このように，若い世代の自殺動向は安定しているとはいえない状況にあります。若い世代の自殺死亡率が上昇し，中年・高齢層の自殺死亡率が低下したことにより，自殺死亡率の年齢差は消失しつつあるのも近年の特徴です。1990年では20歳代の自殺死亡率13.2，40歳代20.2，60歳代36.2だったのが，2022年では20歳代19.6，40歳代21.1，60歳以上18.6となり，年齢による自殺死亡率の差がほぼなくなっています。

　なお，図11-1ではややわかりにくいですが，未成年の自殺動向はより深刻な状況にあります。1990年以降，一貫して自殺死亡率は上昇傾向にあり，1990年から2022年にかけて自殺死亡率は約3倍も上昇しているのです（1.4→4.0）。子どもの自殺については第3節の（2）で触れることにします。

（3）それでも自殺は身近な問題ではない？

　以上から，現代日本社会において，自殺は若者の問題といっても決して言い過ぎではないことがわかってもらえるでしょう。しかし，それでも自殺は自分と関係ない出来事だと考える若い読者もいるかもしれません。たしかに2022年に自殺より亡くなった方は2万1,881人（警察庁「自殺統計」）であり，人口の0.02％が自ら命を絶っている計算になります。このことをどのように評価するかは難しいですが，大きな割合だと思う人は少数でしょう。それでもやはり自殺は我々にとって縁遠い問題であるとはいえないのです。

　2021年に実施された厚生労働省の「令和3年度自殺対策に関する意識調査」では，18歳以上の成人を対象に自殺念慮（自殺したいと考えること）の経験を尋ねています。この調査によると，回答者のうち約27％が「これまでの人生で

本気に自殺を考えたことがある」と答えています。なかでも20歳代の状況は深刻で，実に約37％が自殺念慮を経験しています。なお，コロナ禍以前に実施された調査をみると，自殺念慮の経験があるのは成人（20歳以上）では約24％，20歳代では約23％でした（厚生労働省「平成28年度自殺対策に関する意識調査」）。コロナ禍において，特に若い世代の精神的健康が悪化したことを読み取ることができます。

　また，身近な人を自殺で亡くした経験をもつ人も決して少なくありません。上述の「令和３年度自殺対策に関する意識調査」によれば，成人の約33％，20歳代の約22％が自分の周囲に自殺をした人がいると回答しています。内訳をみると，同居親族（家族）以外の親族や友人，職場関係者が多いです。20歳代でも約22％がそのような経験があると答えています。

　このように，自殺という選択肢を真剣に考えたことのある人や，身近な人を自殺で亡くしたことのある人は決して少なくありません。人生のどこかで，自殺という出来事に何らかの形で直面することは珍しくはないといえるでしょう。

2．デュルケムの自殺論

（1）自殺は個人の問題か？

　若者にとって自殺は決して無関係の問題ではないこと，むしろ身近な問題であることを納得してくれたと思います。それでも，「第１節の（1）で健康問題を理由に亡くなる人が多いことを知りました。私の家系はみな体が丈夫なので，自殺について考える必要はないですよね」「自殺する人はまじめ過ぎると聞いたことがあります。私は能天気な性格なので，やっぱり自殺は自分には関係ない話だと思います」と考える読者もいるかもしれません。

　そこで２節では，自殺は個人の問題ではなく，社会の問題であると主張したエミール・デュルケムという社会学者の考え方を紹介しましょう（デュルケム2018）。

　デュルケムは自ら命を断つという，もっとも個人的と思われる行為にさえ，社会的な原因を見出すことができるといいます。自殺の原因として，私たちは

「あの人はまじめ過ぎたから…」と本人の性格に原因を求めたり，うつ病など
の健康問題に原因を求めたりしがちです。たしかに性格要因や健康問題は自殺
の危険性と密接に関係していますが（高橋 2022），性格や病気という個人的な
要因だけが自殺の原因というわけではありません。デュルケムが明らかにした
のは，人びとと社会との関係性もまた，人びとの自殺の危険性に大きな影響を
与えているということなのです。

　デュルケムが注目したのは，社会的統合と社会的規制という 2 つの要因です。
いずれも複雑な意味をもつ概念ですが，本章では社会的統合を「個人と個人，
あるいは個人と集団とのつながり」と理解しておきましょう。また，社会的規
制については，「道徳やルールにより，人びとの欲望や行動を縛ること」と理
解しておきましょう。

（2）自己本位的自殺と集団本位的自殺

　デュルケムは，社会的統合が非常に弱いために生じる自殺を「自己本位的自
殺」と呼びました。社会との結びつきが弱くなったり，結びつき自体が無く
なったりしてしまうと，人びとの自殺の危険性は高くなります。社会との結び
つきが弱まり，孤立してしまうと，私たちは生きる目的や意味を見失い，自殺
する可能性が高まるのだとデュルケムはいいます。

　その根拠として彼はさまざまなデータを挙げたのですが，特に有名なのがカ
トリックとプロテスタントの比較です。デュルケムが調べたところでは，19世
紀の西ヨーロッパでは，カトリック教徒が多い国や地域よりも，プロテスタン
ト教徒の多い国や地域の方が，自殺死亡率が高いことがわかりました。どちら
も自殺を禁じるキリスト教の教派ですので，宗教的な教義の違いは理由になり
ません。

　そこでデュルケムは次のように説明しました。カトリックは日常的に信者が
教会に集うため，信者同士の結びつきは強くなる。これに対して，プロテスタ
ントは信者が聖書を自由に解釈する余地（自由検討）を認めているため，わざ
わざ教会に信者が集まる必要がなく，信者同士の結びつきは弱くなる。つまり，
プロテスタント教徒が多い社会はカトリック教徒が多い社会よりも社会的統合

が弱いため，自殺死亡率も高くなるのだ，と。

　その一方でデュルケムは，社会的統合が非常に強い状態もまた問題であり，人びとの自殺の危険性を高めると指摘しています。たしかに社会と結びつくことで私たちは生きる目的や意味を得ることができますが，その結びつきが強すぎるとき，個人の生命は集団の利益や規範よりも軽視される傾向があります。もっとも極端なケースでは，武士の切腹のように個人は集団（イエ）のために犠牲になって当然と考えられてしまいます。社会的統合が強すぎるとき，人びとはいわば集団のために命を絶つことが求められるのです。彼はこの種の自殺を集団本位的自殺と呼びました。

（3）アノミー的自殺と宿命的自殺

　デュルケムは，社会的規制が非常に弱いために生じる自殺を「アノミー的自殺」と呼びました。アノミーとは，人びとの欲望が道徳やルールによって規制・制限されていない状態を意味します。デュルケムによれば，人間の欲望には限界が無いため，道徳やルールによって縛る必要があります。しかし，社会的規制が弱まってしまうと，人びとの欲望は膨れ上がり，慢性的な欲求不満に陥り，自殺が増えてしまうのです。

　このことは，景気が悪い時期だけでなく，景気の良い時期にも自殺死亡率が上昇していたことからも明らかだと彼はいいます。現在では，日本を含め多くの国々でこのような事実は確認されていませんが，デュルケムが生きた19世紀後半のヨーロッパ諸国ではこういった現象が起きていました。関心のある方は，ボードロ＆エスタブレ（2012）などをご覧ください。

　さて，その理由を彼は次のように述べます。突然の好景気によって，人びとは経済的成功や富の獲得という大きな野心をもつ。しかし，この種の経済的欲望には限界がなく，いつまでたっても欲望が満たされることはない。結果として，人びとは慢性的な欲求不満を抱え強いストレスを感じることになる。その結果として，好況時に自殺死亡率が高くなるのだ，と。

　社会的統合と同じく，社会的規制が非常に強くても，人びとの自殺の危険性が高くなるとデュルケムはいいます。このような状況下で発生する自殺を「宿

命的自殺」といいます。ここでは，アノミー的自殺とは反対に，社会によって人びとの欲望や行動が過度に規制・制限されることによって生じる自殺が問題とされています。たとえば，さまざまな自由を奪われた奴隷の自殺がその一例です。

　以上のように，社会的統合や社会的規制が強すぎても弱すぎても，人びとの自殺の危険性は高くなるというのが，デュルケムの自殺理論のポイントです。個人と集団がほどよく結びついている社会や，道徳やルールが適正に機能してる社会では，自殺死亡率は低くなるのです。

（4）社会の変化と自殺

　以上の4つの自殺のタイプのうち，彼自身の関心は自己本位的自殺やアノミー的自殺にありました。デュルケムが生きていた当時，ヨーロッパ諸国では自殺の急増が問題になっていました。彼は社会的統合と規制の弱体化にその原因を見出していたからです。

　彼の生きていた19世紀後半のヨーロッパは，産業化や都市化が進み，社会が急速な発展を遂げていた時代です。科学技術も発達し，キリスト教に基づく世界観が弱まり，科学によって世界を理解するという価値観が広がりつつありました。簡単に言えば，伝統や宗教が支配していた世界から人びとが自由になりつつあったのが，デュルケムが生きていた時代でした。

　社会が自由になることは素晴らしいことなのですが，その一方で，社会のまとまり（統合）は失われていきます。伝統や宗教に基づく関係性から解き放たれた人びとは，都市で新たな生活を営むことになるのですが，伝統や宗教にかわる心の拠り所を見つけられずにいました。また，伝統的な道徳や宗教の縛りは弱まったものの，新しい道徳やルールがすぐに生まれるわけもなく，人びとは「何が正しいのかわからない」「何をしたらいいかわからない」状態に陥ってしまいました。つまり，社会が発展する一方で，社会的統合や規制が非常に弱まったため，ヨーロッパ諸国で自殺が急激に増えたのだとデュルケムは考えたのです。

　このように，デュルケムは自殺が社会の問題であること，具体的には社会の

あり方によって人びとの自殺の危険性に違いが生まれると主張しました。また，彼の議論に従えば，社会のあり方が変化すると人びとの自殺の危険性が変化することになります。1節でみたように，1990年代以降，若者の自殺死亡率は大きく変化していました。その背景には日本社会の変化があると考えることができます。

　では，どのような変化が若者たちの自殺の危険性を高めたのでしょうか。3節の（1）では20歳代・30歳代の若者の自殺，3節の（2）では子どもの自殺について考えていきましょう。

3．子ども・若者の自殺をめぐって

（1）寄る辺のない若者たちの自殺

① 社会から排除される若者たち

　宮本（2002）が指摘するように，現代の若者にとって「安定した職に就き，結婚し，子どもを育てる」という人生の道筋は，狭く閉ざされたものになりつつあります。安定した職を持つことや家庭を築くこと，言い換えれば集団に所属することは貧困や孤立を防ぐ重要な方策です。いわば集団は人びとを保護する安全網（セーフティネット）であるといえます。しかし，少なくない若者は，その安全網から零れ落ちつつあるのです。

　1990年代以前の日本社会では，安定した仕事をもち，家庭を築くことは，ほとんどの人びとにとって「当たり前」とされていました。もちろん，すべての人びとが仕事をもち結婚していたわけではありません。そのような人生を当然視することができていたという意味です（第10章参照）。

　現代の若者たちの一部は社会的に排除されているといえるかもしれません。社会的排除とは，ある社会で「それが行われることが普通であるとか望ましいと考えられるような社会の諸活動への『参加』の欠如」（岩田 2008：24）を意味します。以下では安定した仕事からの排除と家庭生活からの排除が，どのように若者の自殺の危険性に影響を及ぼすかを紹介します。

② 不安定な働き方の広がりと若者の自殺

　不安定な仕事に従事する若者はもはや珍しくありません。総務省統計局「労働力調査（詳細集計）」によると，雇用者に占める非正規労働者（25〜34歳）の割合は，1990年時点では男性で3.2％，女性28.2％でした。その後，非正規労働者の割合は上昇を続け，2007年に女性では42.5％で過去最高を記録し，男性も2014年に16.6％で過去最高を記録しました（2022年の段階では，非正規労働者の割合は，男性14.9％，女性30.7％です）。もちろん，正規雇用だからといって将来安泰というわけではありませんが，正規雇用の方が非正規雇用よりも所得や地位・身分の面で安定していることは明白です（太郎丸 2009：第5章参照）。

　失業率（25〜34歳）の動向にも触れておきましょう。上述の「労働力調査」によると，1990年は男性1.8％，女性3.4％と低水準でしたが，男性は2010年に6.6％，女性は2002年に7.3％を記録しています。その後，失業率は低下傾向にありましたが，コロナ禍で再び上昇し，2022年では男性3.8％，女性は3.2％となっています。

　このような若者の雇用不安定化は自殺死亡率の上昇をもたらす可能性があると指摘されています。西ヨーロッパ諸国では，1970年代のオイルショック後に若者の雇用環境が悪化し，不安定な仕事に従事したり，職に就けない若者が増加したりしました。その結果，若者の自殺死亡率が上昇したのです（ボードロ＆エスタブレ 2012）。

　では，なぜ不安定な仕事に従事している人や，職をもっていない人は，自殺の危険性が高いのでしょうか。さまざまな理由が考えられますが，ここでは次の理由をあげておきます。

　まず，経済的な要因です。非正規労働者や無職者が経済的に苦しいことは説明の必要がないでしょう。そして，お金がないことは，さまざまな不安を生み出し，それ自体が大きなストレスの源（ストレッサー）です。強いストレスに曝され続けることで，心の健康を損ない，自殺をする可能性が高まります。

　次に，人間関係です。後でも議論しますが，周囲の人に恵まれ豊かな人間関係を築くことは，心の健康を維持するために重要です。仕事をもつことは，単

にお金を稼ぐために重要なだけでなく，豊かな人間関係を築くことにもつながります。これは学校が勉強をするためだけの場ではなく，友達をつくるためにも重要な場であるのと同じです。また，頻繁に学校を休んでしまうと友達づくりが難しくなるように，頻繁に仕事を変えざるを得ない非正規労働者が，仕事を通じて友人をつくることが難しいこともおわかりいただけると思います。

　最後に，スティグマです。スティグマとは，簡単にいえば，ある属性・特徴に付与される否定的なイメージのことです。特に日本では，安定した仕事をもつことは「大人として当たり前」とされる傾向が強いと考えられます。非正規労働者や無職者は「一人前ではない」と見なされてしまったり，自分でそのように思いこんだりし，どこか後ろめたさや情けなさを感じて，心の健康を損なう可能性があります。

　なお，フルタイムで働けないほど健康状態が悪い人が，非正規雇用に就いたり，そもそも仕事に就かないこともあります。この場合，非正規や無職が自殺の原因なのではなく，健康状態の悪さが真の原因だといえるかもしれません。この考え方も間違いではないのですが，海外のさまざまな研究によれば，健康状態を考慮してもなお，非正規労働者や無職者の自殺の危険性が高いことがわかっています（平野 2020）。

　西ヨーロッパでも日本でも，若者たちが深刻な経済的不況と雇用不安定化に直面するなかで，自殺動向はより深刻化しました。以下ではデータを示し，不安定な雇用で働く人や無職者の自殺の危険性をみていきます。

　まず，現代日本社会では，就業者と無職者の自殺死亡率にどれほどの差があるのでしょうか。図11－2には25～34歳の就業者と無職者の自殺死亡率を男女別に示しました。ここから，男女ともに無職者の自殺死亡率が大幅に高いことを読み取ることができます。その差は男性では約7倍，女性でも約5倍にのぼります。この自殺死亡率の差は，無職者の精神的な健康状態がいかに深刻なものかを示しています。なお，図11－2には2020年の結果を示しましたが，コロナ禍以前でも，有職者よりも無職者の自殺死亡率の方が高い点に変わりありません（平野 2020）。

　これに対して，非正規労働者の自殺の危険性については，公的統計で把握で

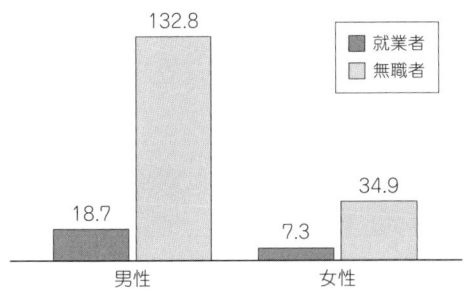

図11 - 2　職業の有無別にみた25～34歳の自殺死亡
率（2020年）

出所：「令和 2 年度 人口動態職業・産業別統計」

きないという理由もあり，まだわかっていない点も多いです。ただ，カナダや日本で実施された調査によれば，正規労働者（フルタイム雇用）と比較すると非正規労働者（パートタイム雇用）は自殺念慮を抱きやすく，自殺企図を行いやすいことが報告されています（平野 2020）。

　また，コロナ禍においても，正規労働者よりも非正規労働者の方が自殺念慮を抱きやすいということを示した調査があります。2021年 2 月に京都大学が実施した「生涯学 WEB 調査」では，全国に居住する20～69歳の男女 2 万人に過去 1 年間の自殺念慮の経験を尋ねています。つまり，このデータから，コロナ禍の最初の 1 年間において，どのような人が自殺念慮を抱いていたかを知ることができるのです。

　図11 - 3 には20～39歳に対象者を絞ったうえで，雇用形態（働き方）によって，自殺念慮の経験率が違うのかを男女別に示しました。ここから，男女ともに，正規労働者よりも，非正規労働者や無職者の自殺念慮の経験率が高いことを読み取るができます。また，図には示していませんが，多変量解析という手法で，年齢や学歴，配偶者の有無等の基本的属性の影響を揃えたうえで，働き方と自殺念慮の関連を調べました。その結果，男女ともに非正規労働者は正規労働者よりも自殺念慮を1.5倍抱きやすいがわかりました。無職者については，正規労働者よりも，男性は3.6倍，女性では1.7倍も自殺念慮を抱きやすかったのです。

　コロナ禍で若者の自殺が増えたことに注目が集まりましたが，非正規労働者

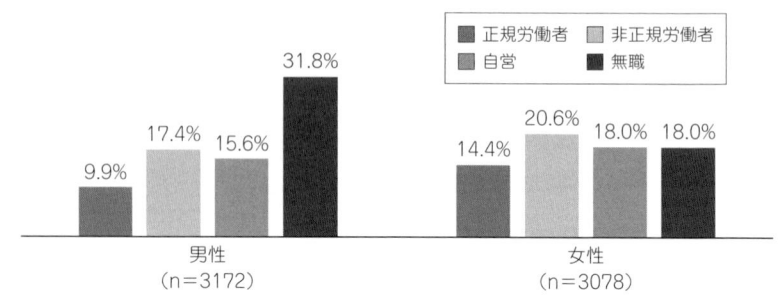

図11-3　雇用形態別にみた自殺念慮の経験率（20〜39歳）

注：男性では，カイ二乗値＝78.486（p<0.01），クラマーのＶ＝0.157。女性では，カイ
　　二乗値＝14.936（p<0.01），クラマーのＶ＝0.070。
出所：「生涯学 WEB 調査」より筆者作成。

や無職者という，困難な立場の若者がより深刻な状態に立たされていたことが
わかりました。コロナ禍という危機において，社会の助けが必要な若者に社会
は決して優しくなかったのです。

③ 独りで生きる若者の自殺

　安定した職を得ることと同様に，結婚も若い世代にとっては縁遠いものとな
りつつあります。社会の未婚化（非婚化）を示す指標の１つに50歳時の未婚割
合があります。国立社会保障・人口問題研究所「人口統計資料集（2023）」に
よれば，50歳時の未婚割合は1990年の男性5.6%，女性4.3%から2020年には男
性28.3%，女性17.8%に激増しています。現時点でもだいたい男性の３〜４人
に１人，女性の５〜６人に１人は結婚をしておらず，すでに結婚しない人生が
当たり前の社会が到来しつつあるのです。この未婚化（非婚化）の傾向は今後
も続くとみられています（第10章参照）。

　この未婚化（非婚化）の進展が，自殺動向にも無視できない影響を与える可
能性があります。かつてデュルケムも指摘しましたが，結婚している有配偶者
の方が，無配偶者（未婚・離婚・死別者）よりも自殺死亡率は低いのです
（デュルケム 2018）。その理由の１つとして，ソーシャル・サポートがあります。
ソーシャル・サポートとは，「対人関係からもたらされる，手段的・表出的な
機能をもった援助」を意味します（稲葉 1992）。金銭面での援助を得ること

（手段的援助）や，困ったときに相談に乗ってもらうこと（表出的援助）など
が，ソーシャル・サポートの中身ということです。このようなサポートを実際
に受け取ったり，あるいはサポートを受け取ることができる見込みがあれば，
人びとの精神的健康は維持され，自殺の危険性が低くなると考えられています
（平野 2020）。

　反対に言えば，有配偶者に比べると無配偶者は夫や妻からソーシャル・サ
ポートを得られないため，孤立状態に陥りやすく，自殺の危険性が高くなると
いえます。ここで孤立という概念が出てきたので簡潔に説明しておきましょう。

　実は孤立の捉え方についてさまざまな立場があり，研究者のあいだで定まっ
た考え（定義）は存在しません。このように断ったうえで，以下のように整理
してみましょう（石田 2013；平野 2016）。

　端的にいえば，孤立とは「人間関係を喪失した状態」のことです。「人間関
係を喪失した状態」とは，具体的には「人づきあいが極端に少ない」状態であ
るといえます。家族や親戚，友人，近所の人などとのつきあいが極端に少ない
人のことを「孤立している」と捉えることに異論は少ないでしょう。

　これに対して，孤立に関するもうひとつの立場は，「困ったときに助けてく
れる人がいない」状態を孤立と捉えます。言い換えれば，他者からソーシャ
ル・サポートを得られない状態を，孤立とみなすわけです。単純に人づきあい
が多いか少ないか，という点に注目するのではなく，その質・内容に注目する
ということです。たとえば，たくさんの人間とつきあいがあったとしても，
困ったときに助けてくれる人が誰もいない，ということは十分に考えられます。
おそらく，このような人のことも私たちは「孤立している」と呼んでいるはず
です。また，人づきあいが少なくても，困ったときに助けてくれる人がいる場
合，私たちはその人のことを「孤立している」とみなすことはないでしょう。

　参考までに，2つ目の意味での孤立状態に陥っている若者に関するデータを
紹介しましょう。厚生労働省「令和4年国民生活基礎調査」によれば，「悩み
やストレスを誰にも相談できない」状態にある人の割合は，若者（20〜39歳）
5.1％，中高年（40〜64歳）6.3％，高齢者（65歳以上）4.7％でした。若い世
代の孤立者の割合は，他の年齢層よりも極端に小さいというわけではないよう

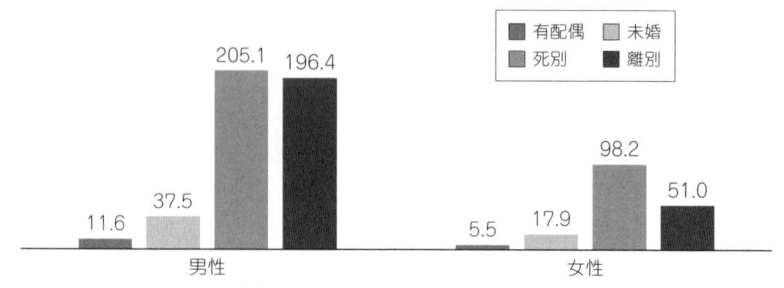

図11-4　配偶関係別にみた25〜34歳の自殺死亡率（2020年）
出所：「人口動態統計」・「国勢調査」より筆者作成。

です。

　なお，これまでの研究によれば，どちらのタイプであれ孤立者は非孤立者よりも自殺の危険性が高いようです。同居家族や友人がいないこと，友人との付き合いの頻度が少ないこと，ソーシャル・サポートを得られないことは，自殺の危険性と結びついていることが明らかにされています（平野 2020）。

　さて，未婚化（非婚化）が自殺動向に与える影響に話を戻しましょう。もちろん，夫や妻がいないからといって，それが孤立無援の状態を意味するわけではありません。配偶者がいなくても，友人や職場の同僚，あるいは地域の人びとと親密な関係を築き，健やかな人生を送っている人は多いです。しかし，さまざまな社会関係のなかでも，配偶者はソーシャル・サポートの最大の供給源のひとつです。日本家族社会学会の1998年・2003年・2008年の調査（全国家族調査）によれば，困ったときに頼る相手として配偶者を選ぶ人がもっとも多くなっています（大日・菅野 2016）。

　それでは，現代日本社会では，有配偶者と無配偶者の自殺死亡率にどれほどの差があるのでしょうか。若い世代では離別者や死別者の数は少なく，自殺死亡率が極端に大きな値をとることがあります。そのため，以下では未婚者の自殺死亡率に注目しましょう。

　図11-4には25〜34歳の有配偶者・未婚者・離別者・死別者の自殺死亡率を男女別に示しました。ここから，男女ともに有配偶者よりも未婚者の自殺死亡率が大幅に高いことを読み取ることができます。その差は男女ともに約3倍に

のぼり，決して小さな差とはいえません。

　以上をふまえると，未婚者が増えるということは，自殺死亡率が高い人びとが増えることを意味し，結果として全体の自殺死亡率を高める可能性があります。上述したように，配偶者の不在が孤立を意味するわけではないですが，配偶者がいる精神的健康上のメリットはかなり大きいといえます。

（2）上昇する子どもの自殺死亡率をめぐって

① 公的統計にみる子どもの自殺

　1節で触れたように，自殺死亡率は高いとはいえないものの，19歳以下の自殺死亡率は上昇を続けています。そこで子ども（小学生・中学生・高校生）の自殺死亡率の推移を図11-5に示しました。

　図11-5によれば，高校生では1993年から2022年にかけて自殺死亡率は約5倍も急上昇していました（2.5→12.0）。また中学生も1990年代以降，自殺死亡率は上昇傾向にあり，2022年の自殺死亡率は1986年の水準を上回っています。小学生は自殺者数自体が少なく，自殺死亡率も大きな変化はありませんでした。なお，2022年の小・中・高校生の自殺者数は合計514人（小学生17人，中学生143人，高校生354人）となり，記録のある1980年以降で最多となりました。

　上述したように，大人の自殺死亡率が低下傾向にあるなかで，子どもたちの自殺死亡率だけが上昇傾向を示していることは，注目に値するでしょう。なお，低下のスピードは緩やかとはいえ，コロナ禍以前は20歳代・30歳代の自殺死亡率も低下していました（図11-1参照）。つまり，現在の日本社会において，自殺死亡率が一貫して上昇を続けているのは，子どもたちだけなのです。

② いじめが増えたから子どもの自殺も増えたのか？

　では，なぜ子どもの自殺死亡率は上昇したのでしょうか。この問題に答えるためには，まずは子どもの自殺の原因を考える必要があります。読者の皆さんの多くは，そんなことはわかりきっていると思うかもしれません。「子どもの自殺といえば，いじめが原因だ。そして自殺と同じように，いじめも増えているではないか」と。

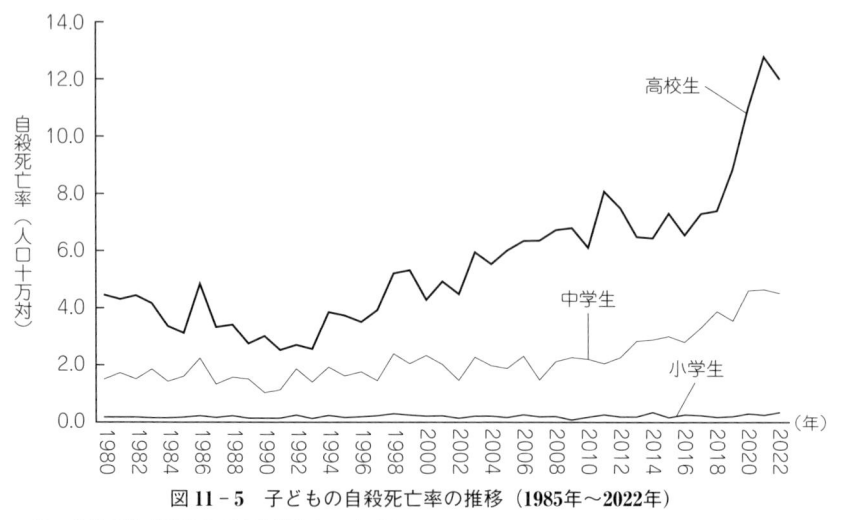

図11-5　子どもの自殺死亡率の推移（1985年〜2022年）

注：自殺者数は警察庁「自殺統計」に基づく。
出所：『令和5年版自殺対策白書』・「学校基本調査（年次統計）」より筆者作成。

　たしかに，いじめ被害を受けた子どもは，そうでない子どもよりも自殺の危険性が高いことは，国内外のさまざまな研究によって明らかにされています（キングほか 2016）。いじめのない学校環境をつくることは自殺防止にとっても重要であることは言うまでもありません。

　とはいえ，統計に示されるいじめ自殺（いじめを原因・動機とした自殺）の件数は極めて少ないです。警察庁の「自殺統計」によれば，いじめを原因・動機とした自殺者数はほとんどの年で年間10件に満たないのです。もちろん，自殺の原因・動機の認定は簡単な作業ではなく，また遺書等でいじめ被害を訴えていない限りは警察もいじめの原因を自殺と認定しにくいという事情も考えられます。つまり，本当はいじめ被害が自殺の原因・動機であったのに，それが正確に認定されていないために，統計上はいじめ自殺が少なく計上されている可能性は否定できません。

　いじめが子どもの自殺の重大な原因である可能性を認めても，いじめの増加が子どもの自殺死亡率の上昇をもたらしたとは断定できません。なぜなら，いじめの増加を示す根拠となる統計の読み取りには，かなりの注意深さが必要だ

からです。

　文部科学省は「児童生徒の問題行動・不登校等生徒指導上の諸課題に関する調査」のなかで，学校におけるいじめの認知件数を報告しています。これによると，2022年度に認知されたいじめの認知件数は68万1,948件となり，件数の比較が可能な2013年以来，最多を記録していています。なお，2013年度の認知件数は11万8,748件であることから，たしかにわずか9年でいじめは「激増」しているようにみえます。

　ただし，この「激増」がいじめ被害の実態を反映しているかどうかは疑わしい面があります。まず，文部科学省の方針として「いじめの認知件数が多い学校について，『いじめを初期段階のものも含めて積極的に認知し，その解消に向けた取組のスタートラインに立っている』と極めて肯定的に評価する」（児童生徒課長通知）としています（文部科学省 2023：13）。文部科学省は，いじめ被害を積極的に認知するように学校側に促しており，学校側はかつてよりもいじめ被害の認知に積極的になっていると想定できます。つまり，いじめ激増の裏側には学校側が積極的にいじめを認知するようになったという背景も考慮しなければいけないということです。なお，教育学者の内田良は，いじめ被害が少ない都道府県の方が，かえっていじめ被害が深刻かもしれないと注意を促しています（内田 2019）。なぜなら，学校側のいじめに対する認識が甘く，いじめ被害が見逃れているため，統計上はいじめ被害が少なく計上されている可能性があるためです。

　文部科学省の調査のほかに，日本全体のいじめ被害の状況を推測できる調査として，国立教育政策研究所が実施している「いじめ追跡調査」があります。この調査では，日本全体の状況を推測する際の根拠となりうる地点（一つの地方都市）を選び，市内全域の小・中学校の生徒にアンケートをとり，いじめ被害の実態を把握しようと試みています。

　ここでは，文部科学省の調査でいじめの「激増」が確認できた時期とほぼ対応する2010〜2018年の中学生の結果を紹介します。この間に「仲間はずれ・無視・陰口」の被害を経験した生徒は，男子では30〜35％の幅で増減を繰り返しており，女子も35〜45％の幅で増減を繰り返していました。暴力的ないじめ被

害である「ひどくぶつかる・叩たく・蹴る」という被害を経験した生徒は，男子では20％前後で増減を繰り返しており，女子もやはり８％前後で増減を繰り返していました。あくまでも一つの地方都市の結果ではありますが，ここから文部科学省の調査が示すようないじめの「激増」を読み取ることは難しいといえるでしょう。

③ 子どもの自殺の背景にある格差と不平等

このように，子どもの自殺死亡率が上昇している理由について，定説はいまだ存在しません。魅力的な答えに飛びつく前に，地道に子どもの自殺と関連する社会的な原因を発見していくことが重要だといえます。

そのさいに忘れてはならないのが，格差・不平等という視点です。３節の（１）で非正規雇用・無業問題に触れたように，大人の自殺問題を考える際に格差・不平等と関連づけることは「当たり前」であるといってよいでしょう。

子どもについても，貧困世帯の子どもは身体的・精神的健康状態が悪いことが，国内外の研究から明らかにされています。それには２つの理由があります（阿部 2014）。第１に，貧困世帯の子どもは病気やケガをした時，その影響が大きいためです。子どもが風邪を引いたとしても，貧困世帯の家庭では親が仕事で不在がちで病気に気がつくのが遅れたり，看病できなかったりする場合があります。また，経済的・時間的な制約のため医療機関に連れていけないケースもあります。つまり，ただの風邪であっても症状がとても重くなる可能性が高いのです。第２に，貧困層の子どもは，そうでない子どもに比べて，病気やケガをしやすいためです。たとえば，劣悪な住環境，栄養の乏しい食事，親のケアの欠如，家庭内のストレスなどが原因となります。これらの条件が子どもの心身の健康を損なうことは想像に難くありません。

これらをふまえると，経済的に苦しい家庭の子どもは，心の健康を崩した場合でも，親がなかなか気づかなかったり，適切な医療機関にかかれなかったりして，より深刻な状況に陥りやすく，自殺に至りやすいといえそうです。また，非常にストレスの多い家庭環境で過ごすことで，心身のバランスを崩しやすく，自殺の危険性が高くなっている可能性もあるといえるでしょう。

　じっさい，平野（2021）によれば，家庭の経済状況と子どもの自殺念慮の経験は無視できない関連があるようです。「NHK 中学生・高校生の生活と意識調査」（2012年）を用いて分析したところでは，さまざまな要因を考慮しても，家庭の経済状況への悩みを抱えている中高生は，そのような悩みがない中高生よりも，3倍ほど自殺したいと考えやすい傾向がありました。また，厚生労働省の「人口動態統計」と「国民生活基礎調査」を調べたところ，保護者が無職の世帯で暮らす子ども（5〜14歳）の自殺の危険性が高いことがわかりました。2019年における10万世帯当たりの自殺者数は，無職世帯（保護者が誰も働いていない世帯）で暮らす子どもは11.4人であったのに対し，有職世帯（職をもつ保護者がいる世帯）で暮らす子どもは1.1人だったのです。保護者が働いていないということは，ほとんどの場合，経済的に厳しい状況にあると考えられます。この結果は，経済的に苦しい家庭の子どもの自殺の危険性の高さを示すものだといえます。

　また，2020年の無職世帯の子ども（5〜14歳）の自殺者数は19人でしたが，これはコロナ禍前（2017年〜19年の平均）の10人から9人増加し，増加率は83.9％にのぼります。有職世帯の子どもの自殺者数の増加率は30.4％（69人→90人）でしたので，経済的に苦しい家庭の子どもの自殺増加が目立つ結果になっています。コロナ禍における経済的に苦しい家庭の子どもの苦境が示されたデータであるといえるでしょう。

4.「死にたい気持ち」との向き合い方

　本章では自殺が若者の問題であることを指摘し，皆さんにとって自殺は決して無関係な問題ではないことを強調しました。では，じっさいに自分自身に「死にたい気持ち」が芽生えたり，周囲の人からそういった気持ちを打ち明けられたりしたときには，どうすればいいのでしょうか。

　どちらの場合もポイントは「相談」です。「死にたい気持ち」が芽生えたさい，そのような悩みを一人で抱えてしまうことは，大変危険です。職場や学校に相談窓口がある場合は，まずは行ってみることが大切でしょう。身近にそう

いった窓口がなかったり，対面で悩みを話すことに抵抗があったりする場合は，SNS や電話での相談窓口を活用するといいでしょう。厚生労働省の自殺対策ページには，そのような相談窓口の一覧が掲載されています（「厚生労働省　自殺対策　相談先」などで検索すると相談先一覧が出てきます）。

　また，周囲の人から相談を受けたさいも，「自分のできる範囲で」サポートする態度を示すとよいといわれています（樋口 2022）。上記の相談窓口を紹介するのも「できる範囲」のサポートになるでしょう。「それだけ？」と思う方もいるかもしれませんが，援助する側が頑張り過ぎてしまうと，相談する側が申し訳なさを感じ，かえって相談しにくくなるかもしれません。自殺が多い地域の住民ほど，他者に迷惑をかけることを心配するあまり，援助希求をしないという調査結果もあります（岡 2013）。ほどほどの距離感を保ちながら相談に乗ることで，相談する側も引け目を感じることなく自分の気持ちを打ち明けることができるのではないでしょうか。

［付記］　本章で示した分析結果の一部は MEXT 科研費 JP20H05805 の助成を受けたものであり，データの使用にあたっては研究代表者の許可を得た。

引用・参考文献

阿部彩，2014，『子どもの貧困Ⅱ──解決策を考える』岩波書店.

ボードロ，クリスチャン＆ロジェ・エスタブレ，山下雅之・都村聞人・石井素子訳，2012，『豊かさのなかの自殺』藤原書店.

大日義晴・菅野剛，2016，「ネットワークの構造とその変化──『家族的関係』への依存の高まりとその意味」稲葉昭英・保田時男・田渕六郎・田中重人編『日本の家族 1999-2009──全国家族調査［NFRJ］による計量社会学』東京大学出版会，69-90.

デュルケム，エミール，宮島喬訳，2018，『自殺論 改版』中央公論新社.

キング，シェリル・A.／シンシア・E. フォスター／ケリー・M. ロガルスキー，高橋祥友監訳，高橋昌・今村芳博・鈴木吏良訳，2016，『十代の自殺の危険性──臨床家のためのスクリーニング，評価，予防のガイド』金剛出版.

厚生労働省，2023，『令和 5 年版自殺対策白書』.

樋口麻里，2022，「社会のバロメーターとしての自殺現象」櫻井義秀編『ウェルビーイングの社会学』北海道大学出版会，109-126.

平野孝典，2016，「寄る辺のない若年男子——若年層における孤立問題の男女比較から」伊藤公雄・山中浩司編『とまどう男たち——生き方編』大阪大学出版会，104-132.

平野孝典，2020，「若年層における雇用不安定化と自殺」大村英昭・阪本俊生編『新自殺論——自己イメージから自殺を読み解く社会学』青弓社，151-75.

平野孝典，2021，「学校年代の子どもの自殺を読み解く——背景にある格差への注目」金澤ますみ・長瀬正子・山中徹二編『学校という場の可能性を追究する 11 の物語——学校学のことはじめ』明石書店，179-195.

稲葉昭英，1992，「ソーシャル・サポート研究の展開と問題」『家族研究年報』17：67-78。

石田光規，2013，「孤立する人々の特性」稲葉陽二・藤原佳典編『ソーシャル・キャピタルで解く社会的孤立——重層的予防策とソーシャルビジネスへの展望』ミネルヴァ書房，37-55.

岩田正美，2008，『社会的排除——参加の欠如・不確かな帰属』有斐閣.

宮本みち子，2002，『若者が「社会的弱者」に転落する』洋泉社.

文部科学省，2023，「令和 4 年度児童生徒の問題行動・不登校等生徒指導上の諸課題に関する調査結果概要」.

岡檀，2013，『生き心地の良い町——この自殺率の低さには理由がある』講談社.

澤田康幸・上田路子・松林哲也，2013，『自殺のない社会へ——経済学・政治学からのエビデンスに基づくアプローチ』有斐閣.

総務省統計局，2022，「国勢調査」.

高橋祥友，2022，『自殺の危険——臨床的評価と危機介入 第 4 版』金剛出版.

太郎丸博，2009，『若年非正規雇用の社会学——階層・ジェンダー・グローバル化』大阪大学出版会.

内田良，2019，『学校ハラスメント 暴力・セクハラ・部活動——なぜ教育は「行き過ぎる」か』朝日新聞出版社.

（平野孝典）

第12章

時代とともに変わる高齢者介護

はじめに——身近な問題としての高齢者介護

（1）ある3家族の事例

　人生の中では，家族が高齢になり，介護が必要になることがあります。そのような転機をイメージしてもらうために，まずは次の3つの事例を読んでください。そして，これらの事例のような事態にあなたが遭遇した場合，自分の生活にどのような影響が出るか，また，あなたはどのような選択をするか，考えてみてください。

ケース1

　わたしの祖母は，祖父が亡くなってからは一人で暮らしている。その祖母の様子が最近おかしいらしい。最初はちょっとした忘れ物が増えたくらいだったが，先週は出かけたまま自宅に帰ることができず，警察の世話になったという。医者からも認知症の診断を受け，一人で生活を続けることはいよいよ難しそうだ。しかし両親も叔父・叔母夫婦もまだ現役で働いているし，誰も祖母の近くには住んでいない。このごろは祖母の今後について，両親や叔父・叔母のあいだでやりとりが続いている。今後，誰がどのように対応していくことになるだろうか。

ケース2

　ある日，実家の母から急に電話がかかってきた。父が救急車で運ばれ，これから緊急で脳梗塞の手術になるらしい。医者からは，助かっても麻痺が残る可能性が高いので，介護の必要性があると考えた方がいいとのことだった。しかし母自身も昨年からガンの闘病生活をしていて，体力的にも精神的にも父の世話を一人

で行うのは難しそうだ。わたし自身も，定期的に実家に顔を出せないわけではないが，毎日通うのはさすがに難しそうな距離にいる。これからの仕事との兼ね合い含め，悩ましい問題が発生してしまった。

ケース3

　わたしは祖母と両親の4人家族で暮らしているが，最近，祖母の変化を感じている。もともと祖母は活動的で友人も多く，市内のあちこちを行き来していたけれど，最近は外出を嫌がるようになってきた。得意だった料理をすることも減り，家事への関心も低下してきた。もしかしたら，祖母に介護が必要になる日も近いかもしれない。父は定年退職して家にいることが多いけれど，長年家事などやってこなかった父が，介護の場面でどの程度頼りになるかはわからない。母は嘱託職員としてパートタイムで働いているが，仕事はどうするのだろう。わたしだって当然忙しいけれど，何らかの形で関わった方がよいのだろうか。

　上記の3つのケースはあくまで架空の事例ですが，もしかしたらあなたの周囲でも似たような経験をもつ人はいるかもしれません。上の3件の事例と似ているケースも似ていないケースも含め，世の中には日々，介護の問題が浮上します。

　この章では，高齢者介護と家族の問題を，ライフコースの観点から考えていきます。

（2）介護はいつから始まるか

　年齢が上がるにしたがって，誰かの手助けを必要とする可能性は高まっていきます。図12-1は，日本で要介護と認定されている人の割合を示したものです。

　図12-1をみると，年齢が高い人ほど介護が必要になっていくことがわかると思います。65歳から69歳までの人であれば，まだ2.7％ほどしかこうした必要性は発生していませんが，年齢が上がるにしたがって世話や介護の必要性が高まっていきます。85歳から89歳ならば約半数が，90歳以上にもなると，73％もの高齢者が要介護・要支援認定を受けています。認定を受けていない人の中には，本当は介護が必要だけれども，家族だけでなんとかなっているから行政

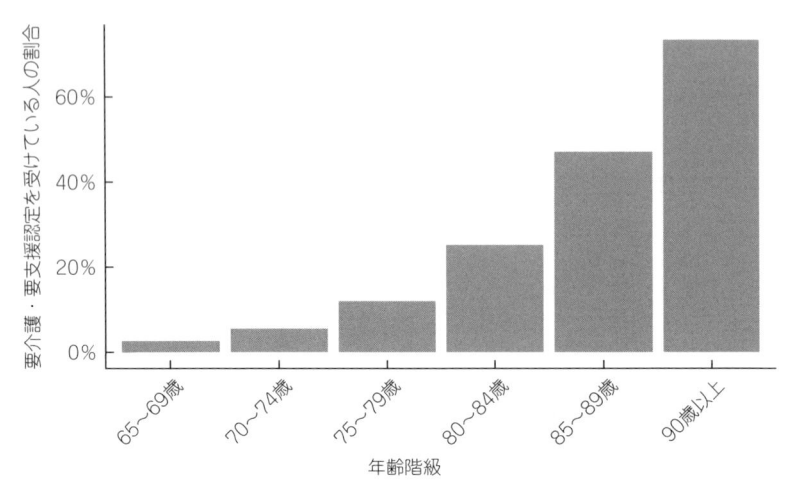

図12-1 年齢階級別にみた要介護（要支援）認定を受けている人の割合（2022年）
出所：「介護保険事業状況報告」・「人口推計」より筆者作成。

には認定してもらっていない人もいます。そのため，実際に介護や支援が必要な高齢者の割合は，図12-1で示されているよりも，もう少しだけ高いことが予想されます。

　いずれ介護が必要になるのは，皆さんの両親や祖父母にとっても同様です。みなさんの親や祖父母が，介護が必要そうな年齢になるのは何年後でしょうか。イメージしてみてください。

1. 今の介護を支える仕組み

（1）介護保険制度について

　不安に思ったかもしれませんが，現在の日本には，介護保険という制度があります。高齢者介護の場面ではほぼ必ず利用するでしょうから，まずは介護保険について簡単に紹介します。

　介護保険というのは，40歳以上の人が加入している，公的な保険です。2000年からスタートした制度ですが，今や高齢者介護においては欠かすことができない制度です。もしホームヘルパーやデイケアなどの介護サービスが必要にな

れば，介護保険によって介護サービスを使うことができます。

　サービスを使うには，まず市町村に申し込み，介護サービスの必要度を審査してもらいます。審査の結果，介護や支援が必要だと判断されれば，介護保険のサービスを使ってよいという，要介護認定（もしくは要支援認定）が下されます。介護の手のかかる度合いに応じて「要支援1」から「要介護5」までの7段階（要支援が2段階，要介護が5段階）で区切られています。ここで認定された区分ごとに，利用できるサービスの種類や，保険が下りる最大額が定められています。65歳以上の人であれば，世話の必要性があれば認定されますし，40歳から64歳までの人であれば，加齢が原因となる病気によって世話が必要になった場合に認定されます。

　ここで認定された区分によって，利用できるサービスの種類や上限が決められているので，その範囲内で介護保険のサービスを使うことができます。ケアマネージャーという相談員と相談しながら，利用するサービスやスケジュールを設定し，利用手続きを進めていくのが一般的です。

　そして介護保険を利用する場合，利用したサービスの料金が原則9割引きとなります（所得によっては7～8割引きにとどまる場合もあります）。ここで割引きしてもらっている分のお金がどこから出ているかというと，加入者が払っている社会保険料と，公費です。日本に住んでいる40歳以上の人は，社会保険料として介護保険の保険料を納めています。さらに税金をはじめとした政府の一般財源から追加でお金を出すことで，介護を必要としたときのための備えがなされています。

　このように，現在の高齢者介護では，介護保険サービスを頼ることができます。2022年時点で要介護・要支援認定を受けている人は約690万人。介護保険は，これだけの人たちや，その家族の生活の助けとして機能しています。

（2）家族は無関係ではいられない

　では，介護保険があるから，家族は介護の問題から解放されたかというと，そこまでは言い切れません。確かに介護保険ができる以前よりは，確実に家族の負担は減っているでしょうが，だからといって家族が老人ホームや介護事業

者に介護のすべてを任せられるかというと，そうともいえないのです。

　まず，2014年の介護保険法改正で，特別養護老人ホームへの新規入所者は，原則として「要介護3」以上の高齢者に限られることになりました。身近に利用者がいないとイメージしにくいかもしれませんが，要介護3というとかなり重い状態です。認知症の状態等を考慮せず身体的な目安だけでいえば，階段の上り下りもできず，平面でも杖やカートが必要な状態でも，ギリギリ一人で歩行できれば，要介護2以下となっても全く不思議ではありません。また，地域によって差はありますが，特別養護老人ホームのキャパシティ不足もあり，入所待ちの待機者も多いです（結城 2015）。

　要介護2以下の高齢者は特別養護老人ホームでは受け入れてくれず，要介護3以上で申込みをしてもすぐに入所できなかったりするので，そのような場合は，在宅で生活するか，特別養護老人ホームよりも費用が割高になる民間施設（有料老人ホーム等）を利用するかの選択となります。そして在宅での生活となれば，多くの場合，同居家族も身の回りの世話をすることになります。

　また，家族の世話をアウトソーシングすれば，費用も発生します。生命保険文化センター（2021）の調査によると，家族介護をしている人のあいだでは，介護のための費用として平均8.3万円を毎月支払っているという結果が出ています。もちろん世帯ごとの違いは大きいはずですし，高齢者自身が支出しているお金も含めた回答もあるかもしれませんが，介護保険があっても家族が負担する費用がある点は見逃せないポイントです。

　そして，たとえ施設に入所できても，意思決定は家族からアウトソーシングできません。介護保険の事務手続きに付随する意思決定や，医療的な場面での意思決定などが，要所要所で必要になります。例えば，どの施設に入所するか，ホームヘルパーにはどのようなスケジュールで来てもらうか，といった事務的な決定のほか，老人ホーム内で骨折したときに，その治療方針を選択することもありますし，余命宣告を受けたときに，最期を施設か自宅のどちらで看取るかという選択が発生することもあります。高齢者を施設に預ければあとは完全に放っておけるわけではなく，節目の場面では家族が対応しなければならない案件が多いのです。

　そのため，介護保険の導入前と比べれば家族の負担は軽減されているのですが，それでも高齢者の家族が介護から無関係なものにはなっていません。

　介護の問題を家族が引き受けなければならないとしたら，家族の誰が主に面倒をみるかという問題が次に発生します。もし，誰か特定の人が介護することを「当たり前」と思っていたら，少し立ち止まって考えなければなりません。「誰が介護するか」という問題も，時代の変化・ライフコースの変化によって変わってきました。社会の変化，例えば家族構造の変化や人びとの働き方の多様化などによって，介護の形態も変わりつつあります。

　次は，この「誰が介護するか」という問題が，歴史的にどのような変化をたどってきたか，家族介護のあり方の変化について説明します。

2．家族介護は日本の家族の「伝統」か？

（1）「介護」が一般化したのは案外最近

　「介護」という言葉が（主に高齢者に対する）日常的な世話を指す言葉として普及したのは，歴史的には古い話ではありません。国語辞典の『広辞苑』に「介護」という言葉が掲載されるようになったのも，1983年の版からです（大熊 2010）。もともと「介護」という語は，戦前の時期には傷痍軍人に対する看病やリハビリを指す言葉で，今のような意味で使われるようになってきたのも，だいたい1960年代以降のことだといわれています（春日 2001；濱島 2018）。現在は当たり前のように飛び交う言葉であることを考えると，意外と最近だと思いませんか。

　「介護」という言葉が一般化したのが最近だということからは，今では「介護」と呼ばれる現象が，昔はそれほど一般的ではなかったことも示唆されます。そもそも医療水準や公衆衛生の水準が今ほど高くなかった時代は，誰かの世話が必要になるくらい体が弱ったら，そんなに長期間は生きられないのが普通だったからです。もちろん古くから，加齢や病気などによって高齢者に世話が必要な場面はありました。それでも平均的には，そうした世話を受ける期間は今よりよっぽど短かったと考えられています。

　そもそも，長期的な介護を必要とする高齢者が世の中にたくさんいること自体が，かなり最近の社会の特徴です。多くの高齢者に日常的な世話が求められるようになったのは，国民皆保険などの社会的な条件が揃ってからのことです。

（2）昭和になって「嫁介護」が一般化

　現代ほど長期化しないとはいえ，昔から高齢者の看病や看取りは行われてきました。しかしその場合でも，「長期的な看病は女性の家族メンバーがするもの」という規範は昔から存在していたわけではありません。

　江戸時代の記録によると，高齢者の看病や看取りの場面では，家族内の女性だけでなく，当主を含めた男性や，下男下女などがそうした看病にあたるケースも珍しくなかったそうです。江戸時代までは，ただ女性であるというだけで看病の役割が割り当てられていたわけではなく，そうした役割の固定化は明治期以降に成立したものだと考えられています（柳谷 2005；津止 2021）。

　1896（明治29）年に制定された明治民法では，子どもは高齢の親の面倒をみなければならないという扶養義務が定められました。長男夫婦が親の財産をすべて相続する一方で，経済的にも世話的にも長男夫婦が親を扶養するという役割を負うことになっていたのです。それが明治から戦前までの日本の家族制度のあり方でした。

　戦後，民法改正（1947〔昭和22〕年）によって，財産は均分相続となり，家族の扶養義務も順位・程度・方法などを定めない程度に緩和されましたが，特に戦後しばらくは公的年金も十分な水準には整っていなかったので，経済的にも高齢者は子の世話にならざるをえない期間が続きました。実質的には，息子夫婦の世話にならないと老後の生活資金がままならないために，高齢者は息子夫婦と一緒に暮らすというモデルが一般的だったのです（大和 2008）。このような状況は，1970年代の年金改革で，公的年金の支給額が引き上げられるまで続いていくことになります。

　世話の側面でも，高齢者の息子の妻が介護の主な担い手になる時代が続きます。1968年に全国社会福祉協議会が行った調査では，寝たきりの高齢者の主な介護者で最も多いのは嫁（つまり息子の配偶者）で，全体の約半数を占めてい

ました（津止 2021）。この頃から徐々に，寝たきりの高齢者やその介護の問題が，少しずつ社会にも認知されはじめますが，介護の負担を家族内の女性が引き受ける時代は続きました。

（3）昭和に家族介護が可能だった条件

　ここで述べたような，嫁介護が一般的であるためには，いくつかの社会的な条件があります。

　1つ目の条件は，そもそも長生きする高齢者が増えるという条件です。日本では高齢者の平均余命が1950年代以降に特に上昇しました。長生きが「介護」の出現の最初の条件です。

　2つ目の条件は，既婚女性の多くが専業主婦でいるという条件です。近代化・産業化に伴って，日本でも専業主婦化が進み，昭和の半ばには，結婚後は女性が家事や家族のケアを担うという分業体制が浸透しました。近代化・産業化以前はそもそも家と職場が不可分であることが多く，既婚女性も家業に従事していることが多かったのです。そもそも主婦という，家事やケアの役割を一手に担うような存在は，サラリーマンが増えていく過程で一般化したのです。

　3つ目の条件は，子ども世代のきょうだい数が多いという条件です。図12-2は，既婚女性が一生のあいだに産んだ子ども数の変化を示しています。このデータをみると，夫婦1組あたりの子ども数の減少が非常に顕著であることがわかるでしょう。例えば，1900年から1905年生まれコーホートの既婚女性であれば，64.3％が4人以上の子どもを産んでいます。産まれた子ども全員が無事成人するとは限らないとはいえ，現代とは全く状況が違います。

　明治・大正生まれの人の話をされても…と思われるかもしれませんが，高齢者介護の問題として考えれば，この話のポイントはもう少し最近の話題です。例えば，1900年生まれの人が75歳になるのは1975年。高度経済成長期も経験した後の時代です。そして，2020年代に高齢期を迎えている人たちが若者だった頃の話です。その頃に介護されていた高齢者は，助けてくれる子どもが4人以上いることが珍しくなかったわけです。

　子どもの側からみれば，それだけきょうだい数が多いということでもありま

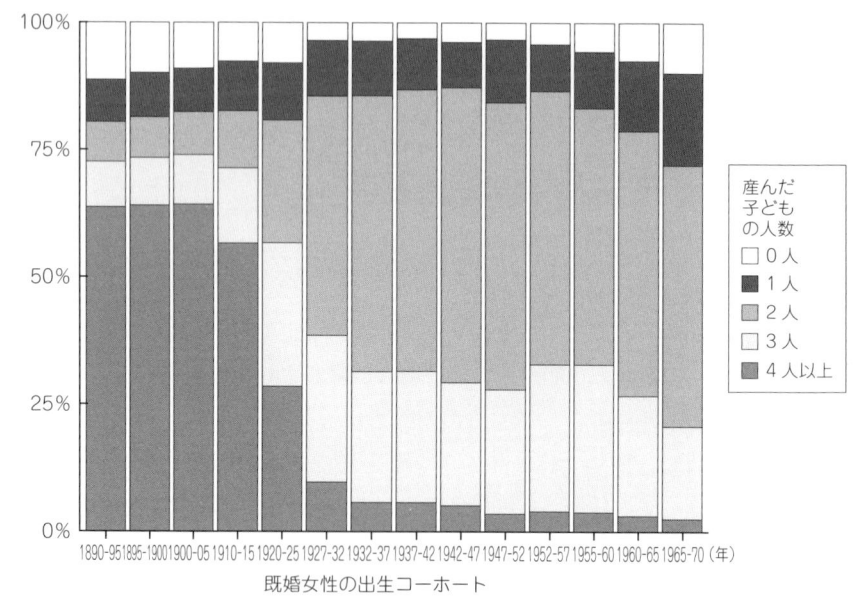

図 12 - 2　既婚女性の出生コーホート別にみた出生児数割合
出所：「人口統計資料集」

す。近くにきょうだいが住んでいれば，きょうだい同士で助け合うこともでき
たし，嫁に行った娘が夫の親の世話にかかりきりになっても，自分の親のとこ
ろには，親と同居する「跡取り息子」がいるということも多かった。その親と
同居する男きょうだいの奥さんも同様です。この世代の介護は，頼りにできる
きょうだいが今よりもたくさんいた時代だからこそ成り立っていたのです（落
合 2019）。

3．近年の高齢者介護の状況

（1）家族とその環境の変化

　家族や，それを取り巻く社会はどのように変化しているのでしょうか。この
節では，「昭和の家族介護」を支えていたさまざまな前提が，社会の中でどの
ように変わってきたのかをみていきます。

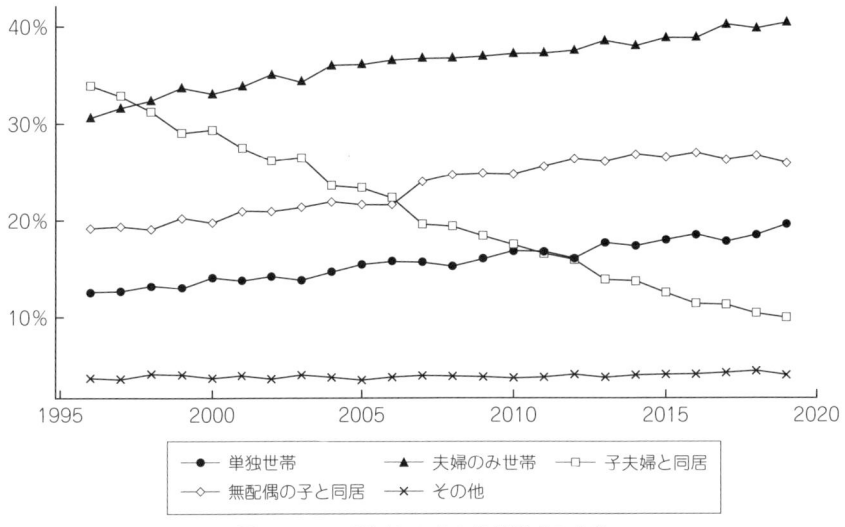

図 12-3　65歳以上の者の世帯構成の変化

出所：「国民生活基礎調査」

　図12-3は，65歳以上の人が住む世帯類型の変化を表した図です。1990年代から2020年頃までの25年間だけでも，明確な変化がみられます。

　まずは，子夫婦と同居するパターンが顕著に減少しています。65歳以上の世帯員を含む世帯全体のうち，子夫婦と同居というパターンが占める割合は，1995年からの25年程度のあいだに3分の1以下まで減少しています。代わりに，夫婦のみ世帯・無配偶の子と同居・単独世帯の3つのタイプがじわりと延びてきています。

　また先ほど述べたように，平均きょうだい数も減少しました。もし一人っ子同士で結婚すれば，お互い親の介護を任せられるきょうだいはいません。そのため，きょうだい数が多かった時代と比べ，夫婦双方が自分の親の老後を考えざるを得ないケースは増えてくると予想されます。戦後しばらくのあいだ，息子の配偶者による介護が可能になっていた背景の1つには，前節で述べたようなきょうだい数の余裕があったという人口学的な背景もあるのです。したがって，きょうだい数の減少は，かつてのような嫁による介護を当然視することを難しくさせ，「夫の親優先」父系重視が一般的だった親子関係は，徐々に双系

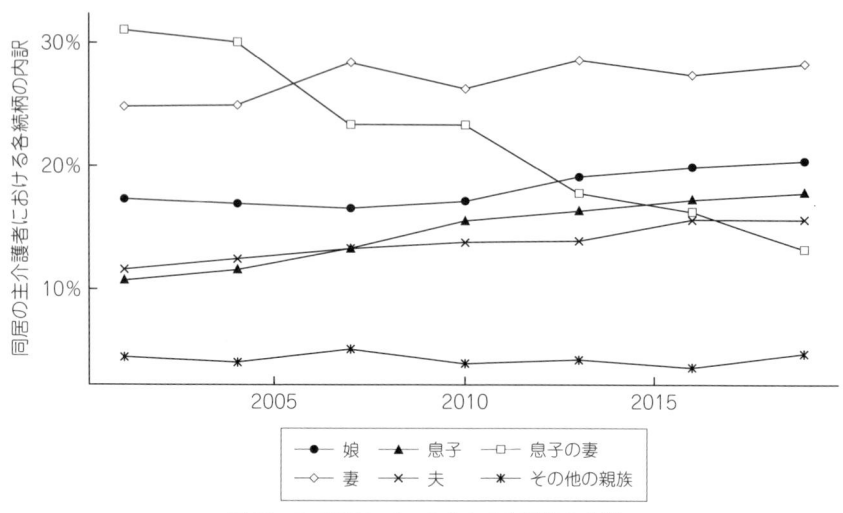

図12-4　同居している主たる介護者の内訳

注：要介護認定を受けている高齢者のうち，施設入所者を除いた高齢者を対象とした調査結果。
　　主な介護者を「同居の家族」と回答した回答者における，その主介護者の続柄。
出所：「国民生活基礎調査」

化していくだろうとも予測されています（落合 2019）。

　そして実際に，主な家族介護者の顔ぶれも大きく変わりました。図12-4は，自宅で生活する要介護高齢者にとっての主たる同居介護者の割合の変化です。こちらもわかりやすく変化しています。

　2000年代以降のデータに絞ってみても，主な同居介護者の中に息子の妻が占める割合は大きく低下しています。2019年度の調査では，主な介護者は，配偶者と実子で約半数を占めており，嫁が主たる介護者となっているケースは7.5％まで低下しています。

　女性の労働参加率が再度上昇したことも，第9章でも見たとおりです。職に就いていない女性が家族の中にいて，四六時中誰かの世話をできるという状態が，そもそも今はあまりメジャーではなくなってきています。

（2）介護の社会化

　社会保障も大きく変わりました。介護保険は，今でこそ介護の場面で欠かせ

ない制度として日本社会に定着しましたが，この制度は2000年からスタートしたもので，社会保障制度の中では比較的新しい方です。介護保険は，「介護の社会化」をめぐるさまざまな運動が関わって初めて成立することになりました。

　1963年に，日本では老人福祉法が作られ，ホームヘルパー（当時の名前は老人家庭奉仕員）や特別養護老人ホームなどの高齢者向けのサービスが始まりました。しかしこれらのサービスは当初，家族が介護できない高齢者だけを対象としていました。家族と一緒に住んでいる高齢者は，家族から介護が受けられるとみなされていたため，老人福祉法のサービスを利用することができませんでした（濱島 2018）。1980年代になると，在宅介護サービスの利用要件は少しずつ緩くなりましたが（藤崎 2013），この時期もまだ，家族がいる場合は公的な介護サービスを利用しにくい状況でした。

　そうした流れが，1990年前後から少し変わります。さまざまな思惑が交わりながら，長い議論と準備期間を経て，介護保険は2000年にスタートすることになります。この流れを作った要因はさまざまです。日本で高齢化が進むことが予見されていたこと，家族（特に女性）ばかりに介護負担が集中することが問題視されたこと，老人ホームに入れない高齢者が病院に多く入院して医療費が圧迫されていたこと，さらに当時の政局など，いくつかの要因が合わさることで，介護保険は作られました（大熊 2010）。

　そうしたさまざまな思惑をとりまとめるときに目標として掲げられたのは，「介護の社会化」というスローガンでした。介護の負担を家族だけに押しつけるやり方に限界がきているので，社会の中で協力しながら高齢者介護を行っていかなければならないという考えが，介護保険の議論を後押ししました。

　介護保険がスタートすることで，高齢者向けの社会サービスは利用しやすくなり，サービスの供給量も増えました。しかし介護保険がスタートした後は，介護の社会化の流れが一部の側面で失速しているという指摘もあります。制度のスタート直前には，同居家族がいる場合には家事援助サービスの利用に制限が設けられました。さらに2005年には，「要介護1」とされていた人たちの区分を細かく分けて，新しく「要支援」という区分を作りました。要支援1と2の人は，要介護の区分の人より受けられるサービスが限定されますから，ここ

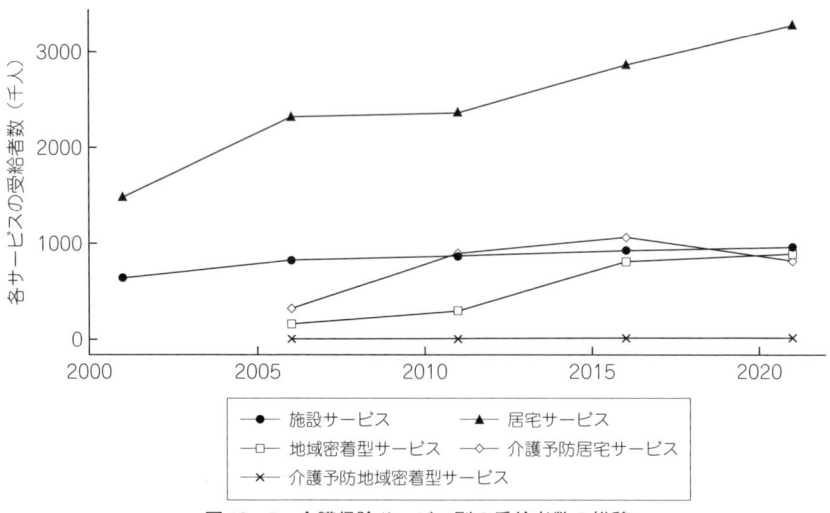

図 12-5　介護保険サービス別の受給者数の推移

出所：「介護給付費等実態統計」

でもサービスの利用抑制が行われています。そのような一部の側面には，制度の「再家族化」（藤崎 2009；森川 2018）とも呼べる状況が出現しています。

　近年の介護保険の動向としても，どちらかというと施設サービスよりは在宅サービスに軸足を置いています。図 12-5 は，介護保険の利用者のうち，それぞれのサービスの利用者数の変化を示しています。

　この期間のあいだに高齢者全体の人数は延びているわけですが，施設サービスの利用者数はそれほどは延びていません。代わりに，居宅サービスの利用者数はどんどん増えています。図 12-5 の数値は行政上の区分に基づくものなので，専門外の人がイメージする「老人ホーム」や「自宅」とは意味が少し異なりますが，いずれにしても政策的には，施設よりは自宅での生活を優先する方向に向かっています。

4．これからの介護のあり方

（1）介護の問題を自分ごととして捉える

　最後にこの章の結びとして，今後の高齢者介護の問題に関していくつか論点を紹介します。

　まず強調したいのは，「がんばって認知症や介護の予防をしよう」とか，「健康寿命を延ばせばOK」という考えで，介護の問題から逃げてはいけないということです。認知症の専門医であっても認知症にはなりますし（長谷川・猪熊2019），「これさえやれば老いや病とは絶対に無縁でいられる」などということはありません。日々の努力によって，確率をほんの少しだけ下げたり，介護が必要になる時期を遅らせたりするということはできるかもしれませんが，介護の必要性をゼロにするということはできません。長く元気でピンピン過ごし，死ぬときは周囲の世話にならずにコロリと死ぬという「ピンピンコロリ」を願っても，介護はけっこうな確率で発生します。

　もう一つ強調したいのは，高齢者に対して良いケアを提供しようとすることそのものが，とても現代的な目標であるということです（木下2019）。昔はそもそも誰かの世話を常時必要とするような高齢者が長生きすることが一般的ではありませんでした。また，もしそのような状態になってもろくな世話も受けられない，あるいは受けられても今なら虐待になるような世話にとどまっていたことも多かったはずです。高齢者が皆きちんとした介護を受けられるようにしようという方針や，認知症の高齢者にもその人の人生に寄り添うケアをしようという方針自体が，最近になって登場した話なのです。何か介護でうまくいかないことがあっても，「昔は丁寧に介護していた」と考えて自分や誰かを責める必要はありません（木下2019）。「良い介護を皆にきちんと提供する」という目標が，現代社会が初めて直面する課題なのです。

（2）身近な介護に備える心構え

　一度介護が始まると，その介護はそれなりに長期間におよびます。生命保険

文化センター（2021）が行った調査によると，介護経験者のあいだの平均介護期間は，約5年1ヶ月です。ただし，これは平均5年程度で介護が終わるということを意味しない点には注意してください。この質問は，3年以内に介護を経験した回答者を対象にしたものです。つまりこの質問の回答者の多くはまだ介護が続いている人で，今後もまだまだ介護が続く人たちです。そう考えると，介護という問題は人生においてはかなり長くつき合うと想定しておいた方がいいでしょう。

　そして，ライフステージのどの段階で家族介護に直面するかによって，派生して発生する問題もあります。例えば，学齢期の段階で家族介護に直面することで，学校生活やその後のライフコースに影響が出ることがあり，そのような課題がヤングケアラーとして問題視されることも増えてきました。また，現役で仕事をしている時期であれば，遠距離介護や，仕事と介護のバランスといったように，仕事やライフスタイルとの兼ね合いを考えなければならないこともあります。そこから引き起こされる介護離職が，さらに別の問題を呼び込むこともあります。子育ての時期に介護を経験することでケアの負担が倍増するダブルケアの問題もありえます。仕事や子育てを引退した後でも，介護者自身も高齢である老老介護という形で特有の問題が発生することもあります。この本ではそれらの問題にこれ以上詳しく触れませんが，介護からはこのような派生問題についても考えなければいけなくなっています。

　そうなると，介護を1人で抱え込む，介護のために仕事を辞める，介護のためのお金を無理して負担するといったことが，その後の人生において大きなリスクになることがわかります。介護の問題は何らかの形で誰かが引き受ける以上，何もしないというわけにもいきませんが，必要以上に自分のリソースを割きすぎない工夫も必要です。必要以上に自分の生活を犠牲にしないために，どのようなことを考えればよいのでしょうか。最後に少しだけ理想論を述べておきます。

　1つ目は，使える資源は使うということです。現代の日本には介護保険制度があります。とりあえず市役所へ相談すれば，その段階で使える介護サービス（もしくは介護予防をはじめとしたさまざまなサービス）への道筋がみえます。

全てを家族が抱え込まず，介護のプロの手を借りられるときには，なるべくプロも頼るのが理想です。「介護に困ったら介護保険」というように，調べる糸口となる知識だけでも知っておく価値は大きいです。

　2つ目は，思い込みや規範に不合理なかたちで縛られないことです。家族が介護すべし，あるいは長男の妻が介護すべしという規範は，あくまでも一時代の産物でした。時代や社会の状況が変われば，望ましい介護のあり方も変わりますし，一昔前の理想を現実的に実現できなくなることもあります。

　家族の中で誰が介護に責任をもつかという問題については，今は支配的なルールはなくなっている時代だともいえます。「長男だから」「長男の妻だから」という主張は，必ずしも賛同されないかもしれませんし，一方で，「長男なんだから責任持ってよ」と弟・妹が長男規範を持ち出すこともあるかもしれません。あるいは，長男規範の代わりに，「特に仲が良い家族がやる」とか，「近くに住んでいる家族がやる」とか，「時間がとりやすい家族がやる」とか，その時々で都合のよいルールが持ち出されるかもしれません。いずれにしても，現代は「誰が介護するか」という問題に対し，支配的なルールや原則がなくなった時代だともいえるのです。

　その際，「自発性のパラドックス」と呼ばれる事態にも気をつける必要があります。「誰が介護するか」という問題が，特定のルールから自動的に答えが出る問題ではなくなるということは，その分「納得して選んだ」という理屈で語られることも増えます。春日井は，介護者の自主性によって介護役割が決められた場合，「主体的選択の結果として介護者に責任が集中し，自分自身が苦しく傷つきやすい立場におかれる危険性」（春日井 2014：97）があるという現象を指摘しています。つまり，家族の中で介護を引き受けた人が，「自分で介護するって選んだのだから，ちゃんとやってよね」と，他の家族が助けてくれなくなるリスクがあるというのです。

　そのため3つ目に，緩やかに協力するというポイントを挙げます。介護を引き受けると，その影響は長期にわたることが多いです。だからこそ，（家族の介護がなくても高齢者が安心して暮らせる社会を目指しつつ，）家族の誰かが主たる介護者を引き受けることになっても，1人で抱え込み過ぎないようにす

る仕掛けが重要になります。介護保険の助けも借りながら，場合によっては他の家族も巻き込みながら，協力できる場面で協力しあう介護のあり方をどのように作るかという点も，今後の介護問題のポイントになるでしょう。

引用・参考文献

藤崎宏子，2009，「介護保険制度と介護の「社会化」「再家族化」『福祉社会学研究』6：41-57.

────，2013，「ケア政策が前提とする家族モデル──1970年代以降の子育て・高齢者介護」『社会学評論』64（4）：604-24.

濱島淑惠，2018，『家族介護者の生活保障──実態分析と政策的アプローチ』旬報社.

長谷川和夫・猪熊律子，2019，『ボクはやっと認知症のことがわかった──自らも認知症になった専門医が，日本人に伝えたい遺言』KADOKAWA.

春日キスヨ，2001，『介護問題の社会学』岩波書店.

春日井典子，2014，『新版 介護ライフスタイルの社会学』世界思想社.

木下衆，2019，『家族はなぜ介護してしまうのか──認知症の社会学』世界思想社.

国立社会保障・人口問題研究所，2024，「人口統計資料集 2023年 改訂版」国立社会保障・人口問題研究所
https://www.ipss.go.jp/syoushika/tohkei/Popular/P_Detail2023RE.asp?fname=T04-23.htm（2024年5月7日取得）

厚生労働省「介護保険事業状況報告」
https://www.mhlw.go.jp/toukei/list/84-1.html（2024年5月7日取得）

厚生労働省「国民生活基礎調査」
https://www.mhlw.go.jp/toukei/list/20-21.html.（2024年5月7日取得）

厚生労働省「介護給付費等実態統計」
https://www.mhlw.go.jp/toukei/list/45-1d.html（2024年5月7日取得）

森川美絵，2018，「日本の介護政策における「介護の社会化」の展開──家族介護の協会とその揺らぎ」須田木綿子・平岡公一・森川美絵編『東アジアの高齢者ケア』東信堂，280-305.

落合恵美子，2019，『21世紀型家族へ──家族の戦後体制の見かた・超えかた 第4版』有斐閣.

大熊由紀子，2010，『物語介護保険（上）（下）──いのちの尊厳のための70のドラマ』岩波書店.

生命保険文化センター，2021，「2021（令和3）年度 生命保険に関する全国実態調査」

https://www. jili. or. jp/files/research/zenkokujittai/pdf/r3/2021honshi_all. pdf
（2024年 4 月19日取得）

津止正敏，2021，『男が介護する――家族のケアの実態と支援の取り組み』中央公論
　　新社．

大和礼子，2008，『生涯ケアラーの誕生――再構築された世代関係／再構築されない
　　ジェンダー関係』学文社．

柳谷慶子，2005，「日本近世の高齢者介護と家族」山中永之佑・竹安栄子・曽根ひろ
　　み・白石玲子編『介護と家族 新装版』早稲田大学出版部，171-202，

結城康博，2015，『在宅介護――「自分で選ぶ」視点から』岩波書店．

（西野勇人）

索　引 (*は人名)

執筆者紹介 (所属，執筆担当，執筆順)

中 西 啓 喜 (なかにし・ひろき，編者，桃山学院大学社会学部)　第1章・コラム
3・4・5

苫米地なつ帆 (とまべち・なつほ，大阪経済大学情報社会学部)　第2章

内 田　　建 (うちだ・けん，株式会社オプト)　コラム1

藤 森 宏 明 (ふじもり・ひろあき，北海道教育大学旭川校)　第3章

妹 尾 麻 美 (せのお・あさみ，追手門学院大学社会学部)　第4章・コラム2

萩原久美子 (はぎわら・くみこ，編者，桃山学院大学社会学部)　第5章・第8章

今 井　　順 (いまい・じゅん，上智大学総合人間科学部)　第5章・第6章

伊 藤 大 一 (いとう・たいち，大阪経済大学経済学部)　第5章・第7章

村上あかね (むらかみ・あかね，編者，桃山学院大学社会学部)　第9章

柳 下　　実 (やぎした・みのる，佛教大学社会学部)　第10章

平 野 孝 典 (ひらの・たかのり，桃山学院大学社会学部)　第11章

西 野 勇 人 (にしの・はやと，東日本国際大学健康福祉学部)　第12章

大学生からみるライフコースの社会学

2024年10月30日　初版第1刷発行　　　　　　　　　〈検印省略〉

定価はカバーに
表示しています

編著者	中	西	啓	喜	
	萩	原	久美子		
	村	上	あかね		
発行者	杉	田	啓	三	
印刷者	坂	本	喜	杏	

発行所　株式会社　ミネルヴァ書房
607-8494　京都市山科区日ノ岡堤谷町1
電話代表 (075) 581 - 5191
振替口座 01020 - 0 - 8076

Ⓒ 中西, 萩原, 村上ほか, 2024　冨山房インターナショナル・吉田三誠堂製本

ISBN 978-4-623-09780-7
Printed in Japan

キーコンセプト社会学

──────ジョン・スコット 編著，白石真生・栃澤健史・内海博文 監訳

四六判　376頁　本体4500円

●イギリス社会学の泰斗ジョン・スコットによる現在の社会学を学ぶ上での重要なキー概念を網羅した一冊。日本の読者に向けて，50音順に配列し，68の概念を解説する。社会学を学ぶ者の座右に相応しい書。

教育を読み解くデータサイエンス──データ収集と分析の論理

──────耳塚寛明 監修，中西啓喜 編著

Ａ５判　328頁　本体3000円

●教育に特化した統計分析法の入門書。大学生や研究者，現場の教員のために編まれたもので，統計的なデータを「読む」ことを目的とした内容になっている。研究の進め方やデータ収集から多変量解析まで，教育の生データを用いて解説する実践的なテキストである。

学校教育と不平等の比較社会学

──────多喜弘文 著

Ａ５判　280頁　本体5000円

●本書は，教育機会の不平等がなぜ生じるのかについて，比較社会学の立場から文脈を考慮した分厚い説明を与えることを目指す。欧米由来の理論的説明に対し，日本的文脈のもとでの不平等生成メカニズムを理論的に関連づけ，OECD のPISA データを用いた計量的比較分析によって，その仮説の妥当性を実証的に検証する。

猫と東大。
──猫を愛し，猫に学ぶ

──────東京大学広報室 編

Ａ５判　168頁　本体2200円

●猫も杓子も東大も。大学は大学らしく猫の世界を掘り下げます。
世はまぎれもない猫ブーム。一方で，ハチ公との結びつきが深い東大ですが，学内を見回してみると，実は猫との縁もたくさんあります。そこで，猫に関する研究・教育，猫を愛する構成員，猫にまつわる学内の美術品まで取り揃えて紹介します。

──────ミネルヴァ書房──────

https://www.minervashobo.co.jp/